政务一体化
数字安全建设实践

朱　典　著

合肥工业大学出版社

图书在版编目(CIP)数据

政务一体化数字安全建设实践/朱典著. --合肥:合肥工业大学出版社,2024
ISBN 978-7-5650-6681-8

Ⅰ.①政… Ⅱ.①朱… Ⅲ.①电子政务-安全技术-研究 Ⅳ.①D035.1-39

中国国家版本馆 CIP 数据核字(2024)第 007765 号

政务一体化数字安全建设实践

朱　典　著		责任编辑　郭娟娟		
出　版	合肥工业大学出版社	版　次	2024 年 11 月第 1 版	
地　址	合肥市屯溪路 193 号	印　次	2024 年 11 月第 1 次印刷	
邮　编	230009	开　本	710 毫米×1010 毫米　1/16	
电　话	人文社科出版中心:0551-62903200	印　张	17.25	
	营销与储运管理中心:0551-62903198	字　数	309 千字	
网　址	press.hfut.edu.cn	印　刷	安徽联众印刷有限公司	
E-mail	hfutpress@163.com	发　行	全国新华书店	

ISBN 978-7-5650-6681-8　　　　　　　　　　　定价：52.00 元
如果有影响阅读的印装质量问题,请与出版社营销与储运管理中心联系调换。

作 者 团 队

作　　　者　朱典

作者团队　（以贡献大小为序）

杨　阳　陶　峰　许　涛　陈　钢

李厚民　陈先才　童武俊　张　聪

白修灵　肖俊宇　寿贝宁

工作组成员　（以姓氏拼音为序）

陈今伟　陈强胜　黄　雷　黄　鑫

李　星　刘　旭　宋　康　宋刘结

王仪洁　吴　旭　余　达　于　东

岳星雨　赵　刚　郑　淼

前　言

在这个信息化、数字化的时代，政务一体化已经成为数字政府建设的重要趋势。随着大数据、云计算、人工智能等技术的飞速发展，政府部门之间的信息共享和业务协同变得越来越紧密，为提高政府治理能力和服务水平提供了强大的支持。然而，与此同时，数字安全问题也日益凸显，对政务一体化的推进构成了严重的挑战。

我们在积极探索数字政府建设的过程中，也遇到了很多安全方面的挑战。所以安徽省在开展"全省一体化数据基础平台"项目的建设时，从一开始就对安全体系进行了统一设计，通过顶层设计来强化安全的建设。该项目所建设的安全体系比以往的安全建设要更全面，这给我们带来的挑战是前所未有的，我们也在整个建设过程中不断解决问题，朝着目标前进。随着项目的建设和运行，我们深感有必要通过安徽省"全省一体化数据基础平台"项目安全保障体系的建设实践，来总结相关经验，写作一本关于政务一体化数字安全体系建设实践的书籍，以期为广大政府部门和相关从业人员提供有益的参考和借鉴。我们希望本书能够帮助读者了解数字安全体系在数字政府建设中的关键作用，以及如何有效地构建和完善政务一体化数字安全体系。

本书的第1章，深入剖析了数字政府的背景，分析数字安全在政务一体化中的重要性。通过对数字政府发展趋势的研究，探讨数字安全对于政务一体化的意义，以及在政务一体化过程中可能面临的各种安全挑战。

第2章详细介绍政务一体化数字安全体系建设的建设依据和原则，探讨数字安全体系的构建需要遵循的法律法规和技术标准，以及如何确保数字安全体系的合规性和可持续性。

第3章为总体建设概览，从宏观层面展示政务一体化数字安全体系建设的整体框架和关键要素，通过对各个组成部分的梳理，希望能够帮助读者更好地理解数字安全体系的全貌，帮助大家获得全局性的认识和理解。

第 4 章重点阐述政务一体化数字安全体系的分项建设内容，包括云安全、网络安全、终端安全、密码安全、移动安全、应用安全、数据安全、安全运营和区块链安全保障。在这一部分中，深入探讨了各个领域的安全建设详情，清晰地为大家呈现"全省一体化数据基础平台"项目的实践过程。

第 5 章描述项目建设过程中积累的相关安全标准规范，以及如何将这些标准规范融入实际工作中。

最后的第 6 章，收集了安徽省各市在多年的数字政府建设过程中所积累的较为优秀的安全实践案例，分享一些成功经验。通过对这些案例的分析，希望能够帮助读者更好地应对在实际工作中可能遇到的各种安全问题，提高政务一体化项目的安全水平。

总之，本书旨在为政务一体化数字安全体系建设提供有益的参考和借鉴，帮助政府部门和相关从业人员更好地应对数字时代的挑战，推动政务一体化的健康发展。衷心希望这本书能够成为广大读者的良师益友，为我国数字政府的安全发展贡献一份力量。

本书由朱典著，杨阳、陶峰、许涛、陈钢、李厚民、陈先才、童武俊、张聪、白修灵、肖俊宇、寿贝宁、陈今伟、陈强胜、黄雷、黄鑫、李星、刘旭、宋康、宋刘结、王仪洁、吴旭、余达、于东、岳星雨、赵刚、郑淼等参与了部分章节的编写。同时本书还得到了国家信息中心以及马鞍山、六安、蚌埠等市政务服务和数据管理部门的大力支持，在此一并表示感谢。

由于时间仓促，作者水平有限，书中难免有错误和不妥之处，欢迎业界同仁批评指正。

目　录

第 1 章　数字政府背景分析

1.1　数字化转型提升政府服务管理水平

以习近平同志为核心的党中央高度重视信息化、数字化发展，提出关于网络强国的重要思想，"数字中国"上升为国家战略。在《中华人民共和国国民经济和社会发展第十四个五年规划和 2035 年远景目标纲要》中，"加快数字化发展　建设数字中国"单独成篇，提出"迎接数字时代，激活数据要素潜能，推进网络强国建设，加快建设数字经济、数字生活、数字政府，以数字化转型整体驱动生产方式、生活方式和治理方式变革"。2022 年 4 月 19 日，习近平总书记主持召开中央全面深化改革委员会第二十五次会议，审议通过了《关于加强数字政府建设的指导意见》，提出要全面贯彻网络强国战略，把数字技术广泛应用于政府管理服务，推动政府数字化、智能化运行，为推进国家治理体系和治理能力现代化提供有力支撑；要把满足人民对美好生活的向往作为数字政府建设的出发点和落脚点，打造泛在可及、智慧便捷、公平普惠的数字化服务体系，让百姓少跑腿、数据多跑路；要强化系统观念，健全科学规范的数字政府建设制度体系，依法依规促进数据高效共享和有序开发利用，统筹推进技术融合、业务融合、数据融合，提升跨层级、跨地域、跨系统、跨部门、跨业务的协同管理和服务水平。综上所述，深化数字化改革是贯彻落实以习近平同志为核心的党中央决策部署的重大任务，是顺应科技产业变革、抢占新一轮竞争制高点的必然要求，是一场颠覆传统的重大变革。

1.2　"安全可控"构建数字政府安全基石

目前，我国数字化政府工作正在经历从电子政府到数字政府的转型与升级，2022 年 6 月，《国务院关于加强数字政府建设的指导意见》发布（以下简称《指导意见》），这是我国首次在国家层面形成的关于数字政府建设的顶层规划，它的发布标志着我国数字政府建设全面提速,进入2.0时代。

数字政府改革建设的重点是推进政务数据的整合、开放和共享,这必然导致网络安全防护难度的提升,使得数字政府面临更加复杂的形势和严峻挑战。因此"十四五"期间,建设数字政府、数字中国的关键一定要落到其"底座"——网络安全之上。

当前我国各地数字政府网络安全防护工作普遍存在顶层规划设计缺乏、安全管理缺失、安全防护技术落实不到位、安全运营能力不足等问题,这就导致数字政府系统在为百姓提供便利的同时,可能还会产生隐私泄漏、信息混乱、数据鸿沟等安全风险。

近年来,国家陆续出台的法律法规都对数字政府的网络安全、数据安全等提出了明确要求。《中华人民共和国网络安全法》第三十一条指出,电子政务等重要行业和领域要实行重点保护。作为典型的关键信息基础设施,电子政务外网也是《关键信息基础设施安全保护条例》重点防护的目标。

2021年颁布施行的《中华人民共和国数据安全法》《中华人民共和国个人信息保护法》更是让数字政府的公民个人隐私收集与保密合规、数据安全合规成了必选项。

而《指导意见》也将"安全可控"作为数字政府建设的基本原则之一,要求安全可控和开放创新并重,严格落实网络安全各项法律法规制度,全面构建制度、管理和技术衔接配套的安全防护体系。

同时,在《指导意见》明确的7方面重点任务中,"安全"也被赋予了很高的地位和权重,要求各级各部门全面强化数字政府安全管理责任,落实安全管理制度,加快关键核心技术攻关,加强关键信息基础设施安全保障,强化安全防护技术应用,切实筑牢数字政府建设安全防线。全国各地在安全建设方面都做了相关谋划,以下以长三角地区为例予以简要说明。

1.3 安全建设夯实城市数字化发展底座

1.3.1 上海市安全规划与设计

上海市坚持安全与发展"齐头并进",认真落实网络安全与信息化"四个统一"的要求,正确处理安全与发展的关系,在推动全方位数字化转型的同时,加快构建数字安全体系,运用数字化技术进一步提升城市安全风险防控水平,形成与城市数字化转型相适应的大安全格局。

上海市积极探索构建弹性主动的数字城市安全防护体系，汇集数字安全能力要素，围绕终端、网络、平台、应用、数据，强化"防御、监测、打击、治理、评估"五位一体的动态防护能力。围绕人工智能、物联网、区块链等新技术的全生命周期，构建新技术风险评估体系，全面促进信息技术应用创新。确立数据安全管理规范，加强数据资源全流程安全监测，规范生物特征、用户习惯等信息的采集和使用，推进分类分级保障数据安全。构建新型数字信任体系，运用数字身份、数字认证、隐私计算、联邦学习、区块链、新型密码技术等前沿科技，打造可信数据流通架构，提升数据流通交易的安全性、稳定性和便捷性。

1.3.2　江苏省安全规划与设计

首先，建立统一安全管理运行机制。落实国家和省网络安全管理有关规定，加强各级公共数据主管部门、网络安全管理部门和大数据中心协同联动，建立全省网络和数据安全管理运行机制。有序开展全省网络和数据安全保障工作，定期组织检查，防范各类安全风险。

其次，建设统一安全管理技术体系。全面落实网络安全同步规划、同步建设、同步实施要求，推动安全与应用协调发展。建立安全监管中心，构建"云、网、数、用、端"立体安全防护体系，强化数据全生命周期安全防护。落实网络安全等级保护、密码应用安全性评估及风险评估制度，深入开展定级备案、测评整改和自查等工作。采用符合国家标准的密码技术、产品和服务，建设数字政府密码基础支撑体系。

再次，开展主动式安全监测防控。加快一体化安全大数据平台和运维监测平台建设，加强安全态势的主动监测、智能感知和威胁预测，实现从被动保护安全体系向主动防控安全体系转变。推动安全态势信息互联互通和安全管理的协同调度，提升安全风险管控能力。建立新技术网络安全风险评估制度，深化新技术在安全保障领域的应用。制定突发事件应急预案，定期开展安全应急培训和应急演练，提高突发事件应急处置能力。

1.3.3　浙江省安全规划与设计

浙江省坚持网络安全底线，贯彻总体国家安全观，完善网络和数据安全管理制度，落实安全主体责任。浙江省把握新一代信息技术发展趋势，打造自主可控、安全可靠的数字化建设模式和技术路线。

第一，统筹发展与安全，树立网络安全底线思维，严格落实等级分级保护要求，加快建立关键信息基础设施安全保护体系、公共数据和个人信息安全保护体系，构建覆盖物理设施、网络、平台、应用、数据的网络安全技术防护体系，提升网络安全主动防御能力、监测预警能力、应急处置能力、协同治理能力，打造数字化改革网络安全屏障。

第二，健全政务网络安全制度体系。全面落实政务网络安全同步规划、同步建设、同步实施要求，推动安全与应用协调发展。贯彻落实国家网络安全相关法律法规的要求，健全安全等级保护制度、涉密信息系统分级保护制度、风险评估制度、预警和应急处置制度，建立网络安全保密工作责任制。健全完善政务云安全运行维护规范，提升政务云平台安全运行能力。制定《浙江省公共数据条例》，构建完善数据全生命周期安全管理制度体系，规范数据分类分级安全策略，落实安全主体责任，加强数据安全和个人信息保护。

第三，健全政务网络数字安全体系。完善省市两级电子政务网络安全监管体系，加强电子政务网络安全分析、态势预测和常态化治理，提升安全监管能力。完善一体化电子政务网络安全支撑体系，建设内外网公共安全组件，统一提供国产密码、电子证书、电子签章等基础安全服务，提升安全支撑能力。加强应用和移动端安全管理。

第四，健全公共数据数字安全体系。围绕数据采集、传输、存储、处理、交换、销毁等环节，构筑公共数据全生命周期安全防护体系。建立全省公共数据平台安全风险预警机制，建立数据安全应急防控机制，建立容灾备份、安全评价、日常巡检等数据安全防护管理制度和数据安全审计制度，提升数据安全防护能力。加快推进存储传输加密、数据水印溯源、出口管控、多因子认证等系统建设，落实数据分类分级、安全态势感知、数据权限管控、日常审计等运营工作，防范数据篡改、泄漏、滥用。建立健全数据安全防护能力评估指标，推动数据安全管理工作可量化、可追溯、可评估。

1.3.4　安徽省安全规划与设计

安徽省依托全省一体化数据基础平台（以下简称"一体化平台"）建设，统筹发展与安全，树立网络安全底线思维，加强顶层规划设计，严格落实法律法规要求，实行统一化安全设计、集约化安全建设、一体化安全管理，建立安全管理、安全技术、安全运营"三大体系"，确保网络、云、终端、密码、应用、数据等领域安全全覆盖，构建集防护、检测、响应、恢复于一体的智能安全防御机制，最大限度地优化资源配置，提高资源利用效率。

通过对长三角地区各省市安全规划与设计的分析，可以发现，其整体思路基本保持一致。本书即通过对安徽省一体化平台建设过程的实践和成效的分享，总结数字政府在安全体系建设中的相关经验，给读者提供一份思路，以期能更好地为未来数字政府的建设添砖加瓦。

第2章 建设依据和原则

2.1 引用和参考标准

2.2.1 法律法规文件

➢ 《中华人民共和国网络安全法》中华人民共和国主席令（2016年）第53号

➢ 《中华人民共和国数据安全法》中华人民共和国主席令（2021年）第84号

➢ 《中华人民共和国个人信息保护法》中华人民共和国主席令（2021年）第91号

➢ 《中华人民共和国密码法》中华人民共和国主席令（2019年）第35号

➢ 《商用密码管理条例》中华人民共和国国务院令（第760号）

➢ 《关键信息基础设施安全保护条例》中华人民共和国国务院令（第745号）

➢ 《网络安全等级保护条例（征求意见稿）》

➢ 《网络安全审查办法》

➢ 《网络数据安全管理条例（征求意见稿）》

➢ 《国家政务信息化项目建设管理办法》（国办发〔2019〕57号）

➢ 《国务院关于加快推进全国一体化在线政务服务平台建设的指导意见》（国发〔2018〕27号）

2.1.2 标准规范

通用安全标准

➢ 《信息安全技术 网络安全等级保护基本要求》GB/T 22239—2019

➢ 《信息安全技术 网络安全等级保护安全设计技术要求》GB/T 25070—2019

➢ 《信息安全技术 网络安全等级保护测评要求》GB/T 28448—2019

➢ 《信息技术　安全技术　信息安全管理体系要求》GB/T 22080—2016/ISO/IEC 27001：2013

➢ 《信息技术　安全技术　信息安全管理实用准则》GB/T 22081—2008/ISO/IEC 27002：2013

➢ 《信息安全技术　个人信息安全规范》GB/T 35273—2020

➢ 《信息安全技术　个人信息安全影响评估指南》GB/T 39335—2020

政务外网安全标准

➢ 《国家电子政务外网安全等级保护基本要求》GW0103—2014

➢ 《国家电子政务外网安全等级保护实施指南》GW0104—2014

➢ 《信息安全技术　基于互联网电子政务信息安全实施指南 第 1 部分：总则》GB/Z 24294.1—2018

➢ 《信息安全技术　基于互联网电子政务信息安全实施指南 第 2 部分：接入控制与安全交换》GB/Z 24294.2—2017

➢ 《信息安全技术　基于互联网电子政务信息安全实施指南 第 3 部分：身份认证与授权管理》GB/Z 24294.3—2017

云计算安全标准

➢ 《信息安全技术　云计算服务运行监管框架》GB/T 37972—2019

➢ 《信息安全技术　云计算安全参考架构》GB/T 35279—2017

➢ 《信息安全技术　云计算服务安全指南》GB/T 31167—2014

➢ 《信息安全技术　云计算服务安全能力要求》GB/T 31168—2014

➢ 《信息安全技术　政府网站云计算服务安全指南》GB/T 38249—2019

政务外网终端安全标准

➢ 《信息安全技术　基于互联网电子政务信息安全实施指南 第 4 部分：终端安全防护》GB/Z 24294.4—2017

➢ 《政务外网终端一机两用安全管控技术指南》GW0015—2022

密码相关标准

➢ 《信息安全技术　信息系统密码应用基本要求》GB/T 39786—2021

➢ 《信息安全技术　密码模块安全要求》GB/T 37092—2018

➢ 《信息安全技术　安全电子签章密码技术规范》GB/T 38540—2020

➢ 《信息安全技术　密码模块安全检测要求》GB/T 38625—2020

➢ 《信息安全技术　密码设备应用接口规范》GB/T 36322—2018

➢ 《密码应用标识规范》GM/T 0006—2012

➤ 《智能密码钥匙密码应用接口规范》GM/T 0016—2012

➤ 《密码设备应用接口规范》GM/T 0018—2012

➤ 《通用密码服务接口规范》GM/T 0019—2012

➤ 《证书应用综合服务接口规范》GM/T 0020—2012

➤ 《动态口令密码应用技术规范》GM/T 0021—2012

➤ 《密码模块安全技术要求》GM/T 0028—2014

➤ 《密码术语》GM/Z4001—2013

应用安全标准

➤ 《信息安全技术　代码安全审计规范》GB/T 39412—2020

➤ 《信息安全技术　Web 应用安全检测系统安全技术要求和测试评价方法》GB/T 37931—2019

➤ 《云应用安全技术规范》CSA GCR C001—2022

移动应用安全标准

➤ 《信息安全技术　电子政务移动办公系统安全技术规范》GB/T 35282—2017

➤ 《信息安全技术　移动互联网应用程序（App）生命周期安全管理指南》GB/T 42884—2023

➤ 《信息安全技术　移动智能终端应用软件安全技术要求和测试评价方法》GB/T 34975—2017

数据安全标准

➤ 《信息安全技术　大数据安全管理指南》GB/T 37973—2019

➤ 《信息安全技术　大数据服务安全能力要求》GB/T 35274—2017

➤ 《信息安全技术　政务信息共享 数据安全技术要求》GB/T 39477—2020

➤ 《全国一体化政务大数据体系建设指南》

➤ 《关于加快构建全国一体化大数据中心协同创新体系的指导意见》（发改高技〔2020〕1922 号）

➤ 《数字中国建设整体布局规划》

➤ 《信息安全技术　数据安全能力成熟度模型》GB/T 37988—2019

➤ 《信息技术　大数据　数据分类指南》GB/T 38667—2020

安全运营与服务标准

➤ 《信息安全技术　政务网络安全监测平台技术规范》GB/T 42583—2023

➤ 《信息安全技术　网络安全事件应急演练指南》GB/T 38645—2020

➤ 《信息安全技术　网络安全态势感知通用技术要求》GB/T 42453—2023

➤ 《信息技术服务　服务安全要求》GB/T 39770—2021

区块链技术与安全标准

➤ 《信息技术　区块链　参考架构》CBD－Forum－001—2017

➤ 《区块链　系统测评和选型规范》DB52/T 1467—2019

➤ 《区块链和分布式记账技术参考架构》ISO 23257

➤ 《信息安全技术　区块链技术安全框架》GB/T 42570—2023

➤ 《信息安全技术　区块链信息服务安全规范》GB/T 42571—2023

2.1.3　地方标准和管理办法

➤ 《电子政务外网数据交换级联接口规范》DB34/T 3686—2020

➤ 《电子政务外网市县网络总体构架设计规范》DB34/T 3606—2020

➤ 《安徽省电子政务外网管理办法（试行）》

➤ 《安徽省省级政务云管理办法（试行）》

➤ 《"数字江淮"建设总体规划（2020—2025 年）》

➤ 《关于重要领域信息系统密码应用工作的通知》（安徽省密码管理局、安徽省财政厅印发）

➤ 《电子政务外网安全接入技术规范》DB34/T 4283—2022

➤ 《电子政务外网安全监测平台技术规范》DB34/T 4282—2022

➤ 《政务数据　第 1 部分：安全分级与分类指南》DB34/T 4631.1—2023

➤ 《政务数据　第 2 部分：脱敏技术规范》DB34/T 4631.2—2023

2.2　建 设 原 则

2.2.1　坚持合规性，强调标准要求

数字安全体系既是数字政府业务开展的基础，同时也是国家网络空间安全的组成部分，应符合国家关于网络与关键信息基础设施、云计算、大数据、政务数据开放共享和电子政务外网相关的安全政策标准、法令法规和指导文件的要求，在合规的基础上考虑整体安全保障体系建设。

2.2.2　坚持系统性，强调伸缩弹性

数字安全体系建设应在"安全一盘棋"的全局视角下结合数字政府的建设过程与应用特点做一体化设计，采用总体安全集成模式，参考国内优秀案例的最佳

实践，将整体安全工作确定为构建如下三个安全体系：构建一体化安全管理体系框架；构建一体化安全运营服务体系；构建一体化安全技术体系。以安全运营为核心，以安全管理为抓手，以安全技术为保障，同时充分考虑安全体系的有效性、先进性和创新性，全面保障数字政府未来业务发展对数字安全体系的新需要；通过对安全保障技术体系与安全运营服务体系的模块化设计，更加灵活地为政务业务开展提供可伸缩、高弹性的安全保障能力，并通过松耦合架构设计，在架构层面解耦业务与安全之间的绑定，以实现针对不同业务系统与业务过程安全保障的管理、技术和运营的有效落地。同时，积极配合本平台整体项目工作，做到统一架构、统一方案、统一行动、统一步调。

2.2.3　坚持全面性，强调整体思维

数字政府的安全建设应立足于安全作为一个整体全面解决问题，以构建完整的一体化数字安全体系。这与以往遇到安全问题后"头疼医头""脚疼医脚"的"创可贴"式、面向单一风险点、零散的、碎片化的、安全产品叠加式的安全建设有本质不同，强调整体思维。一体化数字安全体系的规划思路与建设方案应坚持以面向问题、整体设计、支撑运营为原则，系统性解决各类安全威胁与安全问题，以实现安全体系的可持续发展与迭代创新。

2.2.4　坚持有效性，强调安全运营

安全运营是数字政府实现全面化安全保障、有效解决安全问题的重要基础，是政务应用持续发展与升级改造的前提，需要和关键的基础设施、业务平台、应用系统的建设同步规划、同步设计、同步实施。要以动态安全保障中的感知发现、分析研判、通告预警、响应处置、追踪调查、复盘整改为核心，构建完整有效的一体化安全保障能力体系。

2.2.5　坚持管理性，强调安全职责

安全管理历来是安全的主要组成部分，从数字政府的安全管理视角看，主要包含监管方、运营管理方、用户、安全保障方等多个角色，各角色成员发挥的作用与价值对数字安全体系持续性发展至关重要。因此，数字安全体系中非常重要的一个任务就是明确并落实各参与方在整个安全保障过程中所承担的义务与责任。同时，必须为参与各方在数字安全体系中的活动和行为制定规范，为数字安全体系的落地执行提供管理保障。

2.2.6　坚持合理性，强调适度安全

安全是相对于风险而言的，绝对的安全并不存在。数字安全体系建设以数字政府业务的高效、稳定、安全开展为目的。建设数字安全体系应综合考虑安全风险、业务效率、建设成本与社会效益等各方面因素，在满足政务业务安全需求的前提下，通过"合理、有效、先进"的安全措施来控制风险，将风险控制到可接受的程度，达到适度安全水平，避免因追求绝对安全而过度投资造成浪费。

2.2.7　坚持创新性，强调利旧继承

数字安全体系的建设是连续和支持递进的过程，作为数字政府的一部分，数字安全体系的建设必须与之匹配。要遵循持续发展的客观规律，在安全体系设计过程中，充分考虑新环境的变化和新技术的发展趋势，吸纳国内外最新安全理念、技术成果和成功实践，采纳成熟的先进技术。同时，要秉承"利旧继承"的基本原则，充分发挥已有安全建设成果在一体化数字安全体系中的价值和作用，并在已有安全管理制度、技术产品和运营服务的基础上积极创新，确保新旧体系相互依存、相互支撑、相互促进、和谐发展，以构建积极防御体系，应对新时代的安全挑战，满足新形势下的安全需求。

2.2.8　坚持阶段性，强调分步实施

数字安全体系建设，需从顶层设计入手，优化体系结构，创新运营模式，统筹各方资源，促进共建共享，避免重复建设与资源浪费，为信息系统提供可靠的安全保障服务，探索整体安全运营最佳实践。同时，需要在统筹规划的基础之上分步制定各阶段安全工作任务，明确年度安全工作重点、实施计划以及考核指标、考核办法。在有效保障分步实施过程的同时，满足和解决推进过程中来自各方面的安全需求和安全问题。

2.2.9　坚持国产化，强调自主可控

当前正处于新旧动能转换的关键时刻，国产替代加速将为自主可控领域的成长提供强劲动力，实现关键核心技术的自主可控，是保障数字政府业务平稳运行的必然之选。数字政府新建系统的规划、设计及整体运行管理，包括软件和硬件的选择和开发，均需尽可能考虑其自主可控性。保障国家关键基础设施、网络和信息系统安全，亦是我们维护国家信息安全工作的重要职责所在。

第3章 总体建设概览

3.1 建设思路

国家发展改革委等发布的"发改高技〔2020〕1922 号"文件《关于加快构建全国一体化大数据中心协同创新体系的指导意见》提出，要加强全国一体化大数据中心顶层设计，"加快提升大数据安全水平，强化对算力和数据资源的安全防护，形成'数盾'体系"的要求。"数盾"平台是以网络安全和数据安全基础能力为依托，以数据安全防护为核心，由安全能力中心、安全数据中心和安全运营中心三大模块构成的安全平台。其中安全能力中心是"数盾"平台的能力支撑，其核心能力是安全资源管理、安全能力编排和安全能力调度；安全数据中心是"数盾"平台的数据处理分析中枢，主要实现各方数据的汇集与智能分析；安全运营中心是"数盾"平台的指挥大脑，通过统筹规划安全能力实现数据安全的运营管理和运营服务。

一体化平台数字安全体系建设以"数盾"体系为参考，严格遵循国家相关法律法规，实行统一化安全设计、集约化安全建设、一体化安全管理，构建安全管理、安全技术和安全运营三大体系，以安全技术为保障，以安全管理为抓手，以安全运营为核心；同时充分考虑安全体系的有效性、先进性、创新性和业务发展产生的新需要，通过模块化设计，为业务开展提供可伸缩、高弹性安全保障服务能力，提高资源利用率，提升整体安全防护能力及风险处置效率。建设符合"等保"与"密评"为标准的技术体系框架，建设符合相关标准的运营服务体系，最终实现保平台、建能力、立机制的目标。

3.2 功能架构

省级平台与各市平台实行各自建设，分级化部署。各市平台以省级平台为基础模板，可以根据各自经济、政治发展进行特色赋能。平台之间建立接口层面的安全连接，建立监督、指挥、数据的交流通道，最终形成在安徽全省内分级部署，统一指挥，形成联防联控的有效机制。安全架构如图 3-1 所示。

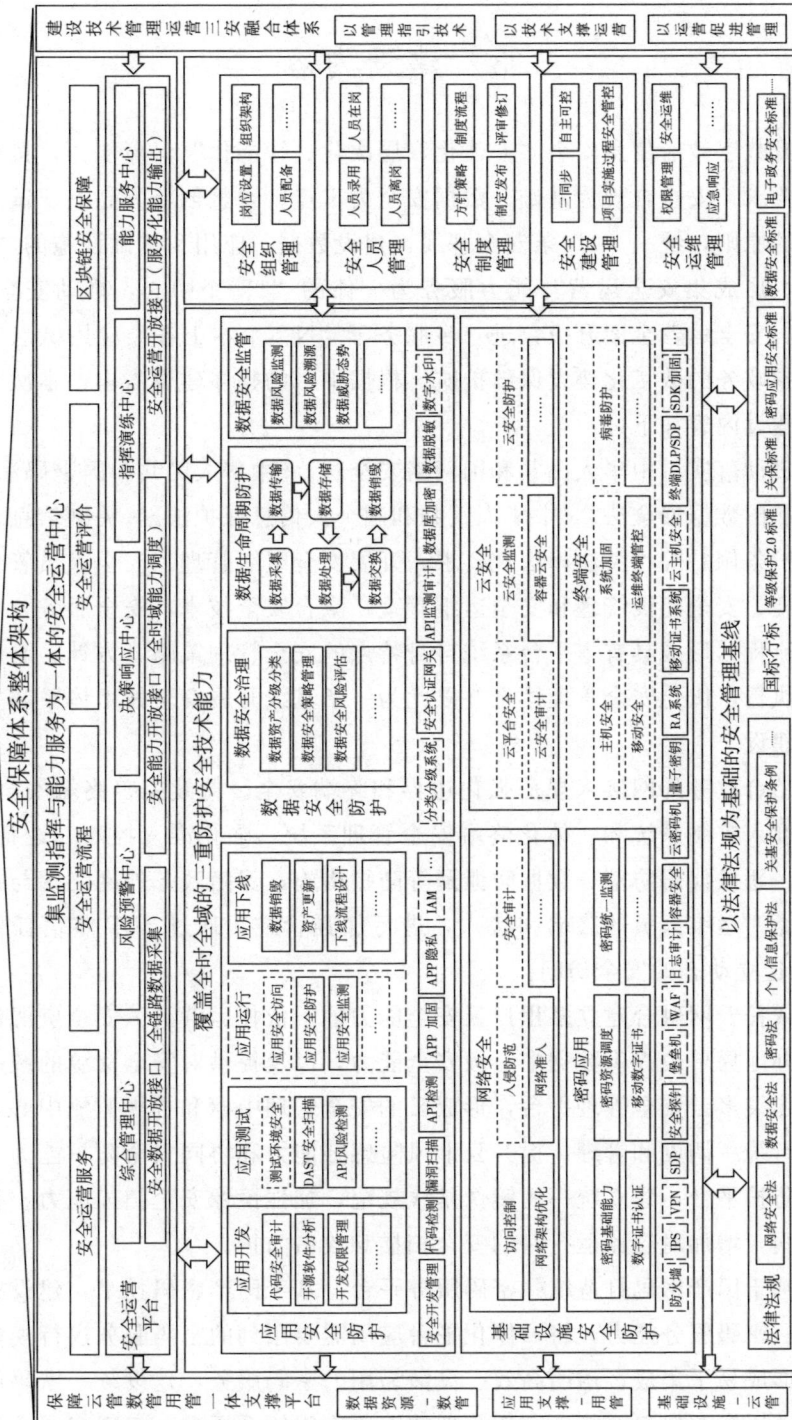

图3-1　安全架构

3.3　建设内容

为提升数字政府信息安全"一体化、层次化、智能化"保障能力，按照"集约管理为要求、安全合规为基础、数据安全为重点、智慧创新为亮点、试点示范为检验"的原则，统一"1"条安全基线，建设数据、应用和基础设施的"3"重防护能力，形成集安全运营与能力服务为一体的"1"个中心，推动安全技术、安全管理、安全运营全面升级，进一步服务于"N"个本土各类应用试点安全保障，为全省政务的数字化建设保驾护航。根据平台的整体建设需求，本次数字安全体系的建设内容如下：

（1）贯彻落实《中华人民共和国网络安全法》《中华人民共和国密码法》《中华人民共和国数据安全法》《中华人民共和国个人信息保护法》《关键信息基础设施安全保护条例》等相关法律法规要求，开展安全组织管理、安全人员管理、安全制度管理、安全建设管理和安全运维管理，融合安全技术、安全服务，梳理管理制度和流程，形成具有本平台系统自身特点的安全管理策略、方针、制度和规范并有效执行，优化安全管理体系并以此为一条基线开展安全技术体系和安全运营体系的建设。

（2）结合政务外网接入规范强化边界和终端安全。持续完善终端安全防护，建设网络准入控制系统和一体化终端安全管理系统，强化准入控制、设备管控、安全审计、恶意代码防范、数据防泄漏等防护措施，保障政务外网终端与接入安全。特别是对运维人员的终端和接入，进行加强管控，通过 SDP 零信任体系结合 IAM，建立动态的安全访问。

（3）依托云网融合建立多租户云安全能力池。依托运营商云安全资源池，为省级各委办厅局单位提供数据中心级安全能力，以及提供对安全资源的统一调度和管理。建设多云安全管理平台，形成云的安全管理中枢和合规监测中心，对安全资源进行统一调度和管理，提升云上风险感知能力和协同安全防护能力。建设容器安全防护平台，建立统一的镜像基线规范，加强镜像安全扫描能力，执行容器节点加固，增加对容器运行时的安全扫描和攻击防护。

（4）基于国产密码打造统一密码服务平台。基于国产密码技术，建设省级政务体系统一密码服务能力，将一体化平台应用需要用到的密码服务进行模块化高度封装，形成易于集成、透明高效、灵活易用的密码服务，建设统一密码服务接口、统一密码资源接口、统一密钥管理的密码应用体系标准，实现多源密码服务的统一管控、异构密码资源的统一调度以及量子技术在密码应用领域的创新应用，保障应用和数据的安全使用。

（5）健全应用全生命周期安全能力，贯穿应用开发、上线、运行、下线各阶段，提升应用内生安全水平，保障应用稳定运行。部署应用安全开发管理系统，开发阶段通过结合代码审计引擎，对依托本平台开发的应用系统开展源代码缺陷检测及开源组件合规检测等，正式上线发布前在平行环境对应用系统开展漏洞扫描、组件扫描、API 检测、合规检测、安全加固等技术措施，确保应用内生安全。应用上线运行后，依托政务云安全能力及新建的 DNS 防护系统、应用安全监测等，实现应用运行过程的安全保障。

（6）结合数据安全治理和分级分类，围绕政务数据采集、传输、存储、处理、交换、销毁等环节构筑数据全生命周期安全防护能力，新建数据加密、脱敏、防泄漏、水印、API/应用审计等安全能力，实现数据的全生命周期安全防护。通过数据安全监测管理平台，完成数据安全整体监测管理，实现数据安全风险可控、数据安全威胁可防、数据访问调用可管、数据安全态势可见、数据安全事件可责，最终形成治理、防护、监管为一体的一体化数据安全体系。

（7）为保障一体化数据基础平台的稳定运行，建设可视化、自动化、智能化、可运营的一站式 7×24 小时全天候全场景安全运营平台，将技术、管理、人员和服务进行有机结合，实现网络安全事件监测、响应、指挥调度以及对云安全、网络安全、终端安全、应用安全、数据安全的监控，建成上下级平台贯通的全链路防护、检测、预警、处置、反馈体系。平台以合规为基线，以业务流程为导向，结合制度规范，建立完善的数据生命周期的安全保障和监管措施。同时建立安全监控预警、信息通报和应急处置机制，逐步实现从"基于威胁的被动保护"向"基于风险的主动防控"转变，形成网络安全和数据安全的保障闭环。提升网络安全主动防御、监测预警、应急处置、协同治理能力，最终实现一体化数字安全体系的持续运营。

3.4　部署拓扑

整体网络划分为互联网区与电子政务外网区，区域之间使用隔离交换系统进行数据隔离交换，政务外网区和互联网区再分别划分为接入区、核心区、业务区、云上安全资源区、安全托管区、运维监测区。云上安全资源区由运营商按照统一安全服务目录，提供相关安全资源，保障云上业务的安全。本次项目针对在运营商机房部署的云容器新增部署容器安全平台，随容器的部署而部署。安全托管区主要包含本次新建的基础设施安全、应用安全和数据安全能力，其中基础设施安全根据需要，在政务外网和互联网都有部署，数据安全设备同样部署在两个网络，应用开发上线的安全设备部署在政务外网平行区。运维监测区主要部署安全运营平台、数据安全监测平台和密码监测管理平台等监测类平台，其中平台本身部署在政务外网区，前端探针部署在两个网内，采集所有流量和数据，对全网进行安全分析。

根据各个安全区域的应用特点分别部署和配置相应保护措施和安全策略，保障业务的连续性、安全性和可靠性，体现"整体防护、突出重点"的设计原则。

数字安全体系部署图如图3-2所示。

3.5　实 施 路 径

3.5.1　第一阶段

该阶段主要面向应用开发上线阶段完善部分安全检测能力，同时对网络安全、云安全基础设施等开展相关建设。具体建设任务包括：

（1）搭建应用开发管理系统，配置代码审计、漏洞扫描、交互式安全检测系统、API风险检测、App加固、App合规隐私检测等安全引擎，初步实现对本平台开发应用的上线前安全检测。

（2）统一云上安全目录，针对本平台要求，运营商配置相应安全资源，确保本平台安全，并通过等级保护要求。同时开发建设多云安全管理平台，对两朵省级政务云实现安全纳管。

（3）建设网络准入系统，保证政务外网接入安全。针对运维人员开展安全访问，建设SDP零信任体系，部署SDP网关、SDP控制中心和一体化终端安全管理系统，确保运维人员身份安全。

（4）部署容器安全平台，对省级节点的容器云开展安全防护措施，提供镜像安全、微隔离、入侵防御、安全审计等能力，保障容器云的安全运行。

3.5.2　第二阶段

该阶段进一步加强基础设施安全的建设，主要围绕密码应用开展资源部署，同时围绕数据安全开展全生命周期防护及数据安全监测体系的建设，保障应用和

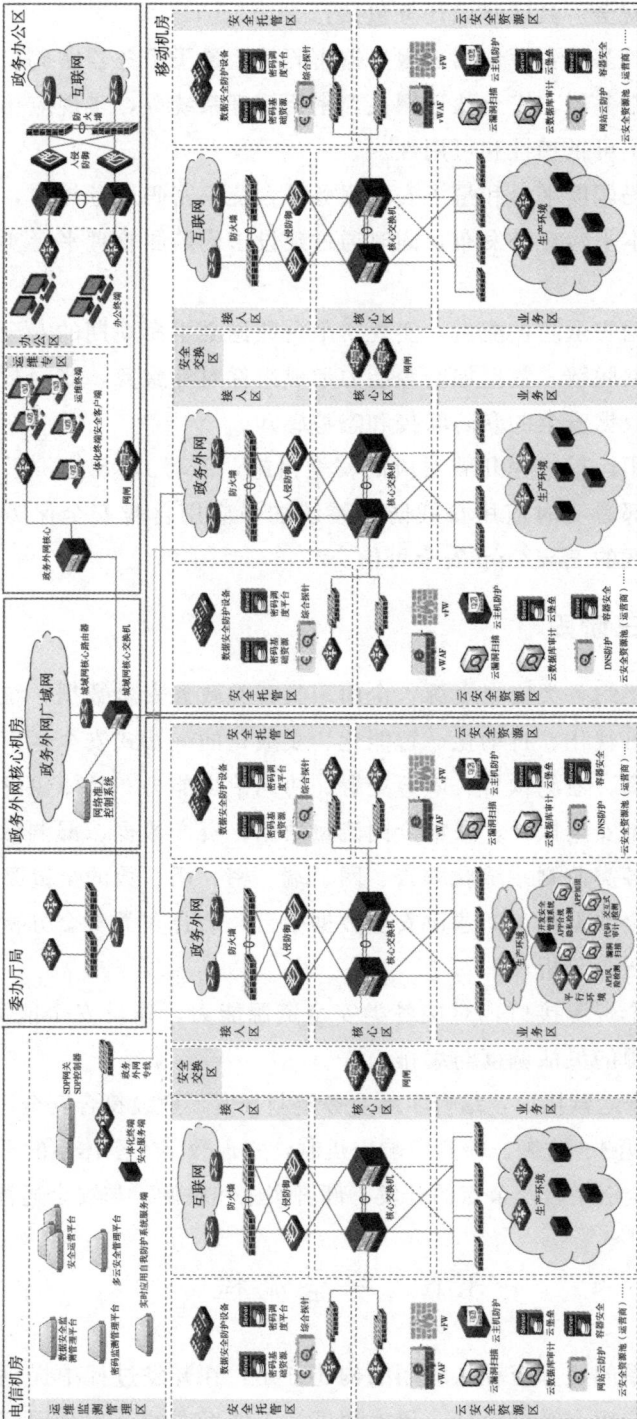

图3-2　数字安全体系部署图

数据运行过程的安全。具体建设任务包括：

（1）部署密码基础资源包括云服务器密码机、量子服务器密码机、签名验签服务器、时间戳服务器、安全认证网关、密钥管理系统等，实现应用和数据的保密性、完整性、不可抵赖性和可用性。

（2）部署密码调度平台和量子安全服务平台统一密码服务接口，将密码算法形成组件提供至本平台对外发布，同时通过建设密码监测管理平台实现密码的可用、可见、可管。

（3）升级数据安全防护能力，实现本平台数据全生命周期的安全防护，同时对数字水印、数据脱敏、数据加密等能力形成组件对外服务，建设数据安全监测管理平台，实现数据安全的联防联控和态势感知。

（4）针对应用运行过程开展对应的安全措施，部署 DNS 防护系统保障政务外网域名安全，部署实时应用自我防护系统加强应用自身安全保障。通过 App 渠道监测确保下载的三端 App 安全可信。

3.5.3　第三阶段

该阶段统筹集约各类安全资源，全面采集各类政务安全数据，统一调度各类安全能力，构建可视化、自动化、智能化、实战化的一站式安全运营平台，提升网络安全主动防御、监测预警、应急处置、协同治理能力。具体建设任务包括：

（1）部署各类安全探针，采集全网流量数据、资产数据、漏洞数据、威胁数据等，同时对接各类监测系统获取云、网、端、密、用、数的全链路数据；

（2）统一安全数据接口，建设安全数据中台，结合多类安全分析引擎及算法对各类数据进行融合分析；

（3）统一安全资源接口，对接各类安全资源能力，建设安全能力调度中心，实现各类安全资源的灵活调度与编排；

（4）统一安全运营接口，结合实际业务定制开发，建设符合安全运营的各类业务子系统，满足预测、防御、检测、响应机制，实现数字安全体系的可持续运营；

（5）开展安全链平台及节点的开发、部署实施和联调，与安全运营平台对接。

3.6　安全流程

数字安全体系的业务流程从应用的构建开始，在开发过程中提供持续的安全检测工具，完善应用在系统设计、研发测试、上线发布的全生命周期安全防护要求，确保应用内生安全。应用上线运行后，结合事前、事中、事后的业务逻辑，事前通过前期安全设计所需的资源在安全门户进行安全资源申请，由数字安全体系统一开通资源，做好事前的资源统一管理；事中通过"三防护"的基础安全资源开展保障，同时通过安全运营平台对各类安全数据进行分析，展示全网的安全事件，精准地定位风险资产；事后通过安全运营平台预警通报与设备联动等事件处置手段，快速消除风险，最终形成集防护、检测、响应、恢复于一体的安全保障能力。

安全保障体系业务流程逻辑架构，如图 3-3 所示。

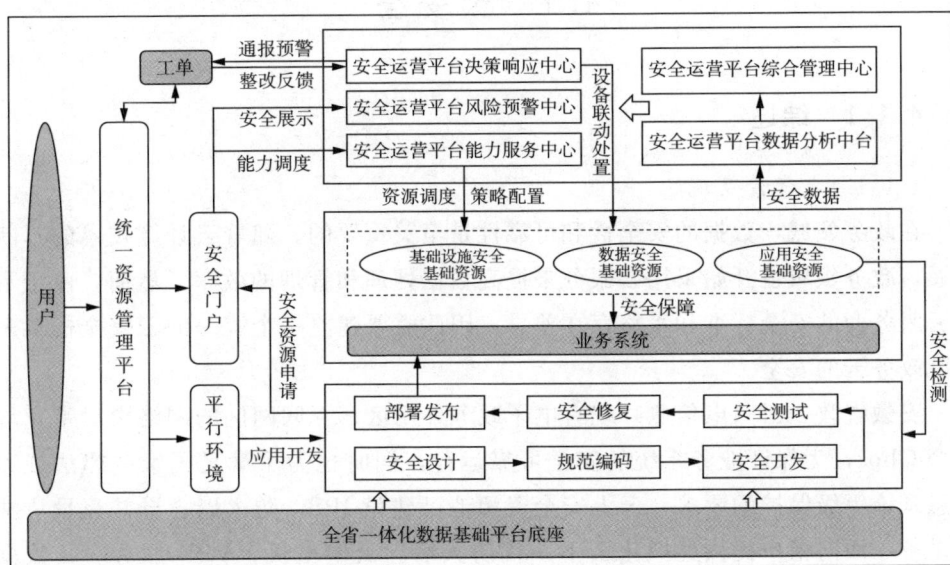

图 3-3　安全保障体系业务流程逻辑架构示意图

第4章 分项建设内容

4.1 云安全

4.1.1 综述

4.1.1.1 背景及现状

在政务领域，数据的安全性和可靠性是至关重要的。随着云计算技术的不断发展，政务领域也开始采用云服务来提高数据处理和管理的效率。然而，由于不同云服务商的安全标准和策略存在差异，因此需要建立一个统一的云安全框架来保障政务云的安全。

安徽省政务云（电信侧）现有电子政务外网区、互联网区的网络出口带宽均为20Gbps，为保证业务系统的安全可靠运行，同时也为了满足国家法律法规和信息系统等级保护的要求，云上安全资源池已建设IPS、防火墙、异常流量清洗等设备，面向租户提供虚拟化云下一代防火墙、云堡垒机、VPN服务、云数据库安全、云数据加密、服务器安全卫士、网页防篡改、日志审计与态势感知等安全组件。安徽省政务云（移动侧）政务外网区出口带宽20Gbps，互联网区出口带宽20Gbps，云端已提供云Web应用防火墙、网页防篡改、云堡垒机、云数据库审计、云日志审计、漏洞扫描、Web防御与态势感知、主机安全防护等安全网元进行综合安全防护。

许多安全事件发生的根本原因是：客户以为云运营商会处理一些事情，但后来的事实证明没有任何一方会处理。经过对10余家委办厅局上云业务系统调研，大部分单位对云上开通的安全资源处于不可知状态，缺少相关人员对云上提供的安全设备进行管理和维护，安全策略在初次配置完后基本上没有变动，安全防护效果得不到保证。同时，目前云上安全还存在着能力不足的问题，部分单位的安全需求运营商无法满足，这也造成云上安全的短板。

因此，一体化平台云安全建设重在补全云上安全不可知、管理维护困难，以及补全云上安全需求缺失如容器安全防护等问题。多云安全管理是指在一个平台上管理多个云服务商的安全资源和服务，通过制定一致的安全策略和规则，确保我省政务云能够得到充分的保护；而容器安全则是指在容器化环境中管理和保护业务系统的安全。

4.1.1.2　目前面临的问题

1）云安全风险

政务云安全由运营商负责，运营商针对云平台及云上租户提供相应的云安全资源来进行安全保障，目前其还没有对这些上云的数据和业务的直接管控能力，用户数据及后续运行过程中产生、获取的数据都在云服务商的直接控制下，而云服务商通常把云平台的安全措施及其安全状态视为知识产权和商业秘密，在缺乏必要的知情权的情况下，难以了解和掌握云服务商安全措施的实施情况和运行状态，难以对其进行有效的监督和管理，不能有效监管云服务商的内部人员对用户数据的非授权访问和使用，致使整个云上安全处于黑匣子状态。从对各委办厅局云上安全使用情况的调研中也可看出，目前对于各委办厅局而言，云上几乎都是不可知状态，同时存在一些安全能力不足的情况，产生了一定的安全风险。

除了这些现存的因为管理和技术上的缺失造成的问题，由于云计算环境自身的特性，一体化数据基础平台的网络安全架构还需要充分考虑云计算的引入所带来的相应风险，应根据各个风险点带来的问题及威胁，建设针对性的防护方案，以保障数据的安全及业务系统的平稳运行。经过总结分析，常见风险如下。

（1）云计算安全技术管理风险

在云环境下，所有的资源虚拟化，云安全产品大部分以虚拟机的形式部署到云平台上，而不同的云租户对安全资源的需求各不相同，如何统一地分配、利用和管理云上的安全资源成为云安全的一个难题。同时，随着一体化数据基础平台租户业务慢慢迁移到云平台，由于不同的云租户对云安全的需求不同，如果采用为每个租户手动部署单一产品的方式为租户提供安全产品，会给云平台运维管理员的运维工作造成极大困扰，对运维人员的技术要求也大大提高，且传统的硬件已经无法部署到租户虚拟的网络，满足不了租户的安全需求。因此，如何解决云安全产品自动化部署、云安全产品按需分配问题成为云安全管理人员面临的巨大挑战。

（2）云计算与虚拟化技术风险

一体化数据基础平台的云数据中心通常是规模庞大的，甚至存在多云并存的混合云场景，在这种情况下，云平台本身的原生安全性成为基础设施安全建设的首要考虑对象。由于各云服务商对于自身云平台的技术设计不同，并且使用了不同的云计算虚拟化技术，导致不同的云平台本身固有的原生安全性也不尽相同，对于安全设计考虑不充分的云计算虚拟化平台，可能存在由于本身安全性的疏漏而造成整个云上业务系统遭受恶意侵入和攻击的问题，包括：

① 由于物理主机本身的硬件或软件漏洞被恶意利用而造成物理主机或云主机被攻击；

② 由于云操作系统本身的安全漏洞造成云内的业务被恶意入侵；

③ 云平台的虚拟网络受到恶意破坏导致云上资产失陷，数据泄漏；

④ 云平台内的虚拟主机恶意逃逸造成病毒、恶意代码等大面积的传播，云平台环境被破坏；

⑤ 云平台本身的服务 API 接口过多地对外暴露，存在被恶意攻击的风险。

（3）云计算租户侧面临的风险

云服务模式下，云计算平台的管理和运行主体与数据安全的责任主体不同，相互之间的责任如何界定，缺乏明确的规定。不同的服务模式和部署模式、云计算环境的复杂性使各单位承担的责任难以清晰界定，一旦出现安全事件，存在无法明确追究责任主体的安全风险。

（4）多云安全管理风险

有资产的地方就需要有安全，从业务安全需求和政策合规性方面都需要进行安全赋能建设，但是目前各云厂商自带的安全能力参差不齐，且每朵云都要进行单独的安全评估和能力构建，因此安全资源在多云场景中分散建设，安全能力无法实现云上共享和统一管理。这时仅依靠云厂商提供的安全服务容易产生孤岛效应，缺乏集中化的安全日志、风险事件记录、策略管理和分析能力。

在云计算环境中，传统自我管控与隔离的手段不存在了，云计算资源的集中化放大了安全威胁和风险，因此，从平台安全防护和租户数据隐私保护的信息安全角度出发，如何保证访问控制机制符合客户的安全需求就成为云计算环境所面临的安全挑战。面对信息化建设的更新迭代、政策法规的升级变更，如何进行快速的云上安全评估和安全运营，将是多云场景下一大难题。

2）容器安全风险

除此之外，新建设的容器云也带来了新的安全风险，主要分为以下几类。

（1）镜像风险

容器应用采用镜像这种不可变更的方式进行分发和运行，所有的容器实例均是由镜像启动的。数据表明，公网仓库中下载的镜像，大部分可能都存在软件漏洞，或者被攻击者植入木马病毒文件；基础镜像构建的镜像中，可能会存在软件漏洞、恶意程序等问题，若基础镜像或应用镜像出现这些问题，则由它拉起的容器实例的影响范围将是一个或多个集群。

（2）容器风险

容器风险分为容器运行时风险和微服务风险两种。

① 容器运行时风险

云原生引入了 docker、containerd、cri-o 等容器运行时，由于这些工作负载均是与宿主机共享 CPU 和内存的，容器基于进程的隔离性较弱，可能导致非法提权和容器逃逸的风险。

② 微服务风险

微服务是一种架构风格，其将关联的业务逻辑及数据放在一起形成独立的边界，目的是在不影响其他组件应用（微服务）的情况下更快地交付并推出使用。但是，微服务架构的采用使得 API 数量剧增，暴露面较传统模式大幅度增加，进而扩大了攻击面，且微服务间的网络流量多为东西向流量，网络安全防护维度发生了改变。

（3）容器基础环境风险

容器基础环境风险分为基础设施风险和网络风险两种。

① 基础设施风险

集群和 docker 本身的不安全配置和漏洞问题，是黑客利用的新的脆弱面。云原生中引入了编排工具来管理工作负载，因此编排环境本身的安全性会影响整个容器集群，如攻击者可以使用未授权访问漏洞拿下集群的 API，进一步可以通过 API 获取集群的所有信息，而这个也是新的容器基础设施使用时非常容易忽视的点。

② 网络风险

编排的管理方式引入了新的网络模式，访问控制粒度无法细化，攻击者一旦进入集群，可以相对容易地进行东西向移动。如 k8s 的网络模式默认情况下集群中的容器可以直接相互访问，因此，若攻击者攻入一个容器则很容易可以在集群内进行横向移动、快速侵入到其他的业务环境。

4.1.1.3　云安全需求

1）云平台安全

云平台应从合规角度出发，符合等级保护 2.0 中安全物理环境、安全通信网络、安全区域边界、安全计算环境及安全管理中心等技术要求，部署满足标准配置的相应安全设备并实施相关技术措施。同时，云平台需通过网信办组织的"云计算安全服务评估"。因此，在选择政务云的云服务商时，需确保以上要求均能满足。

2）云租户安全

通过对《信息安全技术　网络安全等级保护定级指南》《信息安全技术　网络安全等级保护基本要求》进行分析可知，一方面云平台与云用户系统安全应分别单独定级、建设、测评；另一方面，云平台除了保障自身安全外，还应为用户提供安全能力。具体分析如下：

（1）平台与用户单独定级，区别防护

在云计算环境中，应将云服务方侧的云计算平台单独作为定级对象定级，云用户侧的等级保护对象也应作为单独的定级对象定级。

（2）云服务商需向用户提供安全防护能力

应选择安全合规的云服务商，其所提供的云平台应为其所承载的业务应用系统提供相应等级的安全保护能力。

（3）允许用户云上定制安全服务

具有根据云服务客户业务需求自主设置安全策略集的能力；应提供开放接口或开放性安全服务，允许云服务客户接入第三方安全产品或在云平台选择第三方安全服务。

（4）职责划分，平台/用户管理分离

应根据云服务商和云服务客户的职责划分，收集各自控制部分的审计数据并实现各自的集中审计。

3）多云安全管理

除了对政务云服务商的安全服务目录进行统一，对于云上安全黑匣子情况，也需建设多云安全管理能力，即将不同政务云云服务商的安全资源进行统一纳管，将各个云平台提供给用户的安全服务能力进行整合，建立统一的云安全管理中心。

4）容器安全

随着容器云的部署实施，面对容器所面临的安全问题需要相应的技术措施。建设云安全管理中心容器安全模块，能够很好集成到云原生复杂多变的环境中，提供覆盖容器全生命周期的容器安全解决方案，实现容器安全的预测、防御、检测和响应的安全闭环。

4.1.2　云安全建设

4.1.2.1　建设目标

在多云发展的趋势下，建设一个"全面覆盖、深度集成、动态协同"的云安全体系是其发展之必然。整体平台设计应"以业务为导向，向下汇总安全原子能力，向上提供云安全管理服务"，达成"多云一体、融合安全、闭环运营"的三大目标。

4.1.2.2　建设思路

1）多云一体

按照《政务云网络安全合规性指引》《信息安全技术　云计算服务安全指南》《基于云计算的电子政务公共平台服务规范　第 1 部分：服务分类与编码》《政务云基础设施服务平台技术要求》等标准要求，从覆盖网络安全、主机安全、应用安全等能力维度，全面补齐云租户安全能力差距，构建统一的云安全服务目录。

2）融合安全

从租户安全按需分配、安全策略统一管理、安全风险全面监测等几个方面，建设统一云安全管理平台；对接各云安全管理平台，实现安全统一调度与监测。

3）闭环运营

建立面向多云的云安全中心，通过工单流程建立标准处置机制、人机共智保障运营效果，解决安全运维压力大的问题，并为后续建设提供数据支撑。

4.1.1.3　建设内容

1）总体框架

云安全管理中心架构如图 4-1 所示。

2）建设能力

（1）云平台安全

云平台底层基础安全防护主要保障内容至少包括如下几点：

① 检测云平台云基础设施所使用的底层操作系统，应根据系统安装最小化原则进行裁剪，即只安装业务需要的组件，其他无关组件一律不安装，以降低被攻击风险；

② 检查云主机操作系统的服务和端口，须禁用不必要的服务，必须开放的服务可将端口进行修改；

③ 检测云主机操作系统的账号密码策略，配置账号密码强度、账号锁定策略；

④ 对云主机、宿主机的操作系统补丁进行监控并设置升级策略，并对于高危补丁可以自动实时升级。

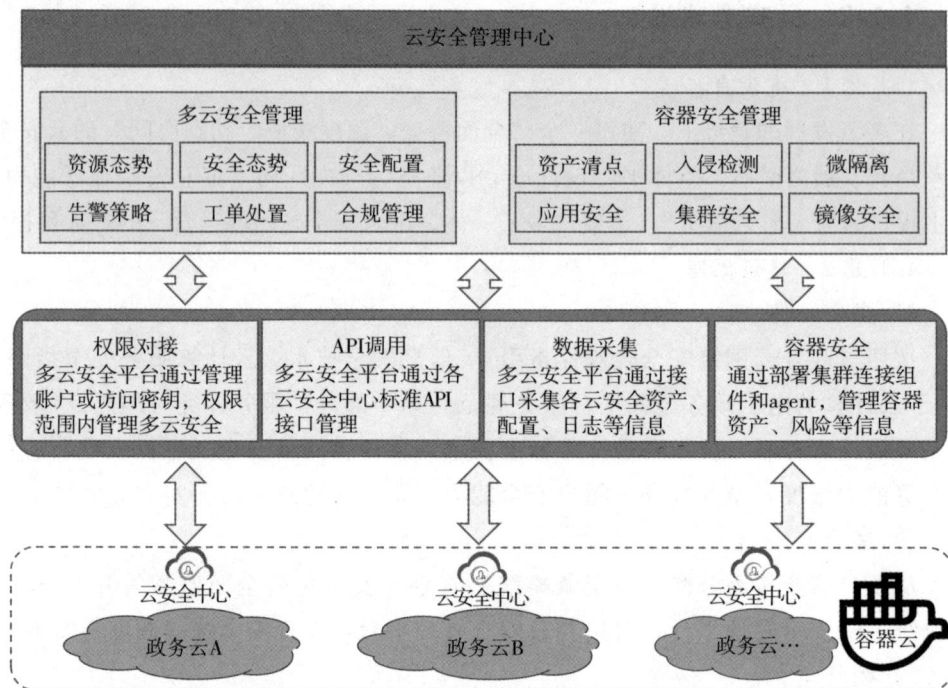

图 4-1 云安全管理中心架构示意图

云平台的建设应采用 SDN 网络架构，通过 SDN 控制器可以根据网络流量状态智能调整网络流量路径，提升网络利用率。根据用户需求和网络实时状况，动态实现网络流量的全局负载均衡，实现对云安全资源池的统一管理。

云平台安全由云服务商提供基础能力，本项目对云平台安全提出云等保 2.0 三级合规要求，不涉及相关建设内容。

（2）云租户安全

云租户安全主要是通过云安全资源池进行安全防护，实现安全资源灵活调度、动态扩展、按需快速交付，全面满足云租户对业务安全部署的要求。

云安全资源池聚焦应用安全，灵活调度安全资源，具备安全可视、可控、安全资源自动化部署、弹性扩展、平台开放等特点。

整个云租户安全基于云内的云虚拟设备的安全防护手段，由安全防护、安全审计与安全监测共同组成，涵盖了云安全能力的事前监测、事中处理与事后审计全生命周期，并互相协同工作，形成一个完整的云内安全事件响应闭环。

云租户安全由云服务商通过服务采购方式提供，本次建设将针对云租户安全提出相关建设需求，依托 GB/T 34079.1—2021《基于云计算的电子政务公共平台服务规范　第 1 部分：服务分类与编码》与实际安全需求，形成统一安全服务目录。云安全服务目录见表 4-1 所列。

表 4-1　云安全服务目录

序号	安全能力名称	安全能力描述
1	防火墙服务	提供云内租户级的访问控制能力，保障租户与租户之间的安全隔离
2	入侵防护服务	可对由内向外发起的网络攻击行为和由外向内发起的网络攻击行为均进行检测和防护
3	防病毒服务	为云用户使用的服务器提供病毒防护能力服务，并定期更新病毒库
4	网站云防护服务	通过云防护形式为政务互联网应用提供抵御 DDoS 攻击能力（如 CC、SYN Flood、UDP Flood 等）
5	应用防火墙服务	为政务应用提供 Web 应用层防火墙能力，具备防护 Web 通用攻击、协议规范性检查、抗 Web 扫描器扫描等能力
6	网页防篡改服务	部署在服务器上的网页文件被攻击者使用技术手段进行了恶意修改
7	主机防护服务	通过病毒防护、访问控制、入侵检测/入侵防护、虚拟补丁、主机完整性监控等功能实现物理主机和虚拟主机的全面防护
8	网络安全审计服务	通过对网络流量的审计分析，对重要的用户行为和重要安全事件进行审计
9	数据库审计服务	对进出核心数据库的访问流量进行数据报文字段级的解析
10	运维审计服务	基于 IP 地址、账号、命令进行控制，防止越权操作，实现全程的审计记录
11	日志审计服务	通过收集云用户所有资产的日志信息，实现信息资产的统一管理、资产运行状况的统一监控
12	漏洞扫描服务	为用户提供脆弱性扫描能力，包含漏洞扫描、基线核查等
13	Web 监测服务	提供网站可用性检测、内容检测、挂马检测、暗链检测、敏感字检测、脆弱性检测等服务
14	态势分析服务	通过采集云租户流量和日志，基于机器学习能力，对海量安全数据进行智能分析，实现云租户威胁感知、风险预警能力的可视化展示

① 防火墙服务

通过部署或开通虚拟化防火墙服务来实现虚拟网络边界的安全访问控制，通过引流方式实现租户级的安全隔离与防护，同时提供入侵防范、应用层访问控制等能力，实现一体化的云租户边界智能安全防护。

② 入侵防护服务

入侵防护服务作为防火墙的补充，被认为是防火墙之后的第二道安全闸门，可以对网络进行检测，提供对内部攻击、外部攻击和误操作的实时监控，提供动态保护，大大提高了网络的安全性。

入侵防护系统提供动态防御能力，很好地弥补了防火墙的不足。入侵防护系统除了检查第四层数据包外，更能深入检查到第七层的数据包内容，以阻挡恶意攻击的穿透，同时不影响正常程序的工作。

入侵防护系统可以检测多层多种类型攻击，如应用型攻击，包括 Web cc、http get flood、DNS query flood 等攻击；流量性攻击，包括 SYN Flood、UDP Flood、ICMP Flood、ARP Flood、Frag Flood、Stream Flood 等攻击；蠕虫连接型攻击；普通常见攻击，包括 ipspoof、sroute、land、TCP 标志位攻击、fraggle 攻击、winnuke、queso、sf _ scan、null _ scan、xmas _ scan、ping-of-death、smurf、arp-reverse-query、arp-spoofing 等。通过对进出网络的流量进行采集分析，对由内向外发起的网络攻击行为和由外向内发起的网络攻击行为均可进行检测和告警。

入侵防护系统除了需要能检测辨别出各种网络入侵攻击，保护网络及服务器主机的安全外，还需要提供完整的取证信息，提供客户追查黑客攻击的来源，这些信息包括黑客攻击的目标主机、攻击的时间、攻击的手法种类、攻击的次数、黑客攻击的来源 IP 地址等，并提供包括 Email/SNMP trap/声音等方式的告警，也可以对攻击行为进行实时阻断。

③ 防病毒服务

通过部署防病毒网关或在防火墙开通防病毒功能，对所有进入网络的流量进行病毒及恶意软件扫描，可以及时发现是否有包含病毒或恶意代码的文件，从而进行快速拦截并记录日志，建立安全防线。

防病毒服务主要功能包括病毒查杀、关键字过滤、垃圾邮件的阻止等，并可对重要协议进行深入扫描，一旦发现病毒可以采取相应的手段进行隔离或查杀，防止病毒对网络系统的侵害；能够实现对 HTTP、HTTPS、FTP 等协议进行病毒扫描检测过滤，支持检测病毒、木马、蠕虫、间谍软件等恶意软件，支持对压缩数据、加壳病毒的检测与处理，并提供完整的病毒日志记录功能。

④ 网站云防护服务

根据网站的实际安全需求，将 Web 应用攻击防护能力、智能 DNS 解析能力、DDoS 防护能力、CDN 加速能力以及统一的配置管理综合到同一 Web 安全防护体系中，为云上各委办厅局网站提供网站防护、云抗 D、云加速、DNS 防护等综合安全能力，极大降低了网站数据泄漏、网页被篡改风险，提升了网站链路可靠性，让网站在互联网中运营而无所畏惧。

⑤ 网页防篡改服务

通过网页防篡改系统建设网页防篡改能力，可以帮助用户实现对静态区域文件和动态区域文件的保护。动态区域文件保护主要是在站点嵌入 Web 防攻击模块，通过设定关键字、IP、时间过滤规则，对扫描、非法访问请求等操作进行拦截；静态区域文件保护主要是在站点内部通过防篡改模块进行文件实时监控，发现有对网页进行修改、删除等非法操作时，进行保护，并进行报警。通过建设网页防篡改能力，实现多层次、多方位、全智能化的安全防范，自动监控、自动还原，为站点提供高性能、高可靠的安全保护机制，全面地保护站点的安全。

⑥ 应用防火墙服务

为了提高云用户的 Web 应用的安全防御能力，云 WAF 可以针对各个层面不同的安全属性，分别采取相互独立的安全防御技术进行针对性防御。主要功能如下：

A. 防护 Web 通用攻击

如 SQL 注入、文件注入、命令注入、配置注入、LDAP 注入、跨站脚本等，部署 Web 应用防护模块后自动屏蔽相应的 Web 攻击行为。

B. 协议规范性检查

通过 HTTP 协议规范性检查可以实现 Web 主动防御功能，如请求头长度限制、请求编码类型限制等，从而屏蔽大部分非法的未知攻击行为。

C. 抗 Web 扫描器扫描

Web 应用防护模块能自动识别扫描器的扫描行为，并智能阻断如 Nikto、Parosproxy、WebScarab、WebInspect、Whisker、libwhisker、Burpsuite、Wikto、Pangolin、WatchfireAppScan、N‑Stealth、Acunetix Web Vulnerability Scanner（AWVS）等多种扫描器的扫描行为。

⑦ 主机防护服务

对操作系统文件、进程、注册表、服务进行保护，还可以对用户业务应用系统进行保护，防止用户业务应用系统程序意外终止。实现 SQL 注入防护、XSS 跨站脚本防护、漏洞利用攻击防护、Web 服务器溢出攻击防护、Web 服务器文件名解析漏洞防护、禁止除 Get 及 Post 之外的 HTTP 请求、禁止浏览畸形文件、禁止下载特定类型文件、网站浏览实时防护、HTTP 相应内容保护等。同时，对安全事件中的攻击方进行反追踪。通过全面分析挖掘防护日志数据，可得到攻击方 IP 地址等重要信息，这为安全事件的侦破提供了坚实有力的证据。准确的攻击事件回溯功能，详细记录入侵事件，帮助快速定位和修复风险点。实时主动监测网络安全风险，并对高危事件进行报警，减轻安全管理人员的值守工作。作为 Web 安全防护的最后一道防线，拦截的均为穿透前端防火墙、WAF、IPS 等设备的攻击，可加强 Web 的纵深防御体系。

⑧ 网络安全审计服务

网络安全事件的踪迹一般都分布在网络的边界设备、安全设备、访问控制设备的日志中，除对网络流量中用户的行为进行审计分析外，发现网络安全事件也是网络安全审计的重要目标。网络安全审计服务通过网络安全审计系统提供能力，支持 HTTP 文件传输内容的审计和过滤功能。可以基于文件名称、类型和大小审计 HTTP 文件上传下载内容，并可阻塞包含指定特征的文件传输行为。

可审计 HTTPS 加密网页的访问情况，并可基于网站分类、证书合法性阻塞存在安全隐患的 HTTPS 加密网页的访问，有效屏蔽用户对钓鱼网站的访问，保障网络安全和用户信息安全。

支持 FTP 审计和过滤功能，可以审计任意端口的 FTP 文件传输行为；可基于所传输文件在 FTP 服务器中的路径、文件名称阻塞文件传输行为，并可还原指定名称、大小或类型的文件内容。

支持 TELNET 审计功能，可审计内网用户的 TELENT 行为，记录 TELNET 目标设备的 IP、端口信息，记录执行的指令内容和结果。

支持 SSL 相关域名的内容审计功能，可审计以 SSL 加密方式接入的网络活动，如网页浏览、论坛发帖、webmail 审计等。

⑨ 数据库审计服务

数据库审计服务主要由数据库审计系统提供，数据库审计能够对进出核心数据库的访问流量进行数据报文字段级的解析操作，完全还原出操作的细节，并给出详尽的操作返回结果，以可视化的方式将所有的访问都呈现在管理者的面前。数据库不再处于不可知、不可控的情况，数据威胁将被迅速发现和响应。

A. 数据访问审计：记录所有对保护数据的访问信息，包括文件操作、数据库执行 SQL 语句或存储过程等。系统审计所有用户对关键数据的访问行为，防止外部黑客入侵访问和内部人员非法获取敏感信息。

B. 数据变更审计：统计和查询所有被保护数据的变更记录，包括核心业务数据库表结构、关键数据文件的修改操作等等，防止外部和内部人员非法篡改重要的业务数据。

C. 用户操作审计：统计和查询所有用户的登录成功和失败尝试记录，记录所有用户的访问操作和用户配置信息及其权限变更情况，可用于事故和故障的追踪和诊断。

D. 违规访问行为审计：记录和发现用户违规访问，支持设定用户黑白名单，以及定义复杂的合规规则，支持告警。

⑩ 运维审计服务

运维审计服务主要由运维安全审计系统（堡垒机）实现。通过部署堡垒机，使其成为运维的唯一入口，建立基于唯一身份标识的全局用户账户管理，支持统一账号管理策略，实现与各服务器、网络设备、安全设备、应用系统、数据库服务器等无缝连接。

通过访问控制策略和命令控制策略，基于最小权限原则，实现集中有序的运维操作管控，让正确的人做正确的事。

基于唯一身份标识，通过对用户从登录到退出的全程操作行为进行审计，监控用户对目标资源的所有敏感操作，聚焦关键事件，实现对安全事件的实时发现与预警。实现被管理资产的安全防护，让非法操作有据可查，让违规操作无处躲藏。

⑪ 日志审计服务

日志审计服务是基于高性能的日志采集、处理、关联分析和并行审计监控的日志审计系统开展的，能够采集绝大多数的安全设备、网络设备、服务器以及应用系统的日志，能够自动识别常见的日志格式，支持自定义数据识别能力，具备毫秒级的数据检索能力。同时，还可以通过 API 接口将数据分享给其他的系统。

日志审计能够对数据的采集、处理等任务进行监控，同时对产品使用的组件以及服务器进行性能监控。

日志审计服务为用户提供日志审计能力，通过收集云用户所有资产的日志信息，实现信息资产的统一管理、资产运行状况的统一监控，协助云用户全面审计信息系统整体安全状况。

⑫ 漏洞扫描服务

漏洞扫描服务以 Web、数据库、基线核查、操作系统、软件的安全检测为核心，以弱口令、端口与服务探测为辅助开展漏洞扫描。该服务提供漏洞扫描系统，提供包括资产管理、系统漏扫、网站漏扫、数据库漏扫、基线配置核查、木马病毒扫描、弱口令扫描、网站恶意代码扫描等功能，并且系统基于实现分布式、集群式漏洞扫描架构，可缩短扫描周期，提高长期安全监控能力。通过 B/S 框架及完善的权限控制系统，可以满足最大程度上的安全协作要求。全面解决云上各租户应用设备及信息系统的漏洞管理、监测预警、定级评估等问题，实现了等保合规化与扫描结果的综合分析与可视化展示。通过可视化报表的形式告知用户安全缺陷，并提供专业的建议帮助用户修补漏洞，实现真正的事前检测和防御。

⑬ Web 安全监测服务

依靠运营商强大的云端资源，以及相关安全厂商积累的安全数据，为委办厅局单位提供网站漏洞扫描、网页篡改监测、网页挂马监测、黑词/暗链监测、可用性监测、仿冒/钓鱼网站监测、未知资产监测、DDoS 攻击监测等安全监测服务。

⑭ 态势分析服务

云上提供了云安全资源池，其中包括有丰富的云安全防护及检测组件，这些安全组件构成了在云环境中针对南北向、东西向以及租户间的安全能力，在这些具体的安全能力基础上，云平台还应提供面向集中安全态势把控、综合安全威胁呈现、云资源安全风险展示在内的云安全态势感知能力，可以查看整体威胁态势、威胁类型、受攻击的主机和域名、攻击记录等数据，实时了解云上态势。

（3）多云安全管理

基于多云场景下的资源申请和编排管理提供集中统一的云上资源管理能力，可连接多个云平台上的云安全管理平台，实现对不同云的无缝对接和多云资产的统一管理；为不同云平台的资产提供风险闭环管理和态势感知分析，并呈现一体化多云安全风险，进行一致的多云安全策略配置，实现脆弱性闭环管理。多云安全管理平台主要实现几个能力：

① 多云安全对接

多云安全管理平台与目前政务云云服务商的云安全管理平台进行对接，能够同步云资产数据、云安全资源数据、云安全能力日志数据等，同时可以与各平台通过 API 接口等方式将安全策略配置的管理流打通，真正实现对多云安全的管理。同时建立统一的对接标准，以便后续新的云安全能力的接入。

② 多云安全监测

多云安全监测通过对接获取云上安全数据后，可从管理者角色和各委办厅局租户角色来查看整体威胁态势、威胁类型、受攻击的主机和域名、攻击记录等数据，各种威胁的数据通过可视化的方式呈现。同时提供日志查询与分析能力，可以对租户所有安全组件的数据进行统一在线展示。多云安全管理平台的数据也会同步至安全运营平台，作为云安全感知的数据底座，进行统一的安全分析。

③ 多云安全管理

除了对安全资源和风险进行监控外，多云安全管理平台还应能对多云的安全资源进行统一的编排和策略管理，为政务云租户提供统一的云安全服务目录入口，将统一的安全服务目录对外输出，以实现灵活的云安全资源调度。云服务商和云租户均可通过多云安全管理平台实现对相关安全能力如防火墙、数据库审计、WAF 等设备的资源申请和策略配置。

多云安全管理平台采用开发的方式，充分调研现有云上安全情况，与两朵云的安全平台进行对接。实现如下功能：

A. 安全中心

通过统计分析对各类安全情况进行展示，通过平台管理员视角和租户视角展示各租户（租户视角展示自身安全概览情况）的系统安全情况，展示等级保护建设情况、整体安全资源情况等，围绕安全防护拓扑直观地展示了租户环境中的资产安全情况，可直接查看各安全组件防护资产数量和拦截攻击情况。同时可快捷地查看与等保三级合规的差距。

a. 安全分析

通过账号权限管理分为云管理视角和云租户视角，结合安全设备日志、安全扫描结果，借助大数据安全分析等手段，深入挖掘云内的流量、日志等信息，及时发现潜在的未知威胁和高隐蔽性攻击。

b. 资源态势

通过账号权限管理分为云管理视角和云租户视角展示云上资源及安全设备防护情况，展示资产风险态势、安全资源使用态势、运行态势等，实时掌握云上安全防护态势。

c. 安全态势

通过账号权限管理分为云管理视角和云租户视角展示云上威胁防护情况，通过可视化技术展示整体安全态势、攻击态势、漏洞态势、事件态势等，通过地图炮形式实时展示安全威胁。

B. 资源中心

a. 资产管理

提供对云环境中资产信息的展示及管理功能，主要包括有资产属性信息的列表展示、资产过滤查询、资产相关安全防护信息展示，以及配置管理资产对应的安全组件防护策略。

b. 安全市场

展示平台提供的可用安全组件及服务，在此可查看安全组件产品功能介绍，可以按需开通预定义安全组件和自定义安全组件，来构建自己的安全防御体系。

c. 安全配置

主要展示租户订购的安全组件，点击安全组件可以查看安全资源的详情，如设备 IP 地址、设备镜像、订购记录、授权数量、授权到期时间、设备触发的告警数等，还可以通过安全配置页面进行安全组件的配置和策略管理。安全配置提供服务链拖拽功能，通过该功能，用户可以在内置的画板上进行服务链的拖拽，完成安全业务的快速建设。

d. 订单管理

订单管理主要包括订单列表和订单审核。订单列表主要展示订购安全组件、续费安全组件有效期、扩容安全组件授权数量、删除或停用安全组件的订单，支持查看当前订单的订单号、租户/项目、用户账号、可用区域、安全组件类型、订单详情、审核状态、创建时间、执行结果等。当系统开启了订单审核，且当前登录的用户属于订单的审核人员时，用户能够在订单审核列表中查看到需要审批的订单。审核人员可以对订单执行审批操作。

C. 告警中心

a. 安全资源告警

通过列表清晰展示云上安全组件的最近告警事件、CPU 使用率、内存使用率、磁盘使用率、网卡流量等，还有该设备的配置等摘要信息，告警时间支持导出。点击具体安全组件可查看其资源详情。

b. 安全事件告警

展示了近 24 小时、近 7 天和近 30 天的告警严重性等级分布情况，点击这三个时间范围，可列表展示相应的详细告警事件。支持按告警时间范围、告警类型、严重性、租户、区域、目标设备名称、目标设备 ID、目标设备 IP、目标设备类型、恢复状态等对告警事件进行筛选。对具体安全事件可展示详情，同时提供解决方案供处置人员参考。

c. 安全告警策略

展示全部告警策略，并支持按最近更新时间范围、策略名称、告警类型、严重性、来源、告警对象名称/IP、启用/停用状态、告警状态进行筛选。告警策略分为预定义策略和自定义策略。预定义策略为系统根据常见情况默认设置的基本告警策略，预定义策略不支持删除，但用户可选择停用预定义策略。用户可根据实际需求设置并启用自定义策略，也可复制预定义策略后进行微调，形成满足需求的自定义策略。自定义告警策略支持启用/停用、编辑、复制、删除，复制的新策略要重新命名，以与原策略区分。

d. 安全工单处置

租户若无专业安全人员开展安全组件的配置和策略管理，可通过工单知会平台管理员，开展安全防护措施的制定。同时对于安全事件，可通过工单同步的方式进行事件处置。

D. 报表中心

列表展示所有已生成的报表，支持预览（以 HTML 形式预览）、下载（以压缩包的形式下载，包括全部选择的报表格式）和删除操作；当报表生成失败时，支持重新生成或删除。可批量下载和删除报表。可根据报表创建时间、报表名称、模板名称、报表类型和状态对报表进行筛选。

提供报表模板，同时支持自定义报表模板，即通过报表频率、报表内容、报表类型、报表发送方式等自定义设置报表模板。支持批量生成报表、批量启用、批量停用和批量删除报表模板。支持根据模板名称、状态和报表类型进行筛选。

（4）容器安全

针对本平台容器运行安全，提供容器安全平台进行防护。所有的安全组件均采用容器化部署，其中 Agent 会部署在容器集群的每个节点上。Agent 探针主要负责采集容器资产信息，各种脆弱性安全信息，容器运行时的各种行为事件，包括进程、网络、文件访问、linux 内核系统能力调用等，进行简单处理后上报给管理控制台。同时，安全控制模块会接收管理控制台下发的命令，进行安全管控，如阻止镜像启动、隔离容器、容器网络 4/7 层访问控制等。管理控制台通过分析 Agent 采集上来的事件数据，提供各种安全能力及可视化管理，并通过安全策略下发给 Agent 来进行安全控制。

为了能够保持单一服务的性能和效率最高，确保低耦合性和高维护性，以及能够支持分布式应用，核心架构采用服务独立的方式分解系统，所有核心功能模块采用插件式设计，都可以替换或者扩展为第三方的业务模块，并且可以通过统一管理平台进行策略的统一管理和集中的日志收集展现。容器云安全架构如图 4-2 所示。

管理端主要用于对整个容器安全防护软件进行统一管理，配置相关安全策略以及事件日志查看、统计报表、安全报警等功能；安全容器以 Agent 部署于 node 节点，用于保护本节点上的容器环境，安全容器通过容器编排系统，自动部署于每个服务节点。安全容器主要根据接收管理端下发的安全策略，对容器环

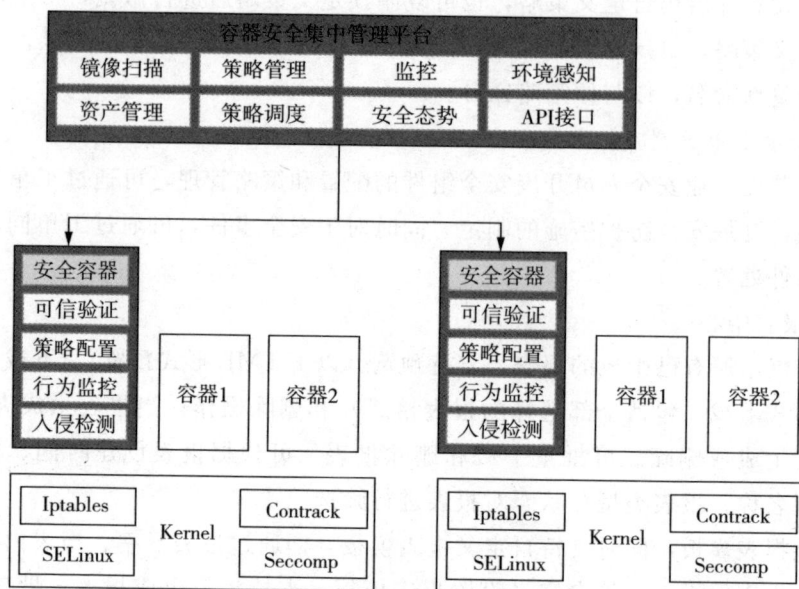

图 4 - 2　容器云安全架构示意图

境进行安全防护，其能力要求如下：

① 资产清点

资产清点模块可以自动持续上报容器环境下的各类资产信息，及时掌握容器资产变化，为安全管理提供最新的资产数据支持，消除容器环境下的资产盲点，让安全跟上业务发展。主要包括如下内容：

A. 全面支持各类资产，包括容器、CI 镜像、仓库镜像、已部署镜像、应用、主机、Service、Pod 等。

B. 支持用户自定义并自动识别区分基础镜像、构建自基础镜像的镜像。

C. 支持 Docker Registry、Harbor、JFrog 等主流镜像仓库。

② 漏洞扫描

容器安全防护为用户提供功能全面的漏洞扫描能力，对容器环境中的各类资产开展漏洞扫描分析，有助于在早期尽可能深入地发现软件供应链和软件技术栈中潜在的安全风险，有效减少系统的攻击面，提高攻击门槛。主要包括如下内容：

A. 覆盖容器环境各层技术栈中的资产，除镜像以外还支持对容器引擎、编排系统等基础设施进行扫描。

B. 支持与主流 CI 系统、镜像仓库集成，对 CI 镜像、仓库镜像、已部署镜像进行深度扫描。

C. 基于镜像层、软件包、基础镜像的漏洞分析，从镜像层、软件包、是否来自基础镜像等多视角精确定位漏洞，帮助运维团队和开发团队厘清镜像修复工作界面，方便漏洞修复。

D. 统一、灵活、细粒度的扫描策略，可指定扫描对象并定制扫描规则。

③ 配置基线检测

容器环境下支持对所有资产组件进行安全配置扫描，对各类资产的配置进行正确性、合规性检查，帮助用户降低被攻陷的可能，达成合规要求。发现合规基线方面不满足的情况，第一时间加以整改。主要包括如下内容：支持对 CI 镜像、仓库镜像、已部署镜像等各类镜像进行配置检查。覆盖 k8s 的 Master 节点、Worker 节点，确保容器环境技术栈的各个层级满足合规要求。

④ 容器微隔离防火墙

基于容器进行访问控制功能，通过配置安全域，实现安全域之间的访问控制功能，实现业务系统微分段。系统支持主机防火墙功能，可基于规则名称、进程名称、通讯协议、本地 IP 和端口、远程 IP 和端口、数据流向（传入、传出和双向）等要素匹配，当匹配规则时进行处理，处理方式包括阻断/放行、记录日志等。该功能的应用实现了针对计算机终端的威胁主动防御和网络行为控制，从而保证计算机终端双向访问安全、网络访问行为受控。

⑤ 入侵防御

针对容器的网络流量，提供入侵防御功能，可以有效地防止黑客入侵，以及有效防御系统漏洞造成的攻击。容器的流量通过底层 iptables 机制引流，可以把被保护容器的流量重新定向到安全容器中，从而可以实现高级的入侵防御功能。

⑥ 容器行为审计

收集容器系统调用日志，针对容器的操作行为进行审计，判断异常行为，识别高级威胁。安全容器借助内核的 LSM 框架机制，可以获取到客户容器进程的 io 读写，以及相关运行命令，记录关键操作，识别非法和异常行为，进行报警。

⑦ 操作白名单机制

针对容器运行环境，可以控制容器使用的资源，包括能访问的文件、设备、路径等，通过操作白名单的机制限制容器的资源访问。

⑧ 微服务风险管理

容器安全与 k8s 组件通信获取微服务列表及端口，同时通过分析微服务配置将发现承载的 Web 业务信息，将基于高效稳定的扫描引擎和"无损"的扫描技术创建微服务扫描任务，对 Web 服务进行漏洞扫描，发现 OWASP 等 Web 漏洞信息，有效避免应用系统"带病"上线，并提供如 SQL 注入、跨站脚本攻击 XSS 等云原生 Web 检测能力。

⑨ 云原生 API 安全

通过在安全节点上集成 API 防护引擎，业务节点上安全容器可以自动发现 API。API 核心检测引擎弹性多副本运行在安全节点上，对容器业务流量检测实现负载均衡，并可以灵活调度管理。

API 访问控制：从容器业务角度对 API 实现访问控制，自定义 API 安全访问控制策略。该特性基于业务视角实现 API 安全防护，实现 1day 类云原生 API 安全威胁防护，以自定义策略形式实现容器场景云原生 API 安全威胁的应急响应。

API 访问限速：对云原生 API 的撞库等威胁，可对该类云原生 API 配置限速策略，可告警/阻断 API 暴力访问。当容器安全发现 API 攻击尝试之后，将通过已定义的 API 限速策略禁止攻击源频繁访问站点 URI，减缓攻击者探测应用程序漏洞速度。

⑩ 容器通信链路加密

容器通信是明文通信，在很多情况下容器微服务之间需要可信加密链路，通过建立基于安全卡的可信加密连接通道，确保容器间的通信安全可靠，防止被窃听和篡改。

因为被保护容器的通信是通过安全容器进行通信的，所以安全容器和安全容器之间可以建立 ipsec 加密隧道进行通信。

本次结合容器云的部署，按照容器云节点数部署相应的容器安全客户端，同时在省级平台部署容器安全控制中心，能够对所有容器安全客户端统一管理与监测，可以给各市级分配账号，按照分权分域，各市可通过控制台了解自身容器安全状况。容器安全数据可以对接到安全运营平台进行统一监测。

容器安全采用多层的计算架构设计，模块化的部署方式不仅具备灵活的扩展能力，还能应用于大量任务下发和海量数据分析处理，保障系统性能。容器云安全部署架构如图 4-3 所示。

A. 集群连接组件 ClusterLink（按集群数量扩展）

a. 1 个集群通过 1 个 ClusterLink 管理。

b. 包括资产和管理功能。资产功能包括 k8s pod/service/endpoint 资产信息的获取，管理功能包括 Agent 管理（安装/卸载/升级）和 kubernetes 集群管理。

B. 平行容器（Agent 容器）

平行容器部署在集群节点上，负责节点的安全检测和防护功能。

组件说明

1. server
服务端：负责容器安全产品的核心业务处理

2. nginx
服务端代理：大部分外部访问通过 nginx 负载均衡和转发

3. scanner-worker
镜像扫描组件：负责拉取仓库镜像进行扫描

4. scan-plugins
镜像扫描插件：包括 harbor 插件和 CI 插件（已支持：jenkins、azure、gitlab）

5. image registry
扫描支持的镜像仓库：Docker Registry、Harbor、DTR、JFrog、阿里云、华为云、AWS、Nexus、阿里私有云仓库

6. cluster-link-client
集群链接组件：负责 k8s 资产清点、k8s Agent 的安装以及 hiveaudit 和 hiscan 组件的通信

7. proxy 代理
socket5 代理组件（可选），目前用 danted，用于 Agent 连接服务端的通信代理

8. hiveaudit
k8s 审计组件（可选）：用于收集 k8s 的 api 审计日志，支持webhook 后端和 log 后端。已经开启并使用 webhook 后端的集群，可使用 log 后端集审计日志；未开启 webhook 后端的集群，推荐使用 wvebhook 模式

9. hiscan
微服务安全扫描组件：目前通过集成 zaproxy 获得扫描能力，用于扫描集群内的 service，特别是对集群尾暴露的 Web 服务，确保集群内集群服务之间和微服务与外部微服务间的 Web 安全

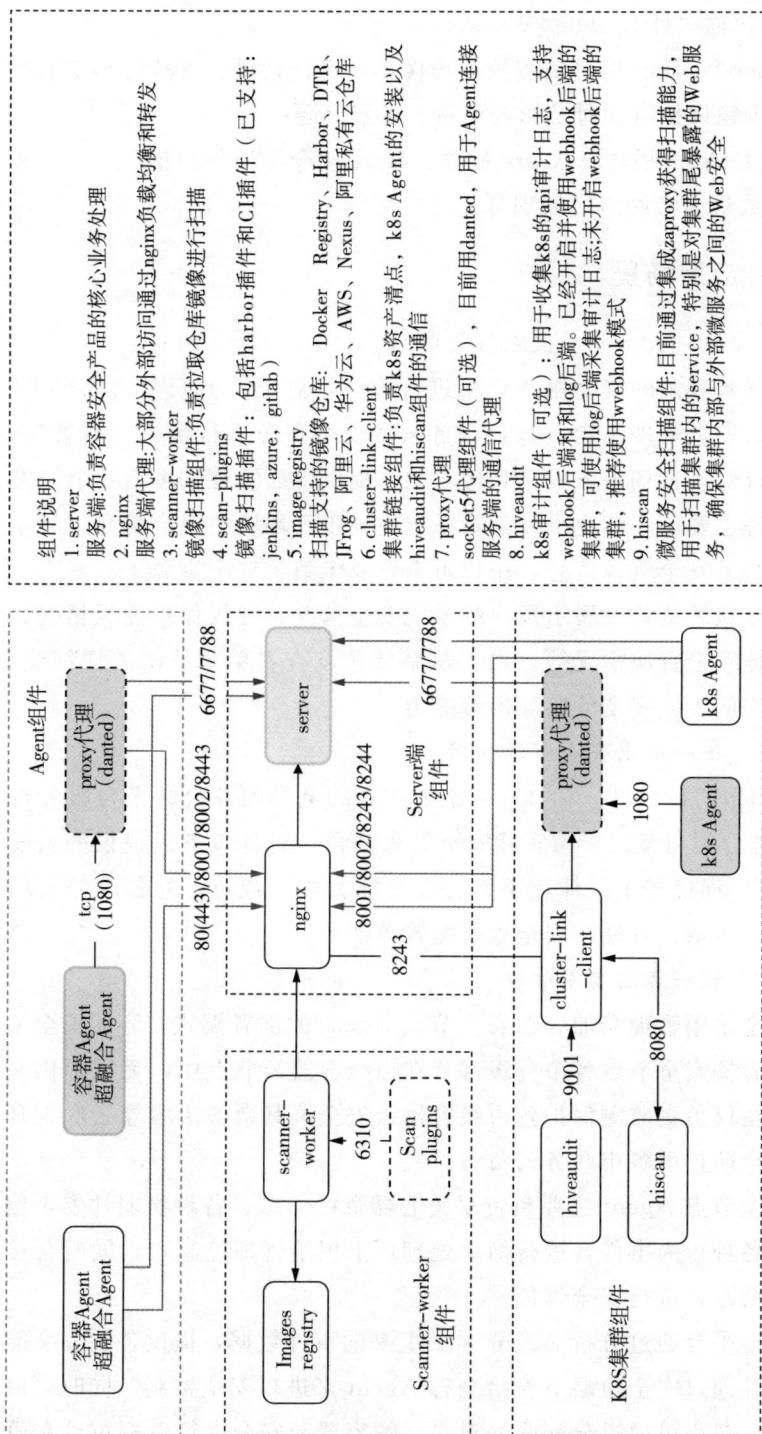

图 4-3　容器云安全部署架构示意图

C. 镜像扫描组件 Scanner-Worker

a. Scanner-Worker 组件负责拉取镜像，并进行扫描。支持旁路部署到仓库附近机器，减少镜像拉取耗时及影响流量、带宽问题。

b. 支持 Jenkins 插件、Azure 插件、Harbor 仓库插件扫描。

c. 部署数量参考网络区域划分。

4.1.3 应用场景

4.1.3.1 统一云上安全监测与管理

除了对各政务云的安全服务目录进行统一，对于云上安全"黑匣子"情况，建设一套多云安全管理平台，将各政务云的安全资源进行统一"纳管"。多云安全管理平台针对多云场景下安全管理难题，提供多云管理和多云安全能力。

多云管理主要从一体化平台云管系统中同步云环境中资产信息，展示云环境中资产信息和云安全资源信息，用户可查看及申请云安全资源。

多云安全从总览角度展示用户的系统安全情况、等级保护建设情况、资产安全情况、整体安全资源情况等，可以从系统角度查看单个系统的详细安全情况，提供安全策略同步、安全策略导出等能力。

4.1.3.2 统一云上安全资源使用

依托 GB/T 34079.1—2021《基于云计算的电子政务公共平台服务规范 第1部分：服务分类与编码》与实际安全需求结合，对各政务云提供的云安全资源进行"纳管"。通过规定一体化平台云安全能力接入规范，对各政务云的云安全资源实现统一申请、开通、安全策略配置等能力。

4.1.3.3 统一容器安全管理

容器安全采用管理端加容器安全节点 Agent 的部署模式。容器安全平台全省统一建设，容器安全节点各市分级部署在市级容器云节点中，无需提供额外的资源。容器安全仅负责监测保护各市级容器云安全，其余各市容器云底层环境、外部网络等安全防护由各市政务云负责。

容器安全节点 Agent 主要负责采集容器资产信息、各种脆弱性安全信息、容器运行时的各种行为事件，进行简单处理后上报给管理控制台，同时会接收管理平台下发的命令，进行安全管控。

容器安全平台通过分析 Agent 采集上来的事件数据，提供各种安全能力及可视化管理，并通过安全策略下发给全省 Agent 来进行安全控制。同时可以根据需要分权分域，各市可通过分配账号对自己的容器云安全进行监测审计和管理。容器安全省市架构如图 4-4 所示。

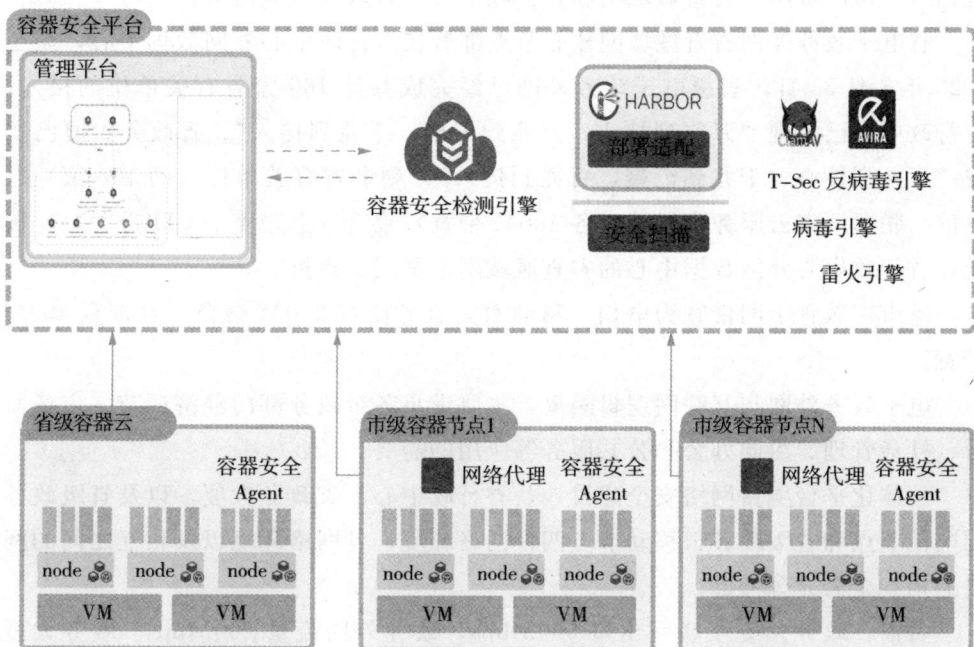

图 4-4　容器安全省市架构示意图

4.2　网络安全

4.2.1　综述

4.2.1.1　背景及现状

安徽省"十三五""十四五"期间，积极落实国家关于电子政务信息化的建设规划，充分运用云计算、大数据、人工智能、国产自主可控等先进技术，以"大平台、大数据、大系统"为目标，"云网合一、云数联动"为构架，建设了省级政务云、市级政务云及行业云，并依托政务云平台构建了省电子政务外网。

省电子政务外网由省级、市级、县（市、区）级电子政务外网组成，是国家电子政务外网在省内的延伸。通过省、市、县（市、区）三级电子政务外网网络的建设，为各种电子政务外网应用服务提供可靠、安全、高速、高效的支持。我省电子政务外网目前已实现省本级、16 个市、104 个县（市、区）、1496 个乡/

镇（街道）、1.7 万个行政村（社区）的互联互通。其中省级电子政务外网主要包括省－市广域网、省直城域网和省行政中心、省政务大厦网络。

省电子政务外网省直城域网核心节点部署在省行政中心外网数据中心，截至 2022 年 3 月 31 日，省级电子政务外网已经完成共计 160 家省有关单位的接入。省行政中心已实现"万兆到核心，万兆到汇聚，千兆到接入"；省政务大厦已实现"万兆到核心，千兆到汇聚，百兆到接入"；剩余省有关单位（约 100 家）以电信、联通两家云服务商线路（各 100M 带宽）聚合（总带宽 200M 带宽）连接设在省行政中心外网数据中心的省直城域网汇聚层交换机。

省市广域骨干网带宽为电信、移动双云服务商双 200M 聚合（总带宽 400M 带宽）。

电子政务外网与互联网逻辑隔离，主要满足各级政务部门经济调节、市场监管、社会管理、协同办公和公共服务等应用的需要。

一体化平台项目网络安全建设涉及省行政中心、省政务大厦，以及省级政务云电信节点和省级政务云移动节点四种网络环境，各网络环境以及相互之间的网络通信安全需充分考虑。

目前，政务大厦互联网出口 500Mbps，政务外网流量 200Mbps。政务大厦互联网出口采用防火墙、IPS、上网行为管理串联组成，防火墙、IPS、上网行为管理采用双机热备，保障系统冗余可靠。政务大厦通过互联网核心交换分别连接防火墙和网闸，再由防火墙和网闸分别并联接入政务外网核心交换，再由政务外网核心交换接入国家电子政务外网。

政务外网核心网络机房的互联网出口带宽峰值 3Gbps，整个政务外网核心网络机房政务外网广域网和城域网流量 1.5Gbps。政务外网核心网络机房外网网络出口采用负载均衡、防火墙、IPS、上网行为管理串联组成，负载均衡、防火墙、上网行为管理、IPS 采用双机热备，保障系统冗余可靠。上网行为管理下联核心交换，核心交换横向与政务外网区边界路由器互联，下联到汇聚交换机，汇聚交换机下联到政务外网区接入交换、政务外网办公区接入交换、普通互联网办公区接入交换、政务外网办公区接入交换等。同时通过在部署 VPN 等设备为不具备专线接入政务外网的单位和移动办公人员提供统一的安全接入通道。

省级政务云于 2020 年开始建设并投入使用，包括电信节点与移动节点。其中，政务云电信节点现有电子政务外网区、互联网区网络出口带宽均为 20Gbps；政务云移动节点现有政务外网区出口带宽 20Gbps，互联网区出口带宽 20Gbps。省级政务云平台为保证业务系统的安全可靠运行，同时也为了满足国家法律法规和信息系统等级保护的要求，均已建立整套相对完备的安全防护设施。

随着一体化平台技术体系架构的快速发展，多类型的智能感知、办公终端范围不断扩大，传统意义上的安全边界已经不断外延，且政务对外服务及信息交互已经成为基本需求，系统对外的暴露面不断增加，可被恶意利用的系统漏洞也不断增加，传统的以防为主的安全架构受到了极大挑战，安全防御手段也明显不足，需要重新分析当前信息系统的架构，评估安全措施的有效性，实施积极防御为主导思想的新的安全架构。

虽然现网网络安全方面具备了一定的防护能力，但是随着一体化平台的建设，将带来更大的安全挑战，特别是在安全运维方面，现网没有合理地进行网络架构优化，没有专门的运维管理网络，没有对运维人员配置合理的访问控制策略。安全运维基线尚未健全，在堡垒机、VPN、等保、密评、分区分域、远程/现场运维等管理制度方面有待完善。如堡垒机、探针数量较多，设置较为随意。在 VPN 管理方面，目前采用 VPN 方式连接政务外网，省数据资源局部署一套 VPN 产品，但各厅局存在私拉专线、私建 VPN 现象。

大量来自厂商、代理商、服务商的运维人员无序地采用貌似"快捷"的运维工具和方式，无视安全地在电子政务外网上运维各自的设备和应用，这已经成为电子政务外网最大的安全隐患之一。

同时，目前关于电子政务外网的各类信息化运维操作未能形成有效的实时监控和审计能力，操作人员、操作过程、达成效果都是未知的，一旦出现重大安全事件，无法事前防范，无法定位责任，这给电子政务外网的安全性带来未知、不可防范的风险。

4.2.1.2　安全需求

随着省内政务应用上政务云部署越来越广泛，省电子政务外网，以及省级政务云平台的网络安全建设的重要性也日益凸显。由于涉及的网络环境复杂，存在多机房跨机房的网络通信情况，所以在做好各机房内部环境网络安全防护的同时，有必要在网络准入、边界防护等方面进行安全能力提升，充分保障网络边界等安全，提升网络安全防护能力。

1）网络架构优化

针对运维安全，划分专属的安全运维管理网络，以委办厅局为单位最大限度地划分运维人员可以运维的区域，可运维区域内明确运维人员可以执行的运维方式和工具，最后精细化控制运维人员可操作的目标或应用，让运维人员的操作可管可控。通过对运维网络流量的识别分析，能够实时监控运维人员的操作，让运维过程安全可审计。

2）网络安全准入

依据电子政务外网接入标准规范，完善并落实网络接入控制要求，构建安全网络边界，实现对网络内部所有的计算机接入网络进行准入控制。防止外来电脑或者不符合规定的电脑接入网络中。为保证网络边界的完整性，终端接入网络，必须接受网络的安全管理控制，只有接受管理和控制才能访问电子政务外网；同时对非法接入进行监控与阻断，形成网络可信接入，共同维护边界完整性。

3）边界访问控制

一体化平台建设后，运维人员会有大量直面数据和业务后台的访问操作，存在越权操作和数据泄漏的风险，因此需要建立基于零信任架构的安全运维访问边界，其安全需求主要包括以下几点：

（1）身份鉴别需求：应采用高强度多维身份鉴别机制，验证接入主体、接入设备以及接入设备的安全基线是否均满足接入要求，实现多维高强度身份鉴别。

（2）权限精细化管控需求：需遵循最小化权限原则，将网络、应用、接口的权限根据用户角色最小化匹配，对于权限外的资源"不可见、不可用"。

（3）动态访问控制需求：需引入动态访问控制机制，一旦发现风险应具备动态的访问控制能力，将风险消除在发现阶段而非事后审计阶段。

4.2.2 网络安全建设

4.2.2.1 建设目标

一体化平台的网络安全建设目标是保障省级政务云平台的安全稳定运行，确保一体化平台业务及其他各类政务数据和应用信息的机密性、完整性和可靠性，同时防范和应对网络攻击、病毒感染、数据泄漏等安全威胁，维护政务云平台、一体化平台对各委办厅局业务的有效支撑和服务能力。

具体来说，在网络安全方面主要实现以下建设目标：

（1）规划建设安全管理网，统一运维管理通道，实现业务、管理流量隔离，并确保运维过程可审计；

（2）实现多层次、全方位的网络安全防护，包括网络准入、边界防护、入侵检测、漏洞管理、安全审计等措施。

总之，为进一步拓展省级电子政务外网能力，提升综合服务水平，解决省直城域网中设备单点故障隐患，提高网络可靠性，保障省直单位业务稳定性；

通过复用现网设备，优化改造扩容，提升网络安全防护能力，保障上云应用网络安全；通过建设安全运维管理网络，实现流量隔离，并实现运维过程可控可管；通过持续完善网络安全准入，强化安全访问边界控制，保障网络边界安全。

4.2.2.2　建设思路

根据等级保护2.0中对通信网络及区域边界的安全要求，将由政务云平台运营商开展网络架构优化、访问控制、通信传输、边界防护、入侵防范、安全审计等能力的建设，为一体化平台提供通用的网络安全防护能力。

一体化平台项目将重点开展安全管理网、网络准入以及边界访问控制等方面的安全建设，用于进一步提升网络安全防护能力。

4.2.2.3　建设内容

1）安全管理网

为方便对一体化平台自有安全设备开展统一管控，同时收集相关安全日志，建设一张统一的安全管理网，实现电信和移动政务云平台两个机房的设备统一运维管理。通过带外管理交换机分别对接两个机房的安全托管区设备的管理口，通过专线将两个机房私网地址打通，对于互联网的带外管理，通过网闸进行策略管控，允许管理流量通过网闸到政务外网与管理网通信。管理网的建设，将打通全网的安全数据的汇聚，在管理网部署各类安全监测管理平台，实现全网安全监测及管理。管理网逻辑架构如图4-5所示。

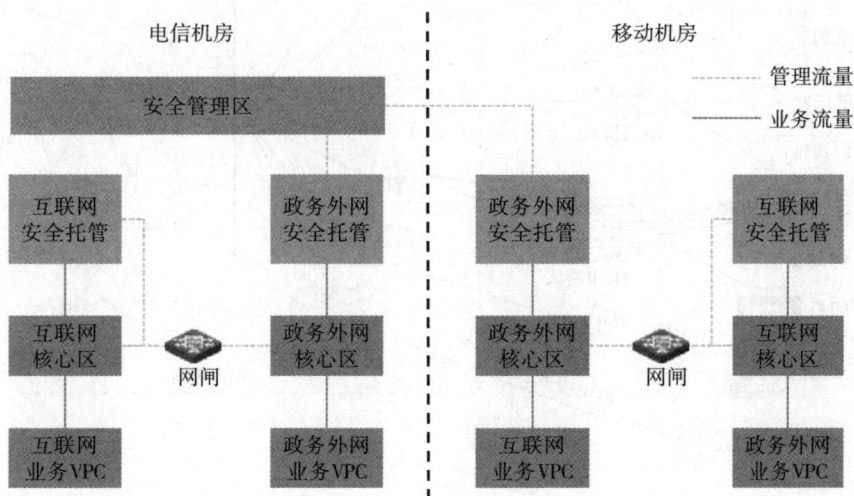

图 4-5　管理网逻辑架构示意图

2）网络安全准入

针对公务员办公电脑和政务大厦的相关政务服务智能设备，主要采用
IEEE 802.1x 的端口级准入和 MAB 认证的方式实现 PC 终端、IoT 终端的准入
控制。准入机制无客户端无感知，针对政务服务办事人员及政务外网信息系统
运维人员，通过 Portal 认证方式，采用准入安全认证后方可使用政务外网。网
络安全准入杜绝非法外来电脑接入内部网络，同时将有问题的客户机隔离或限
制其访问，直到这些有问题的客户机修复为止。这样做，一方面可以防止这些
客户机成为蠕虫和病毒攻击的目标；另一方面还可以防止这些主机成为传播病
毒的源头。

准入控制支持 802.1x、NACC、端口镜像、策略路由等多种准入技术，并支
持多种准入技术组合使用，以满足不同应用场景、不同安全要求的多接入场景的
准入控制，针对有线、无线、VPN、windows、移动终端、哑终端等均能够进行
有效准入控制，设备旁路部署，不改变网络环境，具有极强的网络和终端兼容
性。准入控制接入如图 4-6 所示。

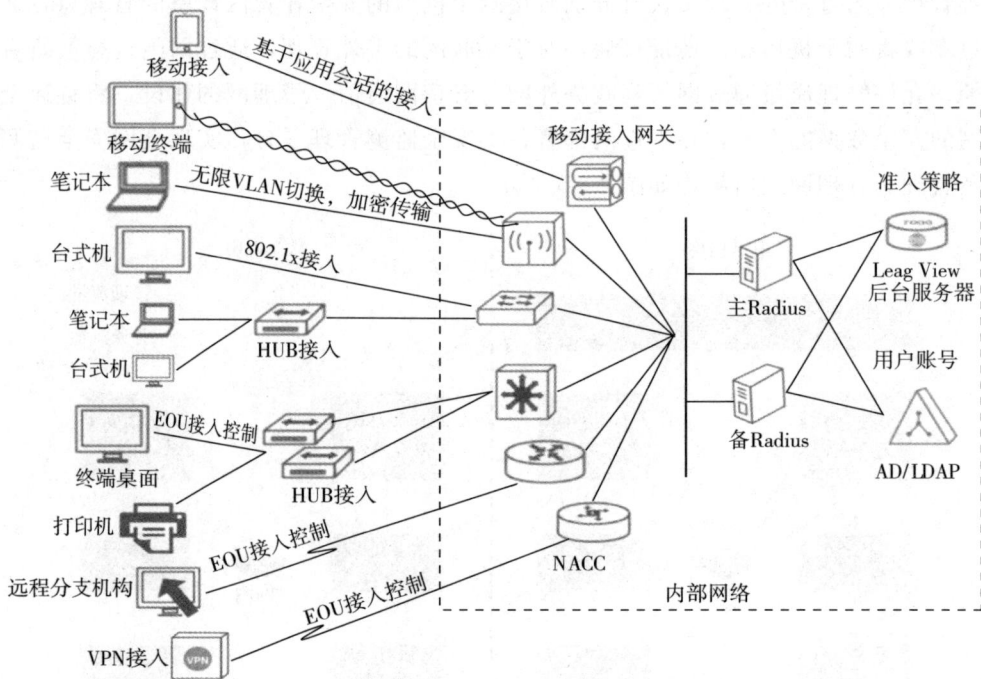

图 4-6　准入控制接入示意图

通过网络设备自带 802.1x 认证技术实现对接入用户的控制。在这种认证方式中,策略强制执行点在接入层交换机上,对不符合安全策略的用户隔离,可以有效防止来自网络内部的安全威胁,适用于绝大多数网络环境,并且可灵活性选择现有设备可实现的认证方式。同时,支持根据终端入网状态、用户角色下发不同 ACL 访问控制列表,如认证不通过只能访问准入网关,结合安装准入客户端可实现认证通过安检不通过只能访问杀毒、补丁等服务器,认证通过安检合规后根据用户角色分配相应的网络访问权限。

网络准入控制的 802.1x 实现同时需支持多厂商网络设备,支持 IEEE802.1x 的 Single Host、Multi－host、Multi－Auth 模式。特别是 Mutli－Auth 模式,在有 Hub 的网络环境中也可以实现准入控制。

网络安全准入控制实施内容主要分为硬件和软件平台两个部分,硬件部分的实施工作主要是设备部署,软件部分的实施工作主要是与各业务系统的对接以及策略配置。准入控制部署架构如图 4－7 所示。

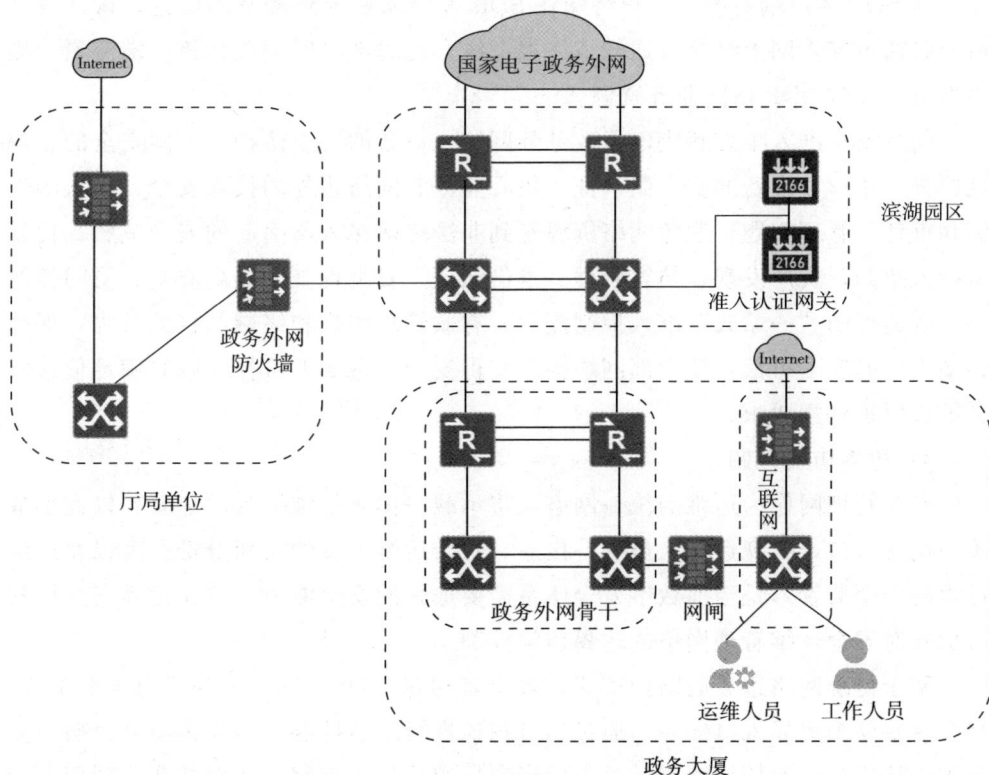

图 4－7 准入控制部署架构示意图

部署架构说明：

（1）两台准入认证网关进行主备部署，增加网络的高可靠性和稳定性；

（2）局外单位防火墙跟准入认证网关实现准入认证对接，实现局外单位访问政务外网认证统一管理，同时保障政务外网的安全性；

（3）准入认证网关与 SDP 访问控制实现准入认证对接，有效实现网络隔离。

在一体化平台项目的安全实施过程中，为了更好地实现网络安全准入效果，通常涉及与各委办厅局网络，以及一体化终端安全客户端的技术对接。

其中，与委办厅局网络环境的对接主要是与其网络边界的防火墙进行对接，完成相关策略配置：委办厅局用户终端访问省级政务外网流量经过防火墙，防火墙拦截流量通过跟准入网关对接 portal 协议弹出认证页面，用户输入账号密码提交给准入网关，准入网关通过 Portal 协议将账号信息发给防火墙，防火墙再发起 Radius 协议认证给准入网关，准入网关再将用户信息跟第三方系统做多因子校验认证，认证成功则返回成功信息给防火墙，防火墙则放行业务流量。

与 SDP 客户端对接：用户终端在 SDP 客户端输入账号密码信息，认证成功后同时通过准入网上线接口通知该终端上线，此时准入网关放行该终端流量，则终端可以通过 SDP 访问业务资源。

网络安全准入主要解决电子政务外网接入设备的安全防护、入网安全的合规性检查、用户和设备的实名制认证、核心业务和网络边界的接入安全、接入的追溯和审计等管理问题，避免网络资源受到非法终端接入所引起的安全威胁。提供从接入感知、资产发现、访客管理、身份认证、安全检查、隔离修复、访问控制到入网追溯的"一站式"准入控制流程，有效管理用户和终端的接入行为，保障终端入网的安全可信，使内部网络接入变得安全、透明、可控，同时满足信息安全等级保护法规要求。

3）边界访问控制

安全管理网作为运维的统一网络，将承载一体化运维平台的部署，以此形成统一运维入口，实现运维人员统一接入。对于运维人员的访问身份管理以及运维过程的安全监管，是当前数字安全体系需要加强的安全能力。故在边界安全层面将加强对安全运维管理网络的边界访问控制。

基于传统网络边界的防护模式，攻击者通过 DOS、DDOS 等压力攻击手段，将会导致整个边界入口瘫痪；通过端口扫描进行渗透挖掘，边界极易被突破。基于先连接后认证的传统模式，身份凭证容易遭受暴力破解，从而被非法利用入侵到应用系统。如何确保终端和接入者的身份安全、运行环境安全、数据落地安全，以及解决可信人员能够随时、随地、按需地访问安全运维管理区等成为项目运维安全建设的重点突破方向。

一体化平台项目引入零信任技术架构，通过 SDP 技术完善边界安全防护。SDP 根据策略引擎制定的持续单包验证、身份验证、权限验证策略，负责启用、监视并最终终止终端/用户与运维管理之间的连接。采用身份认证机制持续认证访问者身份的真实性，信任评估机制持续评估访问人员的可信度，访问控制机制动态调控访问运维管理的会话请求，确保正常访问运维管理的人员可信、通信可靠以及授权可控。

SDP 协议的设计目标是为 IPv4 和 IPv6 提供可互操作的安全控制，包括控制器和受 SDP 网关保护的服务的隐藏和访问控制，以及从 SDP 客户端到控制器和 SDP 网关的通信机密性和完整性。

通过应用 SDP 软件定义边界技术，加速推动零信任架构快速落地，实现边界访问控制。SDP 软件定义边界系统组件如图 4－8 所示，其典型部件包含 SDP 客户端、SDP 控制器、SDP 网关。

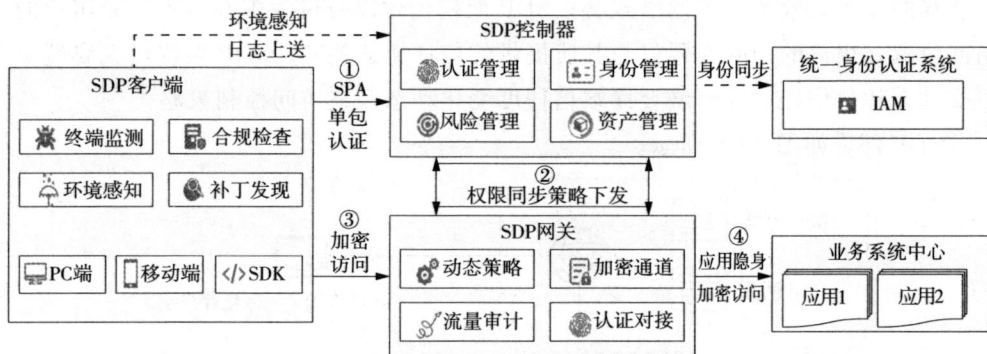

图 4－8　SDP 软件定义边界系统组件示意图

SDP 软件定义边界系统由 SDP 客户端、SDP 控制器和 SDP 网关三部分组成，具体组件功能定位如下：

（1）SDP 客户端

SDP 客户端主要通过终端安全接入认证、传输加密、安全基线扫描、环境感知数据上报等功能，保证接入终端的可靠性，数据传输的机密性和完整性。实现在终端访问应用资源的动作是一个安全的、可溯源的、可管可控的过程。

（2）SDP 控制器

SDP 控制器作为 SDP 软件定义边界系统核心组件之一，是 SDP 软件定义边界系统的策略控制点，起到智脑的作用。SDP控制器实现对接入主体身份、设备身份、设备运行环境身份等多维一体的身份验证与权限鉴别；SDP控制器可汇聚SDP客户端采集上报的终端信息，并实时研判打分，进行信任评估；当接入主体信任度发生变化，SDP控制器可依据实现定义的策略原则，动态生成访问控制策略，动态下发给SDP网关。

作为控制节点，SDP控制器具备良好的扩展能力，可接入更多的风险源，以实现更为完善的信任评估，从而进行精确的访问控制决策。

（3）SDP网关

SDP网关是SDP软件定义边界系统的访问控制执行组件，其执行SDP控制器的策略，实现对SDP客户端到应用访问过程中的端口动态开放、传输加密、应用代理访问等功能。

通过部署SDP网关，将整个安全运维管理区的网络隐藏起来，只对经由SDP控制器认证通过的客户端开放，起到网络隐身的作用，极大降低了网络的暴露面。

SDP架构在实现零信任架构的基础上，引入了边界隐身的思路，基于先认证后连接的技术有效消减了网络威胁；SDP架构构建以身份为中心，不区分用户的访问位置，用户的访问权限仅与其所提供的信任凭证关联；SDP架构可就终端上下文动态评估信任度并可结合终端信任度变化动态调整访问控制策略。

SDP部署如图4-9所示。

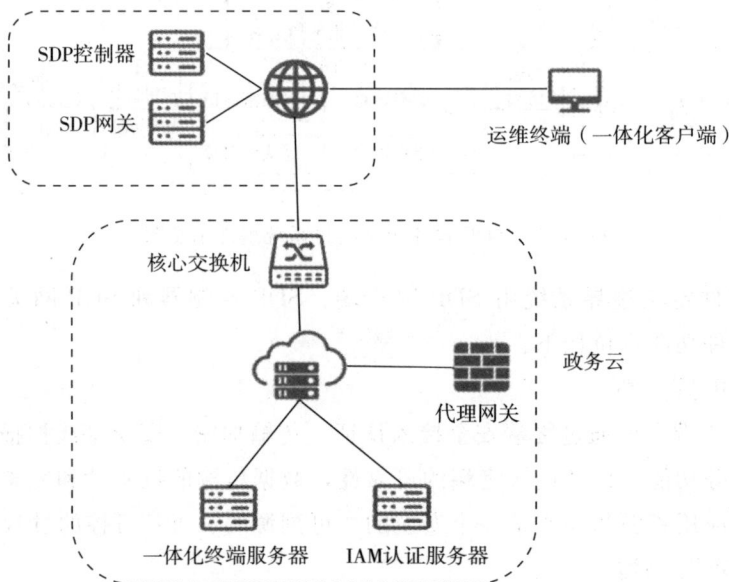

图4-9 SDP部署示意图

SDP 网关和 SDP 控制器部署于政务外网核心机房连接省级政务外网城域网核心交换机，使一体化终端通过政务外网环境可访问 SDP 控制器和 SDP 网关；一体化终端服务器部署于政务云平台，并实现与政务外网核心机房政务外网的网络正常通讯。

4.2.3　应用场景

通过建设网络安全准入系统，对接入网络的手段和终端进行统一管控，权限统一分配，并留存接入日志，便于后期的溯源。

通过引入零信任技术架构，应用 SDP 技术完善边界安全防护，确保可信人员能够随时、随地、按需地访问安全运维管理区。

4.2.3.1　委办厅局单位登入电子政务外网

构建 SDP 零信任访问体系后，委办厅局单位准入访问电子政务外网流程如图 4-10 所示。

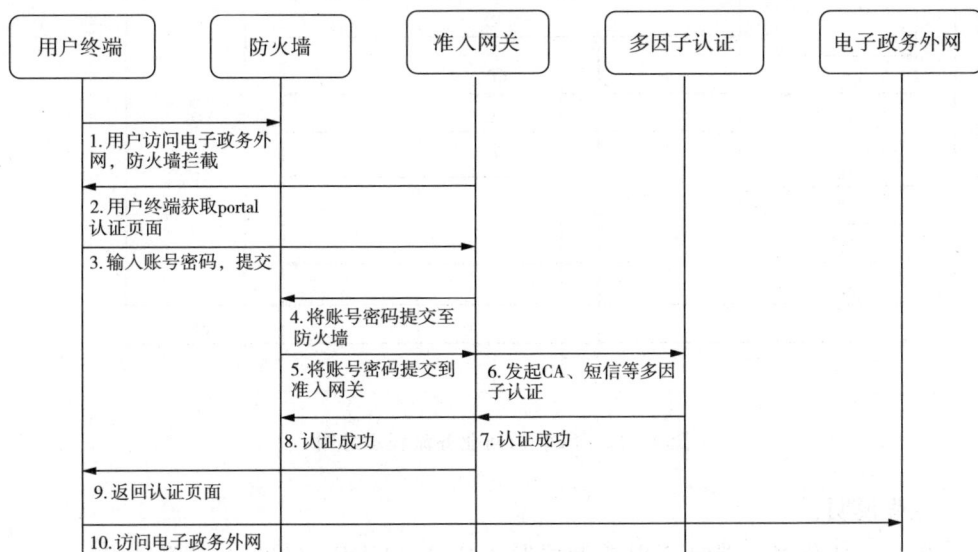

图 4-10　委办厅局单位准入访问电子政务外网流程示意图

流程说明：

（1）委办厅局单位用户访问政务外网时，防火墙拦截流量同时重定向到准入网关 Portal 认证页面；

（2）用户输入账号密码，准入网关再将账号密码信息给防火墙；

（3）防火墙将账号密码用户信息提交给准入网关，准入网关同时发起 CA 及短信等多因子认证；

（4）多因子认证成功后，准入网关返回认证成功信息给防火墙，同时返回认证成功页面；

（5）用户终端访问电子政务外网。

4.2.3.2 政务外网业务访问流程优化

通过构建 SDP 零信任访问体系，优化后的 SDP 访问业务流程如图 4 - 11 所示。

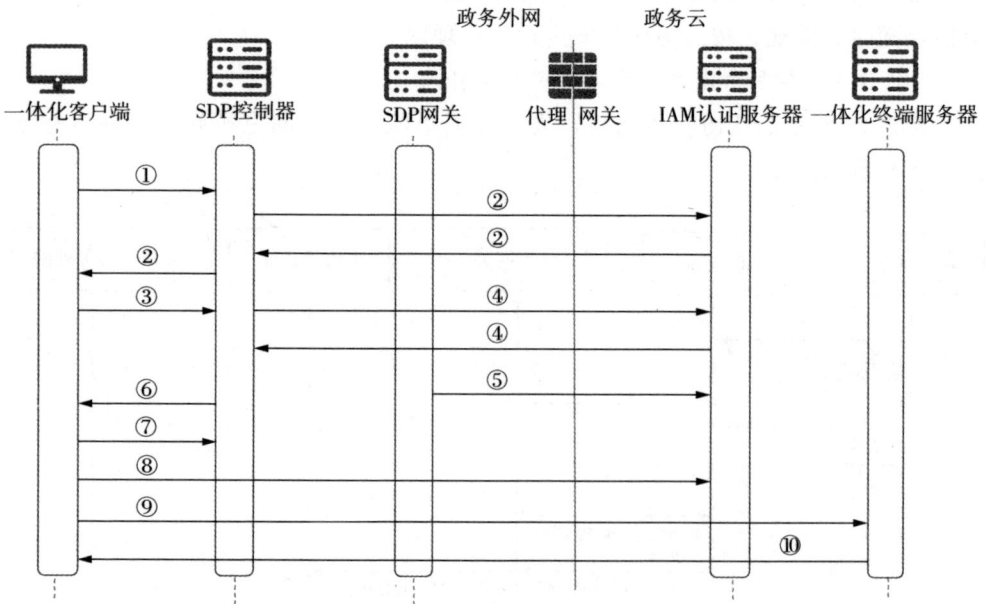

图 4 - 11　SDP 访问业务流程示意图

流程说明：

（1）一体化客户端向 SDP 控制器发送 SPA（UDP：62201）认证请求；

（2）SDP 控制器向 IAM 校验用户身份后并返回校验信息给 SDP 控制器，成功则开放端口（TCP：443），失败则结束会话；

（3）一体化客户端访问 SDP 控制器门户进行登录认证；

（4）SDP 控制器向 IAM 校验用户身份后并返回校验信息给 SDP 控制器，成功则进行下一步，失败则结束会话；

（5）SDP 控制器向 SDP 网关下发可信资产列表（源 IP、可访问的端口列

表 . DeviceID)（TCP：8887）；

（6）SDP 控制器下发策略给一体化客户端并下发可以访问的应用端口列表；

（7）一体化客户端接收到策略开始检查终端环境是否符合安全基线，并返回检查结果给 SDP 控制器，非法用户阻断接入，合法用户进行下一步；

（8）一体化客户端（用户）可以正常进行业务访问；

（9）一体化客户端（用户）与一体化终端服务器通讯（TCP：9988），详细交换；

（10）一体化服务器向一体化客户端发送管控策略（TCP：9988）。

注：一体化客户端与一体化服务器通讯端口提前开通，在无法完成入网认证时确保终端可正常接受管控。

4.2.3.3　运维人员执行安全运维操作

通过搭建安全运维管理网，实现运维管理网与业务网络数据隔离，并纳管所有政务云、政务外网区的所有安全设备，通过使用 VPN/SDP 和堡垒机相结合的登录方式，建立安全访问通道，实行严格运维管理账户登录验证、授权、审计，可有效保证安全运维管理的高效性及安全性。

在通过应用零信任技术提升运维安全水平的同时，一体化平台项目规划设置运维专区，配备专用运维终端，并在所有运维终端安装一体化终端安全客户端，实行运维专区出入报备机制，实现运维人员精准管控。

运维人员经授权进入运维专区后，登录网络安全准入系统接入电子政务外网，登入一体化终端安全客户端，连接堡垒机开展相关运维工作。

4.3　终端安全

4.3.1　综述

4.3.1.1　背景及现状

随着"数字中国"建设不断深化和"互联网＋政务服务"持续推进，真正实现了"让群众和企业少跑腿，让数据多跑路"。数字化转型中，云计算、大数据、物联网、移动互联等技术的业务应用加速落地，原有的网络边界被打破，导致终端成为新的安全边界。所以，在政务服务效率提升的背后，数据安全、网络安全重要性日益凸显。越来越多的安全事件表明，终端是网络攻击的发起点和落脚点，对隔离网的攻击多数是通过终端进行渗透的，攻击成功后会通过终端窃取数据并迅速扩散。

我国已建成覆盖中央、省、市、区县、乡镇的政务外网，有效支撑了政务业务的发展，但目前政务外网终端安全问题突出。2019年8月份，外网办组织开展政务外网边界安全检查专项工作，从反馈的情况统计来看，有60%的地方外网终端"一机两用"且可以同时连接政务外网和互联网，边界安全形势十分严峻。2020年全年面向地方政务外网发布了103期网络安全通报，经溯源，其中80%的安全事件是由于终端感染木马病毒或被控从而在政务外网进行横向渗透攻击。另一方面，"一机两用"也导致政务外网数据轻易地外泄至互联网中，不断带来数据外泄的风险。究其根本原因还是政务外网未与互联网隔离，终端无数据隔离且未安装防病毒软件，终端安全问题已经成为政务外网广域网中占比最高的安全问题，严重影响政务外网全网安全，亟须解决。

随着国家信息安全法律法规和技术规范日益趋严，国务院、各级政务中心和政务部门都高度重视终端安全能力建设，并采取了一定的措施，但"一机两用"的安全隔离等技术路线未统一，如某些政务部门采用一机双网卡的方式，其他政务部门采用VPN拨入或终端安全软件等方式，最终建设的安全效果也存在强弱差异，且无法实现安全与用户易用性的平衡。同时，传统防护方式针对终端侧数据落地缺乏保障，基本对内部完全信任不设防，对导入导出等泄漏政务外网敏感数据的行为缺乏有效管控，数据泄密事件频发。基于以上安全背景，国家信息中心于2021年4月26开始起草《政务外网终端一机两用安全管控技术指南》标准的编写，并于2022年7月1日正式发布，指导各级政务部门和各级政务外网建设运维管理单位对接入政务外网的终端进行安全管控。

目前，安徽省级政务外网业务基本集中部署在安徽省级电信云平台和移动政务云平台，政务外网终端安全隐患大，存在着大量的"跨网访问"现象。由于政务外网终端同时连接政务外网和互联网，意味着用户在访问政务外网时，也可以访问互联网，存在着"一机两用"场景。这种情况下，政务外网终端极易成为网络攻击的跳板，将互联网安全风险引入到政务外网中，严重影响政务外网安全。

4.3.1.2　安全需求

根据安徽省级政务外网业务部署现状，参照中央、省、市各级政务外网按照终端安全管控的一般技术要求，需采用统一管控模式构建政务外网终端一机两用安全框架（图4-12）。

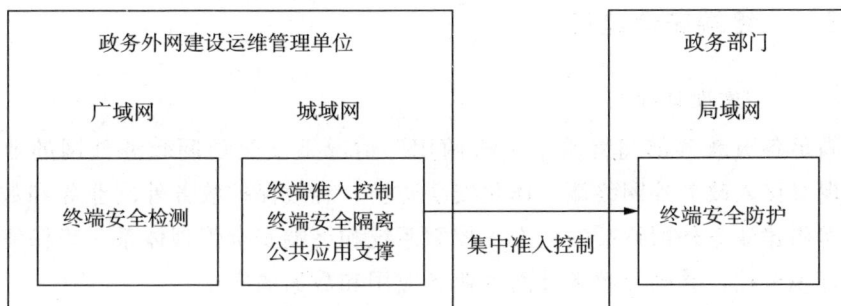

图 4 - 12　一机两用安全框架示意图

通过在广域网边界构建安全检测设施，对政务外网终端访问流量进行安全检测，重点实现对异常或恶意行为进行告警，重大应急情况下可实施阻断；通过在城域网边界构建统一终端控制设施，对本级政务外网终端实施终端接入认证、终端安全隔离、访问控制和整体监控；政务部门自行负责终端安全防护。

根据《政务外网终端一机两用安全管控技术指南》（GW0015—2022）针对终端安全管控的具体技术要求，并结合在运维过程中运维终端安全管控的实际诉求，形成如下终端安全需求：

1）实施接入政务外网终端"终端准入控制"，保障政务外网终端访问安全性

终端接入政务外网之前，用户终端应通过身份认证与安全接入检查，非授权终端、不符合安全要求终端不允许接入政务外网；终端接入通过身份认证和安全检查后，采用密码技术保证通信传输安全；终端接入政务外网后，实现基于角色的应用访问控制，实现最小授权；且可以通过对终端环境进行持续检测和评估，根据评估情况动态调整其应用访问权限，实现动态授权；

2）打破"一机两用"的现状，对接入政务外网的终端实现"网络隔离"

为了杜绝政务外网终端"一机两用"跨网攻击的现状，对接入政务外网的终端实现网络隔离，实现同一台终端无法同时访问两张网络，如终端在访问互联网时，无法访问政务外网。当此终端访问政务外网时，无法访问互联网；

3）政务外网终端"终端安全"防护，保障终端自身安全

为保障各政务单位终端自身的安全性，应具备以下终端安全防护能力，包含恶意代码防范、终端入侵防护、非法外联控制、安全基线检查、漏洞检测修复、数据安全防护、终端软件管理、终端补丁管理、终端资产管理、终端精准阻断等，确保终端自身处于安全状态。

4.3.2 终端安全建设

4.3.2.1 建设目标

为满足各级政务部门终端"一机两用"情况下安全访问政务外网的业务诉求，实现对接入政务外网终端一体化安全防护，有效保护政务外网业务和数据的安全，需构建政务外网终端安全准入控制系统和终端安全管理体系，确保终端接入安全合规可控，并确保政务外网的业务应用和数据的安全。

相比传统的防护方式，零信任等主流技术可以作为统一全国政务部门的终端安全建设的新路径。基于 SDP 架构的端到端零信任访问控制，由零信任管理平台、零信任安全网关、零信任客户端三部分组成。通过一套管理后台，实现 PC、移动终端统一管控，帮助政务外网建设运维管理单位建设基于零信任理念的终端控制设施，有效解决政务外网终端管理的多项网络安全问题。

1）构建一体化终端安全防护能力

随着终端类型多样化和网络环境复杂化，如何高效进行终端安全防护、降低运维压力是关键。通过搭建一体化终端安全管理平台，实现对多类型、多系统终端进行集中化管理，采用主、被动的探测方式，及时发现未管控资产及违规接入资产，提供按需、动态的安全防护策略模版，来覆盖不同终端的安全防护需求。

2）解决"一机两用"问题

针对"一机两用"的终端接入场景，提供政务外网安全检测平台＋终端安全管控平台的管理模式，既日常检测的同时，对于风险终端进行控制，反之日常控制中存在的意外纰漏点，可通过检测机制再次发现，最终实现查漏补缺。

4.3.2.2 建设原则

1）易用

政务外网终端呈现数量多、类型多样、配置多样、使用用户计算机水平有限等特点，正常情况下，针对政务外网终端接入认证应充分利用手机等安全、便捷的方式，首次可采用无感知认证方式安全接入政务外网，且在通过多个安全网关时正常情况下最多认证一次，以适应政务外网的特点，提高用户的易用性。另外，除了接入认证，在终端安检、客户端安装、门户登录、沙箱使用等环节也应考虑易用性，如终端安全自动修复，客户端安装异常通知指导等。

通过更加符合政务人员使用的界面 UI 设计，放置通用模块功能于展示区，各政务部门应用根据用户访问频次和用户习惯可以自动排序或者手动排列，更加便于用户查看关注的业务。

2）安全

原政务外网针对用户终端缺乏实名认证，政务业务和数据存在非授权访问风险，同时存在终端访问互联网同时访问政务外网情形，病毒木马容易通过网络或端侧传播到政务外网，政务外网风险隐患大，应对接入政务外网的用户终端进行实名认证和实名访问控制，确保只有合法用户、合规终端才能访问相应的业务，确保政务外网业务和数据安全，同时应采用网络、会话、数据安全隔离技术手段，防止病毒木马传入政务外网。另外，通过后台行为分析，可及时发现异常或安装状态变化的终端，可要求用户重新认证或直接动态调整其业务访问权限，也可检测到非本人使用的终端通知用户本人，由其下线异常终端。

各单位可根据自身情况，采取终端安全防护增强措施，对终端进行恶意代码防范、终端入侵防范、非法外联控制、安全基线检查、漏洞检测修复、数据安全防护、终端软件/补丁、资产管理等，确保终端处于安全状态。

3）客户端兼容

政务外网终端操作系统、终端类型多样、配置多样，同时存在 C/S、B/S 等各种业务系统，终端通过 VPN、专线等多种网络方式接入，针对这些特点，在整个系统设计过程中，应与 Windows、主流国产操作系统（如 UOS、中标麒麟）进行兼容性适配；应提供 SDK、API 接口等多种方式与政务外网各种业务系统兼容；应采用多种技术组合适应政务外网多种网络接入方式，如 VPN 技术和零信任技术结合用户接入认证、完全基于零信任技术实现接入认证等。另外针对乡镇等边远单位存在的配置较低电脑，应提供极简客户端，电脑 CPU、内存资源占用最小化，满足其安全访问业务的需要。

4）高可靠

为确保政务外网用户稳定访问业务，应考虑客户端、安全网关、管理中心的稳定性，客户端采用加壳保护防止被篡改，且采用组件化、模块化、分层设计，确保运行稳定；安全网关、管理中心支持主备、集群等高可用部署模式。

5）可扩展

网关接口标准化，具备可扩充性，可与省和政务部门对接；系统结构具备灵活的可伸缩性，可以随业务量的增加，通过增加虚拟机来扩充系统的整体处理容量，满足业务不断发展的要求；网关模块和零信任管理平台支持横向扩容。

4.3.2.3 建设内容

1）总体框架

一机两用逻辑框架如图 4 - 13 所示。构建零信任终端准入体系的三层架构，分析层（安全运维中心）、控制层（零信任管理平台）、网络层（零信任安全网关、零信任客户端），通过架构分层解耦、接口标准化，实现异构厂家功能的兼容，解决政务外网终端准入的三大场景化问题，包括局域网终端零信任接入，5G专网移动终端的零信任接入，互联网出口移动远程办公零信任接入。

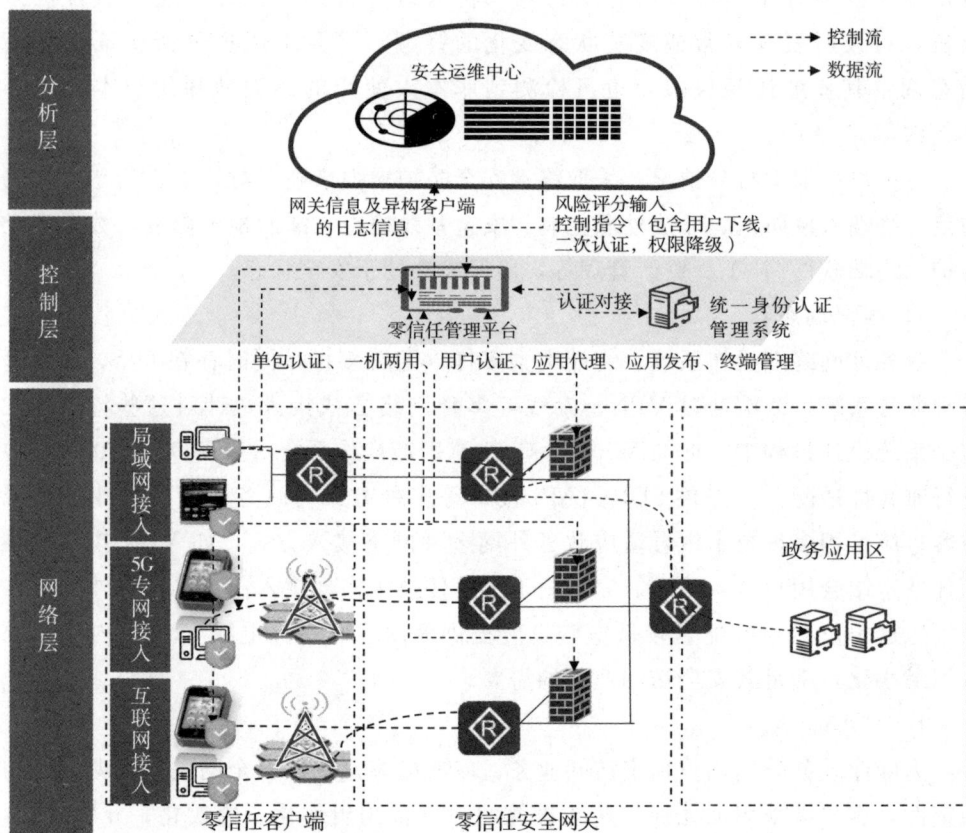

图 4 - 13　一机两用逻辑框架示意图

（1）零信任终端：此处所说的用户终端主要是指"一机两用"终端，通过在用户终端上部署一体化零信任客户端，实现接入认证及入网安全检查、网络隔离、终端安全管理和异常行为检测。

（2）零信任安全网关：即为 SDP 网关，主要实现接入鉴别、访问控制和网络隐身等，通过将业务隐藏在零信任安全网关之后，可以有效收敛各级政务部门业务暴露面，减少被入侵的风险。

（3）零信任管理平台：包括 SDP 控制器和一体化终端安全管理系统，实现 SDP 零信任的认证，与终端 Agent 和可信接入代理配置实现应用申请及发布管理、零信任客户端运维管理、评分动态授权等功能，以及终端安全策略集中管理和下发。

（4）统一身份认证：各级政务部门需建立自身的统一身份认证系统用于用户的准入认证，零信任管理平台可以自己提供认证功能，也可以与现网认证系统对接。

（5）安全运维中心：零信任管理平台与现网中的安全运维中心进行信息同步，包括但不限于网关信息及异构客户端信息的同步；零信任管理平台提供 restful 接口供安全运维平台等系统调用，提供风险评分输入、控制指令，指令包含用户下线、二次认证、权限降级等。

2）网络拓扑结构

网络拓扑结构整体部署组件包括：零信任管理平台、SDP 网关（安全接入代理网关）、零信任客户端三部分。其中，零信任管理平台（包括 SDP 控制器和一体化终端安全管理系统）、安全接入代理网关部署在一体化安全管理区，零信任客户端部署于接入政务外网局域网终端。一机两用部署架构如图 4 - 14 所示。

为保障持续可用，零信任管理平台、一体化终端安全管理系统和安全接入代理网关要求支持高可用部署；同时，需打通 SDP 网关和政务外网业务所需发布应用的路由，保证 SDP 网关与相应的业务系统可通信；零信任管理平台、SDP 网关（安全接入代理网关）、零信任客户端需开放相应端口。

3）建设功能

（1）终端认证鉴权

终端认证支持一次登录多重认证，零信任统一客户端连接局域网后，首先完成局域网准入认证，再对政务外网完成 SPA 认证，政务外网认证门户的服务端口，用户触发 SDP 认证，并获取入网权限。当用户需要访问政务外网办理业务时，需先进行准入身份认证，用户身份认证可采用多种认证方式，如系统内置账户认证、Radius 认证、扫码认证、短信认证、AD/LADP、U-key、4A 认证系统等，政务部门可以手工维护自己的组织架构和成员信息，也可通过导入导出操作批量维护部门和用户账号信息。当用户完成身份认证后，还需进行动态评分合规检查，检测内容包含但不限于终端是否安装了防病毒软件、安全基线是否合规

政务外网数据中心

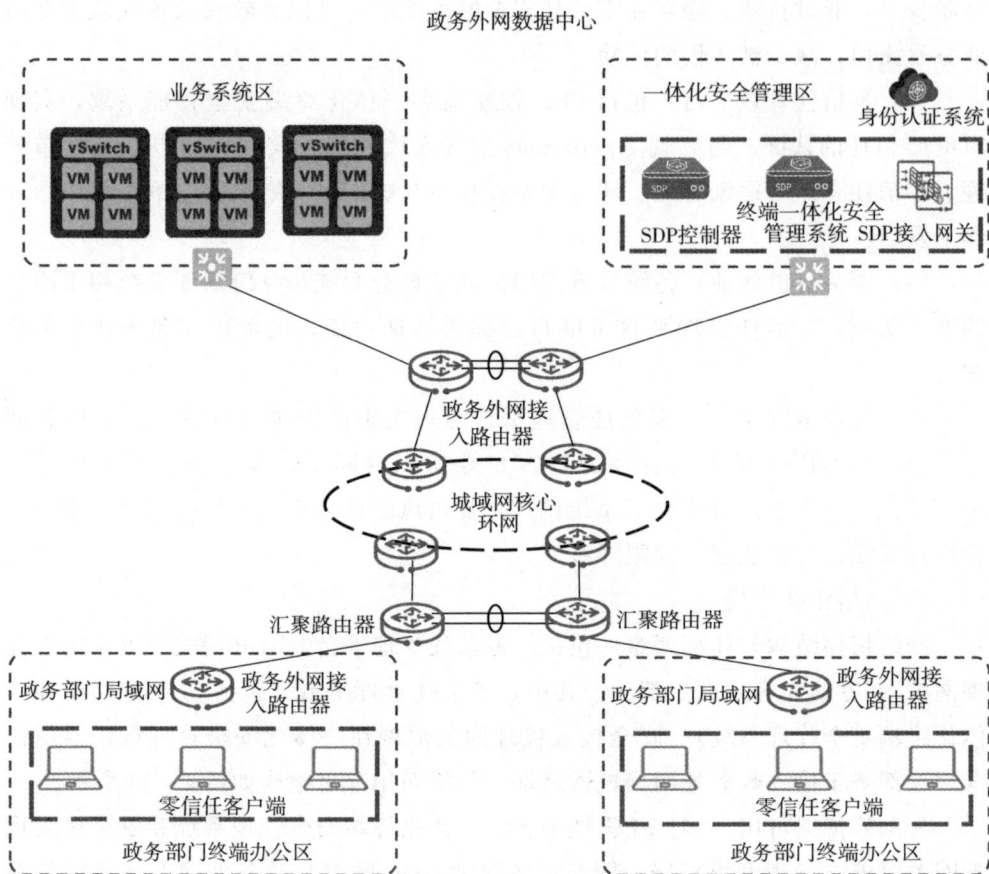

图 4-14　一机两用部署架构示意图

（如弱密码、屏保设置等）、是否安装指定软件、是否安装违规软件等，当有一项或多项不合规时，依然阻止终端接入行为，确保接入的终端身份和环境全部合法合规，才能接入政务外网，访问到权限范围内的业务。

（2）终端环境检查

终端环境检查流程如图 4-15 所示。在终端设备接入前管理员设置接入环境安全基线，登录时客户端按照安全基线策略对终端设备环境进行安全检查，安全检查包含：安装防病毒软件检查、Guest 来宾账号检查、设备弱口令检查、屏保检查、软件配置检查、注册表、进程、服务、文件、系统等，并根据检查结果评估是否允许接入系统及提供环境修复指南，确保接入到内网的终端安全可信。

当用户完成身份认证后，需进行合规检查，检测内容包含但不限于终端是否安装了防病毒软件、安全基线是否合规（如弱密码、屏保设置等）、是否安装指

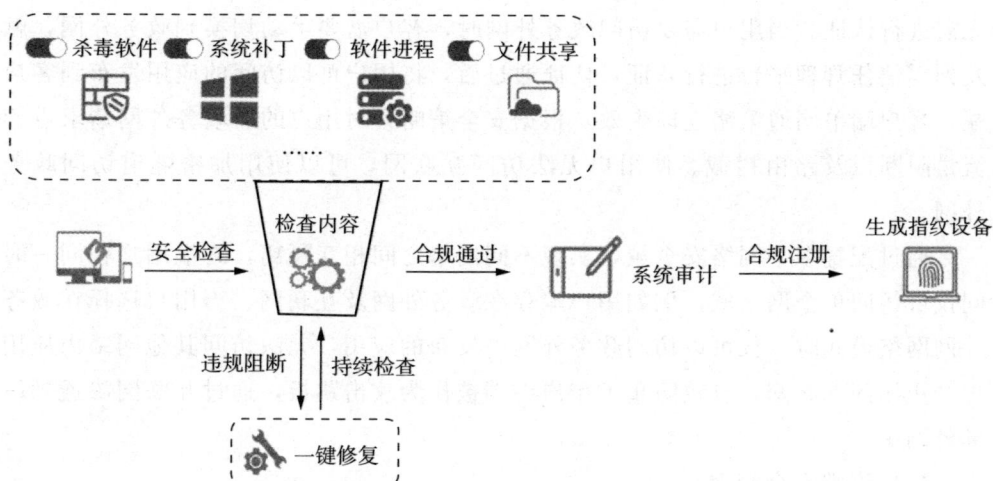

图 4 - 15　终端环境检查流程示意图

定软件、是否安装违规软件等，当有一项或多项不合规时，依然阻止终端接入行为，确保接入的终端身份和环境全部合法合规，才能接入政务外网，访问到权限范围内的业务。

终端在接入政务外网之前，通过终端安全检查，确保合规的终端才能接入，不符合要求的终端不允许接入政务外网。

（3）动态访问控制

一体化终端安全管理系统基于 ABAC 模型，对终端环境进行持续检测和评估，采用评分机制决定信任等级、信任等级决定访问动作及权限的逻辑，从环境基线、用户行为、安全威胁等多个维度，综合持续评估身份信任等级，结合动态控制策略，对不同信任等级执行对应的动态控制动作并调整应用访问权限，实现动态细粒度的访问控制，保障业务系统的持续可信访问。

基于终端环境感知能力与信任评估机制，实现持续的信任级别评估与动态的访问权限管控，通过终端环境感知能力从终端基线安全、用户行为及威胁攻击等多个维度综合实时评估用户及设备的安全状态，并将安全状态上报信任评估引擎，由评估引擎综合分析得出用户及设备的当前信任评分与等级，根据信任等级结合动态控制策略对用户的访问权限及行为进行动态调整和处置，仅授权用户在当前信任状态下的最小应用访问权限，情节严重可回收全部授权禁止访问，缩小信息暴露面。

（4）网络隔离

用户安装客户端，在默认情况下，客户的终端可以访问互联网及当前网络，无需进行认证。当用户需要访问政务外网时，客户需要手动切换到政务外网，触发到零信任管理平台进行认证，认证通过后，将用户可以访问的应用发布到客户端，客户端单网通策略立即生效，根据安全策略会对用户的非政务外网请求进行流量阻断以及路由拦截。使用户无法访问互联网，可以使用加密隧道访问政务外网。

通过配置多个网络安全域，实现不同网络之间相互隔离，终端用户在同一时间仅可访问单个网络域，例如用户端存在政务外网及互联网，当用户选择在政务外网网络模式时，仅可以访问政务外网内发布的应用，无法访问其他网络内应用也禁止访问互联网，有效防止了用户终端被作为攻击跳板，通过互联网渗透到政务外网中。

（5）终端安全管理

① 终端资产管理

支持终端对用户终端环境的采集，可以收集终端电脑的硬件和已安装软件的资产信息，并检测和记录资产所做的更改。

硬件信息包括：CPU 信息、主板信息（BIOS 信息、PCI 插槽信息）、内存信息（物理内存大小、内存条信息）、硬盘信息（大小、速度、厂商、型号）、光驱信息（光驱速度、厂商、型号）、网卡信息、外设信息（串口、并口、USB 口设备信息）等。

软件配置信息包括：操作系统信息、已安装的软件（软件版本/厂商）等。所有这些信息都被保存在管控平台数据库中，管理员可以在线浏览或者输出各种资产报表。

② 终端安全基线检查与加固

支持对客户端操作系统漏洞进行扫描，包括是否加入规定 AD 域、是否存在弱口令账号、是否启用 Guest 账号、账号口令是否很长时间没有修改、是否没有设置屏保口令、是否存在可写的共享目录、是否存在已知的黑客程序、是否安装了违禁软件、是否未安装必须安装的软件如防病毒软件、是否启用违禁进程等。所有这些漏洞信息都会在客户端显示，提醒用户自己机器存在的安全漏洞，并且给出漏洞修复指南，用户可以按指南说明修复这些漏洞，另外所有漏洞也会通知管理员。

同时，支持对 windows 的本地安全策略、组策略、注册表、个人防火墙进行控制，如禁止修改注册表、禁止修改 IP 地址、配置相关安全策略等，完善终端安全基线配置，提升整体防护能力。支持对终端流量进行管控，对异常流量及时发现阻断；支持对终端网络资源访问控制、上网行为审计与控制，将政务外网的安全规范制度进行落实。

③ 补丁安全管理

实现补丁分发、安装的功能，可直接通过互联网下载操作系统等补丁到一体化终端安全管理系统平台服务器，同时，支持补丁离线导入。管理员可根据实际需求配置指定级别的补丁强制安装：

A. 补丁安装检测与强制更新、补丁安装统计；

B. 补丁分发断点续传、补丁测试；

C. 补丁自动分发安装、智能中继分发与带宽控制。

④ 终端防病毒

终端防病毒是一体化安全客户端的一个安全组件，主要监测终端操作系统行为，对已知威胁精准定性，对未知威胁初判告警、捕获上报，对各类威胁进行告警、阻断拦截和清除等操作，并可以执行管理中心下发的多重处置任务。

主动扫描支持快速查杀、全盘查杀和指定位置查杀模式。支持对终端下发各类操作任务，包括：配置病毒查杀策略（支持快速查杀和全盘查杀，威胁处置方式支持自动处置和用户手动处置威胁）；支持病毒库在线更新（病毒库服务端更新，病毒库支持导入和在线升级）。

⑤ 外部存储管理

支持对移动存储设备进行授权访问，当外来 USB 设备试图接入内网时，安全助手会自动发现并且根据安全策略来做相应处理。如果安全策略设置了不允许使用任何 USB 移动存储设备则直接阻止 USB 设备使用；如果安全策略设置了可以使用已注册设备则检查该设备是否注册，如果已注册则可以使用，如果未注册则提醒用户需要到管理员处注册。管理员使用相应的 USB 设备注册工具对该设备注册后就可以正常、安全地使用了。注册 U 盘的授权访问不会影响已注册 U 盘在企业外环境电脑的使用。

用户将未注册 USB 存储设备拿到管理员处，管理员使用相应的 USB 设备注册工具进行注册，注册时将分配该 USB 存储设备的领用人、领用部门以及能够使用的终端范围。注册 USB 设备时，还可以选择 USB 移动存储设备与用户、设备等信息进行单一绑定或组合绑定。另外，为了保证笔记本移动办公时的方便性，安全助手会缓存在本机曾经合法使用过的已注册设备的标识符，这样当员工将笔记本离线工作时，员工使用过的已注册 USB 移动存储设备的使用不受影响。

（6）终端数据安全

① 数字水印

客户端采用屏幕水印技术，防止拍照等泄密动作发生后无法溯源，同时也可对终端用户启动心理震慑作用，客户端将支持多种水印类型，用于应对不同场景的不同业务系统，如明文水印、矢量水印、数字盲水印等，同时水印显示内容、显示颜色、透明度可自定义调节，便于适配具有不同颜色背景的业务系统，保障水印能够正常展示，管理员也可通过策略控制，使用户访问不同的业务系统，触发不同的水印效果。

支持明文水印、矢量水印、二维码水印、数字盲水印等多种水印技术，并且通过水印策略可自定义水印样式，可选择指定应用系统、安全沙箱、用户、设备下发水印策略，实现细粒度的策略控制。

A. 明文水印：可以根据需求，自定义水印内容，自定义水印位置、样式、字体、颜色密度等。能做到数据泄漏根据用户名称、IP、根据颜色样式区分等内容精确定位到具体用户。

B. 矢量水印：矢量水印的展示形式为点阵形式，目的在于不影响用户操作体验。虽不直接展示用户信息，但是提供水印追溯功能，管理员可以根据截图中的矢量图标信息查出泄密者信息。

C. 二维码水印：通过扫描二维码查出当前用户信息，一般情况下，二维码水印与其他水印叠加使用。

D. 数字盲水印：数字盲水印实现水印视觉干扰最小化情况下，防止用户通过截屏手段泄漏政务信息和数据。数字盲水印在屏幕上实现 0 视觉影响，不对屏幕显示进行干预处理，而在用户截屏的瞬间对截屏数据进行加水印，水印信息肉眼几近不可见，支持一般常用截图工具。数字盲水印不会和其他水印冲突，可任意叠加使用。

② 敏感文件可视化

支持通过关键字、正则表达式、内置智能识别引擎、文档 DNA、文档聚类等多种文档识别方式，对存储在计算机本地的敏感信息文件进行智能发现、识别，并根据设计敏感内容进行敏感信息的分类、分级以及分布情况进行统计。

4.3.3　应用场景

通过部署一体化终端安全管理平台，并结合在用户终端安装的客户端软件，实现用户终端的接入认证和安全检查，杜绝同一终端同时访问两张网络可能性，确保终端安全防护和数据隔离能力有效落地，最终实现对政务外网终端安全整体防护能力提升，达到有效管理终端 IT 资产的目的。

依靠零信任的防护策略，动态监测用户终端的环境变化，动态调整用户的访问权限，保护数据的持续安全。通过利用零信任创新技术对整张政务外网的所有终端准入进行安全控制，保障终端网络接入安全；严格按照政务外网一机两用安全管控技术指南标准要求，打造符合"一机两用"标准的零信任精品工程；构建可弹性扩展、融合零信任架构，动态适应用户、流量突增的情况，满足网关、平台高可靠性的要求。

4.3.3.1　终端业务访问安全管控

在零信任系统建设完成后，终端未安装任何零信任客户端的情况下，零信任安全网关将默认阻断所有用户终端访问政务外网应用，同时针对要访问业务系统的用户在身份认证设施创建账号信息。终端业务访问安全管控流程如图 4 - 16 所示。

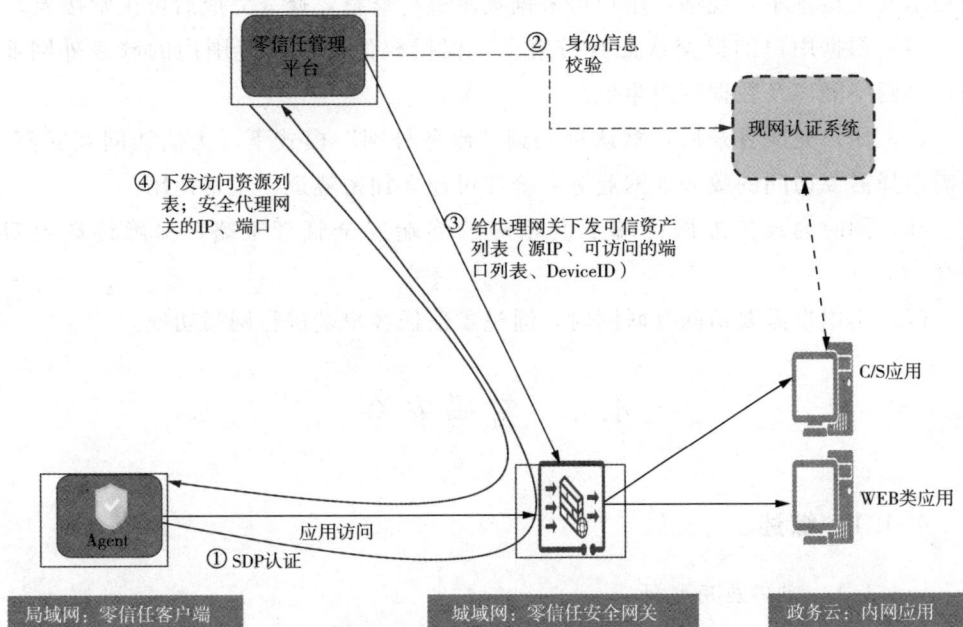

图 4 - 16　终端业务访问安全管控流程示意图

（1）环境及业务准备：待零信任安全网关及零信任管理平台部署完成后，需开放各业务系统与网关之间的端口通讯，允许零信任安全网关代理转发各业务应用，并按需配置好全部安全策略，同时各访问单位梳理相关终端用户，并在零信任管理平台为所有用户初始化配置账号、口令（或在已建统一身份认证系统中配置）。

（2）用户首次访问局域网网络时，可通过重定向或指定下载站点提供零信任客户端下载链接，用户通过访问下载链接进行零信任客户端下载安装操作。

（3）零信任客户端安装完成后，各政务部门用户可通过前期梳理好的账号进行一次登录，自动实现多重认证。

① 局域网准入认证，认证通过后允许终端接入到局域网。

② 接入局域网成功后，开始政务外网 SPA 认证，进行 SPA 认证后，零信任安全网关允许此终端进行下一步认证动作；若用户此时未安装零信任客户端或者恶意攻击者，则继续保持被零信任安全网关拦截阻断的状态，并保护业务端口安全隐藏。

③ 用户在完成 SPA 认证操作后，可进行政务外网准入认证阶段，可在业务门户中进行身份认证及终端安全检测，符合安全规则后允许接入，否则继续阻断并提示安全检查不合规项，用户可根据提示进行修复，修复完成后可正常接入。

（4）根据用户的提交认证身份信息，仅授权访问权限范围内的政务外网业务，且网络隔离及数据隔离生效。

（5）用户完成登录后，默认进入到"政务外网"模式下，无法访问互联网，按需选择需要访问的政务外网业务系统即可建立加密隧道，正常使用。

（6）同时为政务外网终端下发相应的终端安全管理策略，保障终端自身安全。

（7）当用户需要访问互联网时，通过零信任客户端进行网络切换。

4.4 密码安全

4.4.1 综述

4.4.1.1 密码应用背景

在信息化高度发展的今天，密码的应用已经渗透到社会生产生活的各个方面，从涉及国家安全的保密通信到涉及国计民生的各类政务服务、金融交易、防伪税控，在涉及个人隐私、电子支付、社会保障、公积金等业务中，密码均在所有信息技术之后提供安全保障。密码是保障网络空间安全的核心技术，在网络空间安全防护中发挥着重要的基础支撑作用。

　　我国自 2011 年由国家密码管理局向党中央各部门、国务院各部委、各直属机构以及各省密码管理部门和电子认证服务机构通告了关于国际主流算法 RSA 1024 位存在的安全风险，要求进行安全升级，并指出最终要采用国产的密码算法替代国际算法。在此之后国产密码算法推广工作在各行业进行了积极的推进。自 2014 年国产密码算法率先在金融领域进行试点推广，2018 年中共中央办公厅与国务院办公厅下发《金融和重要领域密码应用于创新发展工作规划（2018—2022）》指导意见，明确指出在各个重要金融、政府、信息基础设施中全面推广国产密码算法，促进密码与量子技术等新兴技术融合创新。

　　对于密码算法的推进，国家密码管理局发布实施了《证书认证系统密码及其相关技术规范》《数字证书认证系统密码协议规范》《数字证书认证系统检测规范》《证书认证密钥管理系统检测规范》等标准规范；2010 年，发布实施了《密码设备应用接口规范》《通用密码服务接口规范》《证书应用综合服务接口规范》及《智能 IC 卡及智能密码钥匙密码应用接口规范》等包含 SM1、SM2、SM3、SM4 等算法使用的标准规范，而且也有部分厂商依据这些标准规范研制开发了一些产品，为实施国产密码算法升级提供了技术基础。

　　密码是保障网络与信息安全的核心技术和基础支撑，是解决网络与信息安全问题最有效、最可靠、最经济的手段。《中华人民共和国密码法》的颁布实施，从法律层面为开展商用密码应用提供了根本遵循，《商用密码管理条例》《国家政务信息化项目建设管理办法》的颁布实施，进一步促进了商用密码的全面应用。

　　近年，全国各省按照相关政策法规要求，加速推进商用密码在政务信息系统等重要领域密码应用落地，利用密码技术护航数字经济安全发展。安徽省密码管理局、安徽省财政厅印发《关于重要领域信息系统密码应用工作的通知》，要求凡申报使用财政性资金建设的重要领域信息系统项目，必须提供密码应用方案。《安徽省数字安徽建设领导小组关于印发安徽省政务信息化项目建设管理办法的通知》（皖数安〔2022〕2 号）指出，不符合密码应用和网络安全要求，或者存在重大安全隐患的政务信息系统，不安排运行维护经费，项目建设单位不得新建、改建、扩建政务信息系统。

4.4.1.2　目前面临的问题

　　数字安徽建设作为推进安徽跨越式发展的重要引擎，通过建设数字政府，统筹全省资源集约建设，打通全省数据大动脉，形成统一开放的云、数、用等数字资源体系，加强数字资源整合和安全保护，促进资源高效流通使用，不断提高政府管理水平和服务效能，为驱动全省生产方式、生活方式和治理方式整体变革打下基础。一体化平台是数字安徽的资源中枢、能力底座和操作系统，由省级统筹建设，省市分级部署，覆盖省市县乡（街道）村（社区）五级应用，通过建设完善资源门户、云基础设施、数据资源、公共应用组件及配套支撑体系重塑政务信息化项目建设模式、创新数字化应用开发模式、构筑全省数据治理与开发利用体系，为推进数字安徽建设提供一体化平台支撑，为全国各地数字化发展提供可借鉴、可复制的创新实践经验。一体化平台围绕"放管服"改革，推动"互联网＋政务服务""数字政府"信息化建设，真正使信息化服务于公共群众，实现全省"一窗受理、就近能办、同省通办、异地可办"的工作目标，运用技术手段持续改进服务，缩减办事环节，优化办理流程，为企业和广大群众提供统一规范高效的服务体验，不断增强人民群众的获得感、幸福感。

一体化平台的建设是服务于公众、造福于公众的好事，但是在信息化系统建设的过程中不可避免地会存在一些信息安全问题。信息是有价值的，有价值的东西总会让人"铤而走险"，所以信息化系统进行商用密码建设成了必不可少的一环。

4.4.1.3 密码应用需求

1）密码应用不足

目前，安徽省很多应用系统在身份认证、安全隔离、信息加密、完整性保护、抗抵赖性等密码应用环节存在系统性缺失，在部分应用密码的环节领域使用非国产密码算法的现象也比较普遍。另外，安徽省现有密码安全设施主要部署于电子政务外网，由硬件密码设备对外输出密码服务能力，输出能力有限，覆盖范围有限，拓展能力有限，无法满足数字政府和基于数字政府开发上线的业务应用系统的密码应用要求。密码应用存在的问题还具体表现为：

（1）密码应用不广泛

目前，安徽省网络的整体安全防护能力十分脆弱，大量数据没有使用密码技术保护，处于"裸奔"状态，有些数据即使采取了密码技术保护措施也是使用了不合规的密码技术，存在巨大的安全隐患。部分委办局聘请了测评机构对本单位网络和信息系统密码应用进行商用密码应用安全性评估，结果表明商用密码应用比重较低，系统安全防护能力十分薄弱。

（2）密码应用不规范

《商用密码管理条例》（1999 年 10 月 7 日中华人民共和国国务院令第 273 号公布 2003 年 4 月 27 日中华人民共和国国务院令第 760 号修订）提出任何单位或个人只能使用经国家密码管理机构认可的商用密码产品，不得使用自行研制的或者境外生产的密码产品。近年来虽然中央、地方、行业相继出台一些规定和配套制度、要求，但在一些地区和部门并未得到有效实施。一些单位重信息化建设、轻信息安全保护，信息系统密码使用不规范、不正确，在密钥管理、密码系统运行维护等方面存在风险。

（3）密码应用不安全

现有大量系统依旧在使用 MD5、SHA-1、RSA-1024、DES 等已被警示有风险的密码算法，以及基于这些密码算法提供的不安全密码服务。此外，应用系统未按规范要求使用密码服务，或者调用密码应用接口等等，这给信息系统带来了严重安全隐患。

同时，随着《中华人民共和国密码法》《信息安全技术 信息系统密码应用基本要求》GB/T 39786—2021 的推出，密码应用要求被不断强化，亟须形成统一的密码安全管理体系，构建成体系的、安全有效的密码保障系统，为政务网络和应用系统抵御网络攻击提供有效的基础密码安全能力支撑。

2）密码应用基本要求

根据《中华人民共和国密码法》《商用密码管理条例》等国家法律法规要求，"法律、行政法规和国家有关规定要求使用商用密码进行保护的关键信息基础设施，其运营者应当使用商用密码进行保护，制定商用密码应用方案，配备必要的资金和专业人员，同步规划、同步建设、同步运行商用密码保障系统"，"未按照要求使用商用密码，或者未按照要求开展商用密码应用安全性评估的，由密码管理部门责令改正，给予警告"，参照 GB/T 39786—2021《信息安全技术 信息系统密码应用基本要求》中的指标要求，应该从物理和环境安全、设备和计算安全、网络和通信安全、应用和数据安全、安全管理等层面进行风险分析和密码应用需求分析。密码测评要求见表 4-2 所列。

表 4-2　密码测评要求

指标体系		第一级	第二级	第三级	第四级
技术要求	物理和环境安全				
	身份鉴别	可	宜	宜	应
	电子门禁记录数据存储完整性	可	可	宜	应
	视频监控记录数据存储完整性	—	—	宜	应
	密码服务	应	应	应	应
	密码产品	—	一级及以上	二级及以上	三级及以上

（续表）

指标体系			第一级	第二级	第三级	第四级
技术要求	网络和通信安全	身份鉴别	可	宜	应	应
		通信数据完整性	可	可	宜	应
		通信过程重要数据的机密性	可	宜	应	应
		网络边界访问控制信息的完整性	可	可	宜	应
		安全接入认证	—	—	可	宜
		密码服务	应	应	应	应
		密码产品	—	一级及以上	二级及以上	三级及以上
	设备和计算安全	身份鉴别	可	宜	应	应
		远程管理通道安全	—	—	应	应
		系统资源访问控制信息完整性	可	可	宜	应
		重要信息资源安全标记完整性	—	—	宜	应
		日志记录完整性	可	可	宜	应
		重要可执行程序完整性、重要可行性程序来源真实性	—	—	宜	应
		密码服务	应	应	应	应
		密码产品	—	一级及以上	二级及以上	三级及以上
	应用和数据安全	身份鉴别	可	宜	应	应
		访问控制信息完整性	可	可	宜	应
		重要信息资源安全标记完整性	—	—	宜	应
		重要数据传输机密性	可	宜	应	应
		重要数据存储机密性	可	宜	应	应
		重要数据传输完整性	可	宜	宜	应
		重要数据存储完整性	可	宜	宜	应
		不可否认性	—	—	宜	应
		密码服务	应	应	应	应
		密码产品	—	一级及以上	二级及以上	三级及以上

（续表）

指标体系			第一级	第二级	第三级	第四级
管理要求	管理制度	具备密码应用安全管理制度	应	应	应	应
		密钥管理规则	应	应	应	应
		建立操作规程	—	应	应	应
		定期修订安全管理制度	—	—	应	应
		明确管理制度发布流程	—	—	应	应
		制度执行过程记录留存	—	—	应	应
	人员管理	了解并遵守密码相关法律法规和密码管理制度	应	应	应	应
		建立密码应用岗位责任制度	—	应	应	应
		建立上岗人员培训制度	—	应	应	应
		定期进行安全岗位人员考核	—	—	应	应
		建立关键岗位人员保密制度和调离制度	应	应	应	应
	建设运行	制定密码应用方案	应	应	应	应
		制定实施方案	应	应	应	应
		制定密钥安全管理策略	应	应	应	应
		投入运行前进行密码应用安全性评估	可	宜	应	应
		定期开展密码应用安全性评估及攻防对抗演习	—	—	应	应
	应急处置	应急策略	可	可	应	应
		事件处置	—	—	应	应
		向有关主管部门上报处置情况	—	—	应	应

4.4.2 密码应用建设

4.4.2.1 建设原则

安徽省政务云密码应用体系设计以安全合规要求为基础，以实际业务安全需求为主导，构建整个政务云密码支撑体系。在建设过程中，遵循统一规划、统一标准、统一管理、适度保护、重点保护、强化管理的原则。除此之外，作为国家等级保护重点防护的信息系统，在信息系统设计环节重点把握如下原则：

1）统一性、整体性原则

安徽省政务云作为安徽省政府政务云服务器、网络等资源的统一平台，密码安全建设也需考虑其的统一性和整体服务性，统一建设密码资源、为各政务信息系统提供的密码运算支撑服务、统一政务云密码应用的安全技术规范要求，以满足国家相关法律和安全标准规范的要求。

2）合规及资源共享原则

密码安全建设应采用符合国家密码管理部门核准的相关硬件安全设备，满足GM/T 0054—2018《信息系统密码应用基本要求》；同时采用密码池的建设思路，按统一的标准规范要求，支持各委办厅局政务信息系统的接入，以实现各委办厅局共享密码池的目标。

3）适应性及灵活性原则

针对安徽省政务云密码保障体系设计上必须具备一定的冗余和前瞻性，能随着政务信息系统接入数量的增多对性能的要求及安全需求的变化而变化，要在整个系统设计上采用模块化设计的因素，并具有良好的扩展性，要能够为将来业务扩展提供足够的密码服务支撑扩展能力。

4.4.2.2 建设思路

安徽省政务云统一密码服务平台建设以一体化平台为核心，围绕政务信息系统密码服务需求，并依据相关法律法规和安全技术规范的要求，设计政务云整体密码应用保障体系，满足各政务信息系统密码应用需求的同时，确保信息系统的安全稳定运行。具体设计将遵循以下思路开展：

一个密码服务平台。建设以一体化平台为基础的"共建、共管"密码应用统一服务平台。

一种密码服务模式。建设以安徽省数据资源管理局为核心，电信、移动运营商为云服务方，机关单位为使用方的"政务云密码服务模式"；通过密码设备的资源池化以及统一管理，实现云密码业务自助式即时开通、密码资源按需弹性提供，从而满足云密码业务需求。

一套密码接口标准。政务云密码服务接口标准化。以政务云密码建设为基础，提出《安徽省政务云统一密码服务接入标准/规范》《安徽省政务云统一密应用接入标准/规范》，提供统一的服务和对接能力，保障业务系统对接的耦合性。

一套密码管理体系。由整体云平台提供模块化的密码服务，底层的密码安全由平台建设方负责，应用的密码安全由接入单位负责，形成一套标准的政务云密码管理体系。

4.4.2.3　建设目标

依据密码方案评估中常见方法将资源池细化为密码资源层、密码支撑层、密码服务层、应用层、密码设施管理应急和响应几个层次，通过建设密码服务管理平台实现对国产密码服务相关产品、服务进行整合统一对外提供服务，并对所有国产密码服务、产品、应用接入情况进行监控。具体建设目标如下：

1）完善密码服务能力

建设统一密码认证服务，为保障国家电子政务外网网络空间的安全，使接入电子政务外网的人员、机构、设备和应用系统都具备可信身份标识，为部署和运行在电子政务外网上的业务应用提供身份认证、授权管理和责任认定等网络信任服务。国家信息中心根据国家密码管理局《电子政务电子认证体系建设总体规划》要求，建设了国家电子政务外网电子认证基础设施，能够为电子政务外网的人员、机构、设备和应用系统发放数字证书。

为了推进国家电子政务外网的系统安全建设，国家信息中心规划为省级中心提供专用发证设备形式的本地证书发证模式，称之为"国家电子政务外网电子认证注册服务系统"，简称 RA。省内地市也可依托安徽省 RA 节点，构建地市电子政务外网 PKI 的基础设施，为地市各电子政务外网各级政务部门相关工作人员制作、发放、管理各类数字证书，并围绕安徽省电子政务外网应用系统的要求，建立安全、科学的 PKI 系统和网络信任体系，确保信息的真实性、完整性。

建设统一密码服务能力平台，可对外以网络层代理，应用层 API 接口、RESTful 等方式提供当前基于国产密码的所有服务。密码服务管理平台通过集中整合各类密码安全产品，按照规范的技术标准进行数据交互方式重构，提供各类密码产品服务能力，集中提供国产密码相关服务。密码服务平台依托于高性能架构进行设计实现，对部署在本地的应用系统将建议各接入机构使用密码服务管理平台提供的各类托管服务。对于一些应用数据无法出本地的业务系统提供本地的国密服务，将针对各个接入机构具体业务系统情况配发对应的国密产品，形成 SaaS＋PaaS 相结合的形式来共同对外提供国产密码服务。

密码服务平台将以开放的统一的密码服务能力对外提供服务，对于各个接入机构中，已经托管至云上的业务系统提供完整的国产密码业务支持能力。对于各个接入机构建设在本地，未托管至云上的业务系统，则由本地密码产品提供国产密码服务支持能力，由密码服务管理平台管理体系与本地密码产品、业务系统联动，对本地密码服务进行全方位监控、感知。密码服务管理平台提供的服务类型和能力包括但不限于以下功能点：

数据加解密服务；

完整性保护服务；

密钥管理服务；

数字签名、验签服务；

数字信封服务；

时间戳服务；

身份认证服务；

基于国密算法的通道加解密服务；

其他各类密码应用。

2）加强密码管理能力

对于接入密码服务管理平台的业务系统、密码类设备、用户进行统一监控管理，对密码产品、设备、应用的准入进行管控，对密码产品、服务、应用的运行情况、使用情况、设备情况、服务质量进行监控感知。同时，预留相关服务能力，可快速扩展支持市、县多级密码服务管理体系，实现平台向所属各级应用提供服务支撑及各级密码应用服务情况监控。建设密码服务管理平台管理能力体系，建设密码服务管理平台管理态势感知体系，实现对多级管理平台、密码产品、应用的态势感知管理，通过多个大屏报表形式实时进行全平台数据的展现。

3）规范密码应用标准

密码是保障网络和信息安全的核心技术。在政务信息系统全面推进信息技术应用创新、构建安全可控的信息技术体系过程中，应建立健全规范有序的密码应用标准，从根本上改变政务信息系统密码应用不合规、不安全的现状，更好地发挥密码在保障政务信息系统安全中的核心支撑作用。

4.4.2.4 建设内容

为满足《中华人民共和国密码法》、GB/T 39786—2021《信息安全技术 信息系统密码应用基本要求》，规范平台基础信息安全建设，满足平台在应用过程中对数字证书、数据加解密、数字签名、数据完整性、数据机密性以及抗抵赖等方面的基础密码服务需求，一体化密码服务设施的建设将充分利用国产密码技术保障网络安全等级保护制度和密码应用安全性评估的落实，科学合理地采用密码技术及其产品，确保商用密码技术和产品自主可控，从身份认证安全、通信传输安全、数据安全三方面进行商用密码建设，构建安全可控的密码技术支撑体系，提升网络和信息安全保障能力。

密码安全基础设施的建设，基于国产密码技术，将平台业务系统需要用到的密码服务进行模块化高度封装，形成易于集成、透明高效、灵活易用的密码服务，实现数字证书发放能力建设、密码设施统一管理与调度、密码服务统一管控等功能，通过构建密码统一服务平台，以虚拟化、可视化、一体化的服务理念为业务系统提供可按需分配、弹性伸缩、灵活拓展的密码应用新模式。

1）总体框架

统一密码服务平台整体架构如图 4-17 所示。

统一密码服务平台主要包括：密码设施资源、密码服务调度平台、密码监测管理中心等层次。

密码设施资源主要包含云服务器密码机、服务器密码机、签名验签服务器、时间戳服务器、安全认证网关、量子网络 IPsec VPN、量子随机数发生器、量子密码机等密码硬件设备，以及密钥管理系统、数字证书认证系统、移动软证书认证系统等密码基础设施。

数字证书认证系统为本地电子认证基础设施建设部分。安徽省依托国家信息电子政务外网数字证书 CA 系统，在安徽省政务云机房建设本级电子政务外网 RA 节点，满足为全省政务外网数字证书的申请、签发、更新和管理服务。另外，移动端数字证书的申请、发放、更新等能力由移动软证书认证系统对外提供。

密码服务调度平台包含统一密码服务能力和统一密码资源管理两部分。其中统一密码资源管理部分衔接密码设施资源池和统一密码服务，用于虚拟化密码资源的统一调度，并配合密钥管理系统实现密钥安全分发。调度平台面向第三方业务系统统一输出密码服务，包括加密、解密、签名、验签、HMAC 等，确保异构场景下，密码服务输出的一致性。同时可封装证书解析与验证、国密 https 接入、安全传输通道（SSL VPN）、协同签名、数字信封等密码应用，实现第三方业务的快速对接集成。

密码监测管理中心，用于对密码资源池内密码设备和密码服务调度平台的统

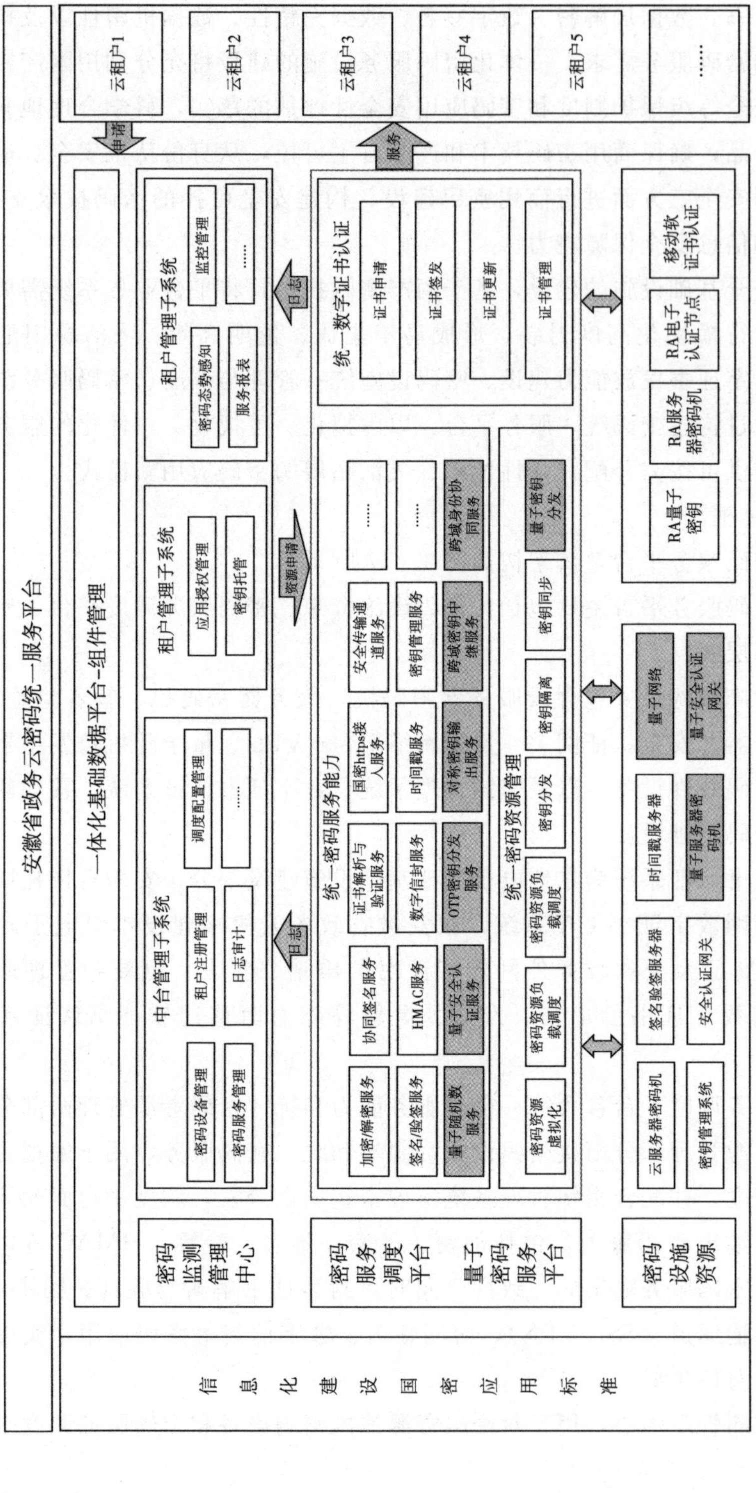

图4-17 统一密码服务平台整体架构示意图

一管理，包含调度管理子系统、租户管理子系统、服务监管子系统。调度管理子系统包括密码设备管理、密码服务管理、租户注册管理、调度配置管理、日志审计和系统管理等功能。租户管理子系统是面向租户管理员用户，支持租户在已申请的密码资源中配置业务系统，共享密码资源。租户管理子系统主要包括租户业务看板、租户密钥管理和租户服务管理功能。密码监管子系统包含密码态势感知和服务报表功能，支持密码资源池中各类密码服务的状态监测和密码资源使用率监测，对密码的服务和资源进行监控管理，同时为用户提供密码资源使用报表服务。

密码统一服务平台并非传统密码设备的集群，区别于传统密码硬件设备方案、密码资源池方案，整体架构支持自主可控的软硬件，同时兼容传统计算机架构，并兼容不同密码硬件设备；密码统一服务平台的密码性能、服务支撑能力不依赖于密码硬件设备，运用前沿系统计算机技术，模块化设计，密码统一服务平台内各项商用密码技术服务可实现水平横向拓展（性能、服务能力不依赖硬件基础设施），结合全省一体化项目业务信息系统密码应用的需求，调整密码统一服务平台内的服务，具备足够的并发力和高度的可用性。

2）密码服务能力建设内容

（1）数字证书认证平台

数字证书认证平台是一套公钥基础设施，实现用户注册、审核，密钥产生、分发，证书制证、签发、发布、下载、查询等一系列完整的证书服务功能，使应用系统能方便地使用加密和数字签名技术，从而保证网络信息传输的机密性、真实性、完整性和不可否认性，为应用和用户建立起一个安全的网络运行环境。数字证书系统发放的数字证书，就是个人或单位在网络上的身份证。它以密码学为基础，采用数字签名、数字信封等技术，在网络上建立起有效的信任机制。主要包含证书所有者的信息、证书所有者的公开密钥和证书颁发机构的签名等内容，满足一体化平台应用系统的安全认证需求。

目前安徽省已依托国家政务外网电子认证 CA 系统建设本地 RA 节点，电子政务外网的相关系统可通过其颁发的数字证书，从系统登录用户身份鉴别、访问控制、数据传输安全、数据存储安全、日志记录完整性的方面，提供安全保障。

国家电子政务外网电子认证服务中心架构如图 4-18 所示。

数字证书体系框架如图 4-19 所示。

安徽省数字证书认证平台为基于国家信息中心电子政务外网证书认证系统建

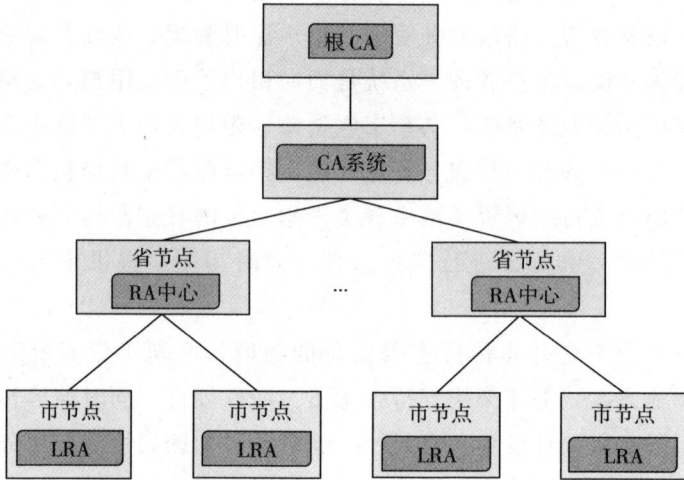

图 4-18　国家电子政务外网电子认证服务中心架构示意图

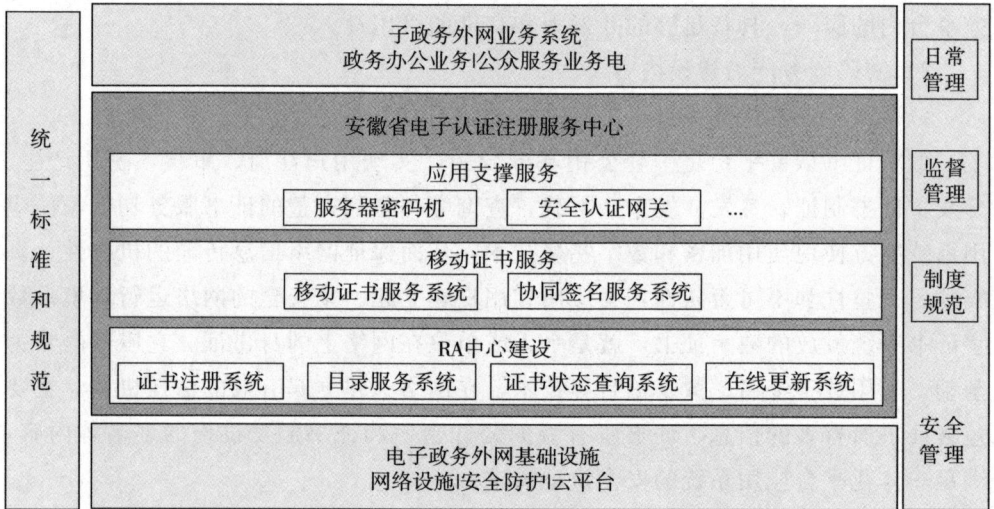

图 4-19　数字证书体系框架示意图

设的电子认证基础设施；移动证书服务基于数字证书体系进行建设，包括移动证
书服务系统和协同签名服务系统，为移动端提供数字证书全生命周期管理；应用
支撑服务主要面向业务系统提供基于数字证书的安全支撑，包括安全认证网关、
服务器密码机等。RA 中心建设将统一为全省电子政务外网政务办公业务、公众
服务业务等提供安全支撑服务。

安徽省政务外网数字证书体系是国家信息中心 CA 信任体系的节点，其核心系统为数字证书认证系统。数字证书认证系统的功能主要是完成用户证书的注册申请等功能。此外，数字证书认证系统还可以对用户资料进行管理和维护；提供定义灵活的证书申请、审核流程。建立证书认证系统，除了可以满足分布各地的政府机关的证书申请要求外，还可以保证系统中要求的对于操作员不同操作权限的控制及未来系统结构的扩展。

（2）密码服务监测管理平台

密码服务监测管理平台作为密码资源顶层统一管理平台，与密码服务调度平台对接，通过任务管理模式对密码服务调度平台下发调度任务，为上层系统及应用提供按需高效、弹性可扩展的密码服务。同时获取相关密码数据，形成对密码应用的统一监测，实现密码的态势展示、密码业务监测及密码任务调度等功能。密码服务功能逻辑如图 4-20 所示。

密码统一服务平台获取相关密码数据，形成对密码应用的统一监测。对外与安全运营平台和用管组件平台对接，将密码能力形成对外服务目录和组件。部署在一体化平台上的各类政务应用，通过调用密码统一服务平台提供的密码服务，为海量业务数据提供传输加解密、存储数据加解密、签名验签等功能，筑牢平台业务安全底线，确保业务数据安全。

密码统一服务平台中的密码设备、密码服务均通过密码监测管理中心进行统一注册、统一管理。租户业务系统使用的密码统一服务平台中的所有密码服务资源，均经过密码监测管理中心进行授权分配。

密码统一服务平台面向密码资源管理者提供密码资源池的运行监管职能，主要包含两大模块：密码态势感知、报表管理。

① 密码态势感知

对于监管范围内的所有密码设备、密码资源等进行实时全方位态势感知。

支持业务运行态势可视化，从应用系统维度对密码统一服务平台的业务请求进行全面监控、分析，提供业务运行态势的全景展示。

支持密码服务运行态势可视化，从密码服务维度实时监控、掌握平台中密码服务的健康状态、资源使用情况等，提供平台运行态势的全景展示。

支持设备运行态势可视化，从设备维度对云密码统一服务平台所有接入的设备实时监控、掌握各设备的健康状态、资源使用情况，提供设备运行态势的全景展示。

支持设置设备基础资源占用量、设备密码资源用量阈值，发现超出阈值时立

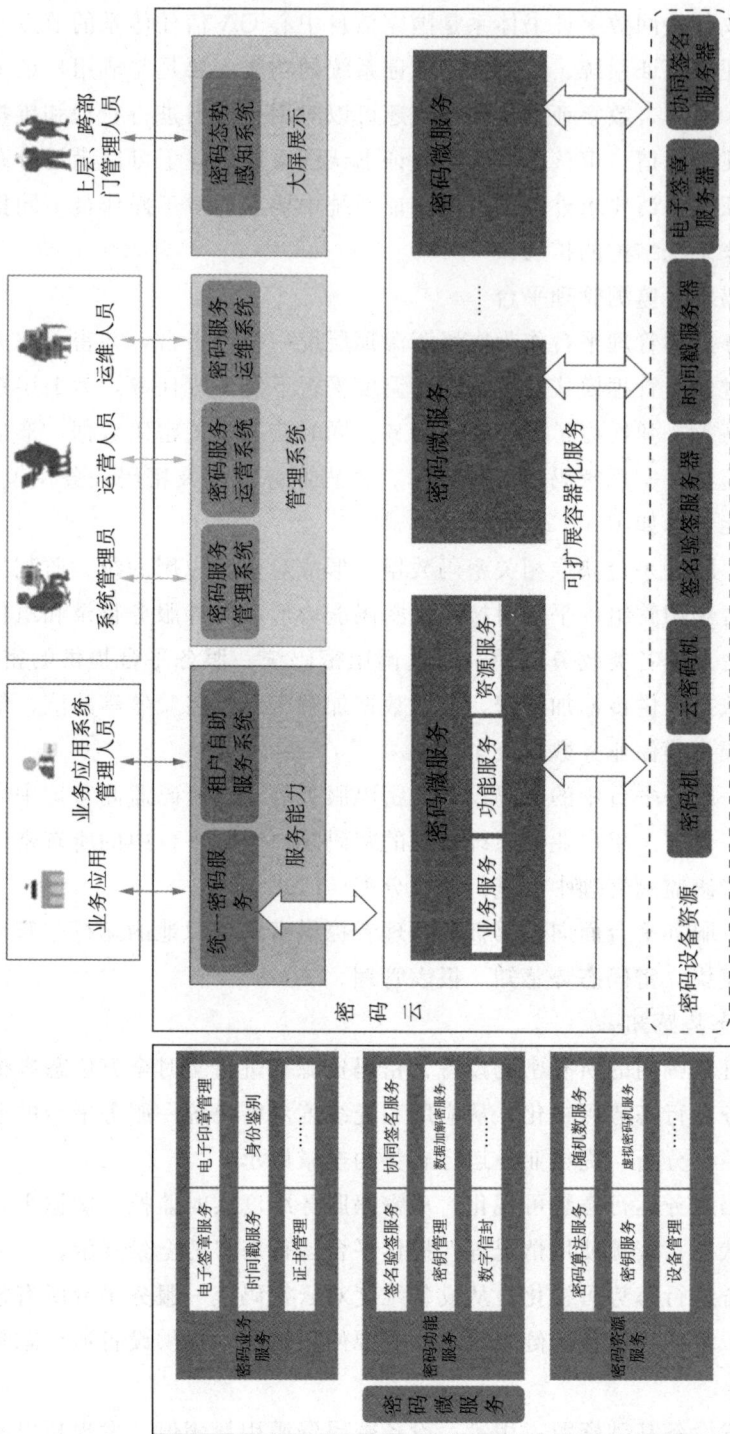

图4-20 密码服务功能逻辑示意图

即发送告警信息。

② 报表管理

提供多维度统计报表，对平台运行状态及各类资源数据进行多维度统计，包括密钥状态统计与查询、证书状态统计与查询、对密码设施资源池内密码设备的运行情况按需进行整合统计并以丰富图表展示，方便管理人员直观准确掌握平台运行情况。

（3）密码服务调度平台

密码服务调度平台通过对接密码基础资源实现密码服务统一输出，包括加密、解密、签名、验签、HMAC、协同签名、数字信封等密码服务，支持与第三方业务系统的快速对接集成，支持与现存的密码设备进行对接调度。

① 统一密码资源管理

结合云计算场景下的服务模式和密码使用安全需求，对云计算场景下的密码应用难点进行统一规划设计。包括：密码计算单元虚拟化、密码计算资源负载调度、密码服务流控管理、密钥隔离、密钥安全分发、双活机房密钥同步等。

② 密码资源虚拟化

虚拟化技术与密码技术结合可以支撑构建云密码资源池，对用户提供虚拟密码机服务。密码虚拟计算单元由云服务器密码机提供支持，采用 SR－IOV 和 VSM 虚拟化技术，实现基于核心密码模块的硬件虚拟化。SR－IOV 技术将物理密码卡虚拟成多个虚拟密码卡，并与上层的 VSM 虚拟机进行一对一绑定，形成完全相互独立的虚拟密码计算单元。并通过令牌技术，实现对虚拟密码计算单元的访问控制管理，防止不同租户间混用密码计算资源。

③ 密码资源负载调度

密码服务接口层能够将应用层海量的密码服务请求经过简单和必要的处理之后传递给密码设备接口层，然后通过资源虚拟化层的调度后交给某个密码机进行密码运算，最后将运算的结果逐层返回给用户。

在管理层面，完成面向租户的密码资源分配，并启动密码服务后，由密码服务调度平台对租户密码计算单元自动执行负载调度。密码服务调度平台支持对每个租户进行密码计算单元的动态负载调度。根据密码服务调用频次、数据流量等条件，自动扩展或回收虚拟密码计算单元，保证密码资源的高效利用和密码服务的高效输出。

在实现密码资源动态负载的同时，实现虚拟密码计算资源的无感知扩容。扩容后的密码计算资源由密码服务调度平台统计进行资源调度，因为上层业务系统不需要直接对接虚拟密码机资源，所有的密码服务均通过密码服务调度平台进行代理转发，因此虚拟密码机的扩容对应用是无感知的。密码资源扩容逻辑如图4-21所示。

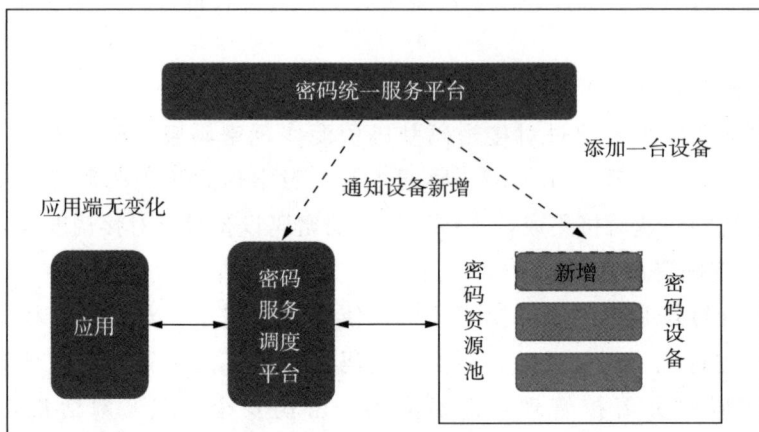

图 4-21　密码资源扩容逻辑示意图

④ 密码服务流控管理

密码统一服务平台支持对租户调用密码服务资源的数据流量管理，根据密码服务流量情况，判断是否开启新的密码计算单元或关闭部分密码计算单元。在虚拟密码计算单元已经满负载的情况下，密码服务调度平台通过流量控制，对密码服务流量进行排序管理，以确保虚拟密码计算单元的稳定运行。调度模式与传统模式下的流量监控逻辑关系对比如图4-22所示。

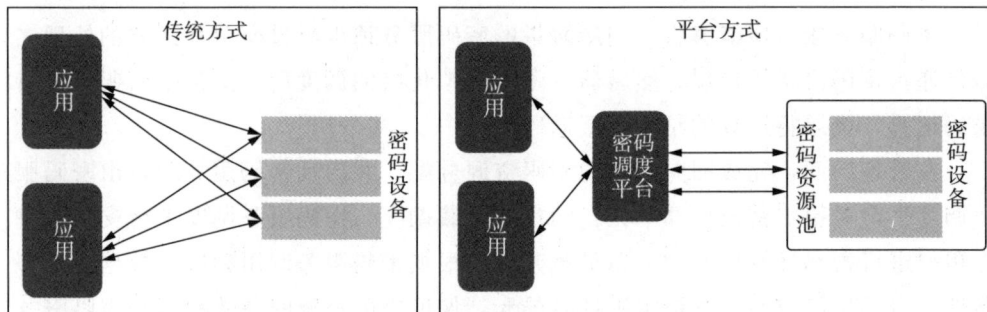

图 4-22　调度模式与传统模式下的流量监控逻辑关系对比示意图

⑤ 密钥分发

密码统一服务平台集成对称密钥管理服务，通过专用的密钥分发安全通道，进行密钥分发。通过令牌认证等机制，对执行密钥申请的租户进行身份认证，保证密钥安全。密钥分发如图 4 - 23 所示。

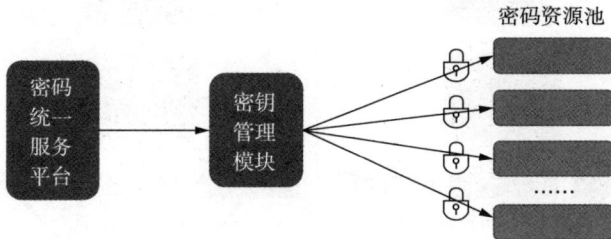

图 4 - 23　密钥分发示意图

⑥ 密钥隔离

密码统一服务平台支持对称密钥分发服务，支持对不同租户密钥的分区管理，并通过令牌认证等机制，对租户的密钥申请资格进行认证，保证不同租户间的密钥存储安全。当租户申请密钥进行密码运算服务时，密码统一服务平台通过密钥安全分发机制，由安全通道分发至与该租户对应的虚拟密码计算单元，并将密钥导入至该虚拟密码计算单元对应的虚拟密码卡中，执行相应的密码运算服务。

⑦ 密钥同步

云计算环境下，基础密码设备被抽象成密码计算资源，密钥由密钥管理系统统一进行分发和管理。租户需要获取密钥时，会告知密码服务调度平台，调用租户 VPC 内的虚拟密码机向密钥管理系统申请密钥。因此，针对特定的某些应用场景，如应用跨机房互访、数据库同步、跨机房双活等，只需要对密钥管理系统做实时同步，即可完成密码资源池的密钥同步。密钥同步通过安全传输通道进行密钥加密传输，保证密钥同步过程中，密钥传输安全。密钥同步如图 4 - 24 所示。

⑧ 统一密码服务

采用 GM/T0018 的接口标准，提供服务输出。服务对象包括 IaaS 层虚拟机镜像的完整性保护；PaaS 层分布式数据库各节点间的迁移、分发、复制、同步、备份过程数据的加密与解密、签名验签、时间戳签名、国密 https 接入需求。

（4）量子安全服务平台

量子安全服务平台是基于量子密钥分发网络或量子随机数发生器为移动互联网、物联网等业务提供密钥服务的量子密钥应用平台产品，包含量子安全服务移

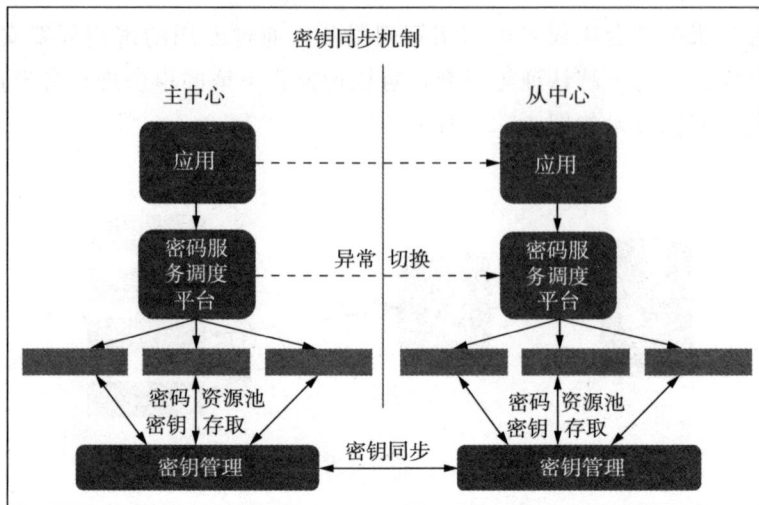

图 4-24　密钥同步示意图

动引擎、密钥系统服务器密码机、充注终端软件等子系统,可为各行各业提供安全密钥服务,实现了量子安全服务从有线到无线的延伸。量子安全服务平台功能架构如图 4-25 所示。

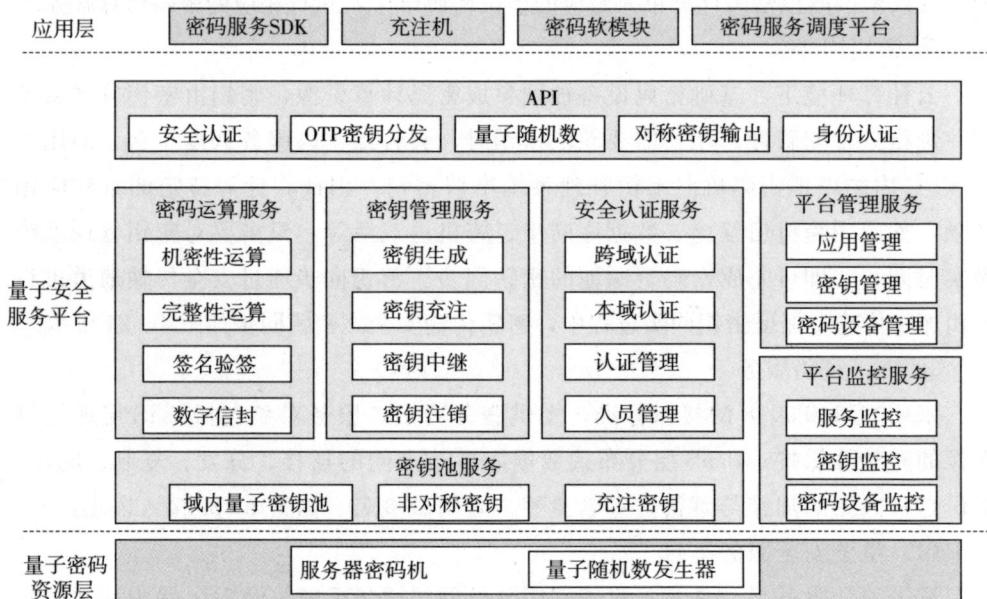

图 4-25　量子安全服务平台功能架构示意图

将量子安全服务平台作为统一密码服务平台＋密码资源池的组成部分，构建量子认证安全服务系统、量子密钥存储管理系统、量子安全统一服务平台和与之配套的安全数据库、密钥数据库等。量子安全服务平台由 API 网关、密码运算服务、密钥管理服务、平台管理界面、平台监控界面组成。

量子安全服务平台的核心流程是根据业务形态和需求组织管理密钥体系，并为业务应用提供密钥管理和密码运算服务。密码服务平台的各组件中，核心组件 API 网关、密码运算服务和密钥管理服务需要集群化部署能力，防止单点故障。其中 API 网关、密码运算服务、密钥管理服务以后台服务的方式运行，对外提供密码服务 SDK，包括密码运算接口和密钥管理接口平台管理服务、平台监控服务为 B/S 架构服务，管理员通过管理界面使用服务功能。

量子安全服务平台由量子安全服务系统软件、量子服务器密码机（含量子随机数发生器）、量子密钥充注机、量子安全介质等软硬件设备组成。其中，量子安全服务系统软件是密码服务管理平台的核心控制管理软件，负责整个网络系统的运行管理，由管理后台、密钥管理服务、密码运算服务、密码服务 SDK 组成；量子服务器密码机是量子安全服务平台系统核心设备之一，部署在本地机房，负责从内置量子随机数发生器获取密钥并进行管理；量子密钥充注机是距离各类终端设备最近的量子系统模块，是量子密钥资源的"续航站"，量子密钥充注机通过量子服务器密码机与量子安全服务系统进行身份认证后，将从量子服务器密码机获取的量子密钥，通过管理员利用 USB、MicroSD 等接口安全充注到安全介质，更新量子密钥资源，实现量子密钥从"有线"扩展到"无线"，为量子移动安全续航；量子安全介质结合量子安全服务平台，拥有完善的安全认证机制和高速的数据加解密等功能，用于网络通信加解密，可将量子密钥方便地给各类终端应用，在满足设备外扩存储需求的同时提供基于量子密钥的安全服务。量子安全服务组件如图 4－26 所示。

（5）密码硬件基础设施

① 服务器密码机

服务器密码机是服务端密码运算类设备，提供密钥生成、数字签名、签名验证、数据加密、数据解密等通用密码服务功能。服务器密码机能够适用于各类密码安全应用系统，提供高速的、多任务并行处理的密码运算；可以满足应用系统数据的签名/验证、加密/解密的要求，保证传输信息的机密性、完整性和有效性；同时提供安全、完善的密钥管理机制，为计算机信息及传输数据提供基于密码技术的保护。

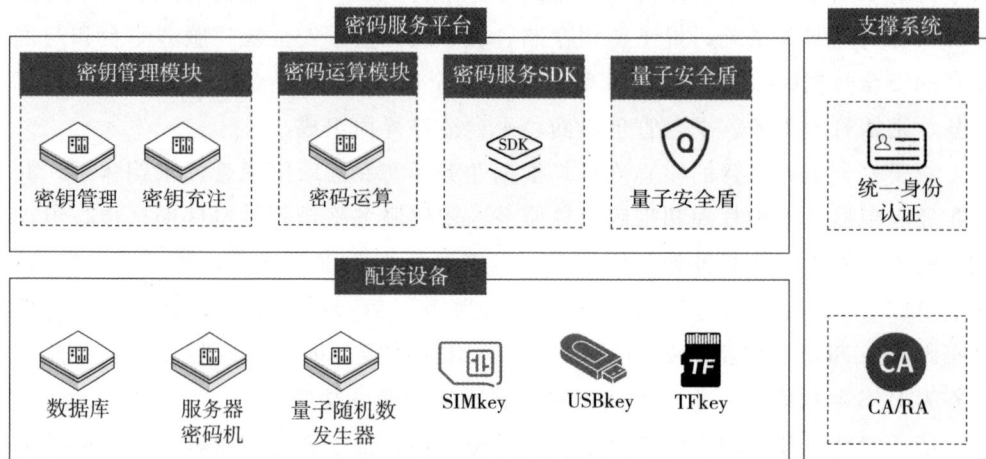

图 4-26　量子安全服务组件示意图

云密码机是服务器密码机的升级产品，云密码机采用虚拟化技术在高性能的硬件加密平台上同时运行多个虚拟密码机，云服务器密码机在物理形态上表现为一台独立的密码设备，在逻辑上由一个宿主机和若干个虚拟密码机（virtual security module；VSM）组成，达到保证功能服务不变同时降低总体成本及提高服务资源利用率的目的。结合云密码机具备的密码资产虚拟化能力，构建多个VSM 虚拟密码机集群，用于不同政务云密码运算场景，实现不同密码资源的划分和隔离。VSM 对用户身份采用基于数字证书的强认证机制，满足认证权限的用户才能进行对应的密钥管理操作，同时保证了用户之间管理的隔离。应用主机到 VSM 之间的业务调用采用加密通道，保护用户应用数据经过中间网络环节时的安全以及合规。

② 量子服务器密码机

量子服务器密码机是量子安全服务平台系统核心设备之一，负责从内置量子随机数发生器获取密钥并进行管理，通过量子密钥充注机实现量子密钥充注到各类终端，并将获取的密钥通过安全服务平台作为业务密钥发送给终端应用，实现终端应用数据传输过程中的安全性，实现传输中的加密通信。量子服务器密码机是在传统服务器密码机的基础上，为满足对接量子随机数发生器及连接量子网络的情况下，对量子密钥进行安全存储及管理的需要而定制的密码设备。

③ 签名验签服务器

签名验签服务器支持 SM1/SM2/SM3/SM4 密码算法，符合 GM/T 0029—2014《签名验签服务器技术规范》、GM/T 0060—2018《签名验签服务器检测规范》密码行业标准，实现了数字签名/验证、文件签名/验证、数字信封、密钥管理、证书管理、数据杂凑等功能。

④ 时间戳服务器

时间戳服务器是基于 PKI 技术开发的，它采用精确的时间源、高强度高标准的安全机制、能够为用户提供精确的、可信赖的且不可抵赖的时间戳服务。和国家授时中心标准的时间链接，提供标准的应用服务接口，为对时间敏感的领域提供服务，应用于电子政务、电子证据、电子公文、电子档案、政务网上采购、数字版权保护、数据一致性等政务领域场景。

⑤ 安全认证网关

安全认证网关可处理单双向 SSL 连接，并且可以同时处理多种类型和多个应用的 SSL 加解密，支持国密 SM 系列算法。支持 OCSP 自动查询、LDAP、手工上传等多种动态认证方式，支持多证书来源、多站点证书认证。

安全认证网关支持不同类型服务的 SSL 代理，支持四层 Web、TCP、UDP 协议的服务的调度代理，支持应用服务的 URL 映射、协议头转发、细粒度的访问控制和基于证书的用户黑白名单配置等。

安全认证网关具有高性能的 SSL 处理能力，不但能够实现端到端的 SSL 加密，同时支持全面的加密算法配置，并具备完整的证书管理特性。安全认证网关通过对服务器的 SSL 卸载处理，节省应用系统服务器在额外任务上的性能开支，使它们专注于实际业务处理，大幅度缩短用户请求的响应时间从而极大提升了用户的访问体验。

3）密码管理能力建设内容

（1）建立密码应用管理部门

随着各政务部门开始建设密码设施并开展密码应用，密码应用分工不清的问题日益凸显，严重阻碍了工作的有序开展。密码是从顶层贯穿到底层的全流程工作，需要信息化建设的各个部门参与进来，尤其是业务应用责任部门严重缺位，并未参与密码需求分析和设计，导致密码设计并未与实际的业务应用和数据深度结合，密码设施无法真正发挥支撑实效。此外，密码管理部门大多并未建立，对于密码的全流程管理也存在较大疏忽。因此，要真正推动密码政务信息系统中的落地使用，亟须理清各部门参与密码工作时的职责边界，明确分工，才能有利于后续工作顺利开展。

按照《中华人民共和国密码法》的要求，应设置专门的密码管理部门，统筹管理本单位的密码工作，由单位一把手领导直接负责，并建立相应的密码管理领导小组和工作组，负责本单位日常密码管理和监督工作。密码管理部门根据工作需要会同有关部门制定密码应用管理办法、工作指南等，建立密码应用的安全监测预警、安全风险评估、信息安全通报、重大事项会商和应急处置等协作机制，确保密码应用管理的协同联动和有序高效。负责制定本单位政务密码应用管理制度和标准规范，并采取有效措施推进贯彻落实。同时，密码应用监督部门负责监督检查密码应用各项工作开展的合规性和规章制度落实的有效性。组织制定密码应用工作开展情况的监督和审查管理办法，以及评价体系，按照国家有关法律法规和标准规范严格审核密钥设施、密码产品和密码应用建设方案、系统建设、策略配置等，并定期开展密码应用检查和审查工作，对密码应用工作开展情况进行评估，对密码应用不合规和制度落实不到位的情况给予通报，并采取相应处置措施。此外，密码管理部门要对接行业和国家密码管理主管部门，落实国家关于密码工作的部署和要求，接受上级密码管理部门的监督和检查。

（2）统一密码应用和监管

密码监测管理平台提供密码服务使用的前期申请流程、密码业务的办理、密码服务基础设施的状态监控、密码服务相关数据的统计汇总和展现等功能，是密码服务基础设施后期运维的关键平台。

基于密码监测管理平台，安徽省已建立密码服务监管体系，可以实现政务机关密码数据的全面汇总，全面展示政务系统密码基础设施框架的运转情况，为密码相关的决策提供支撑。对于已经建设完成目前正在运行的密码服务体系，本着"遵循实际、尊重事实"的原则，采用"流程统一、数据统一、分散服务"的方式进行处理。对于原来已经投入使用的密码服务体系，仍然维持原有的业务服务模式，只需要把密码相关数据汇总到密码服务监管体系，线下的业务办理流程整合到新建设的密码服务监管体系中，完成业务流程办理后，仍然由原来的密码服务体系提供服务。新的业务系统密码服务需求均统一由密码基础设施框架提供相关的服务。

4）密码应用标准建设内容

经过多方面的努力，我国已形成较为完善的商用密码标准体系，包括国家标准、行业标准、地方标准、企业标准和团体标准等。其中，商用密码行业标准体系由基础类标准、应用类标准、检测类标准和管理类标准四类标准组成，支撑我国的商用密码产品研制、应用和管理各个环节。

密码服务应用标准的制定需要考虑到政务业务系统的实际需求，同时还需要遵循国家密码管理局发布的相关标准,对统一的标识、认证、签验、加密等服务分别进行细化,封装出满足业务需求的服务子接口,供业务系统进行多样化的密码服务集成调用。密码服务接口层可以动态增加接口,满足业务系统发展对于密码服务动态增加的需求。

安徽省已对密码应用及密码基础设施框架的建设制定了相关的标准,包括数字证书格式规范、密码基础设施密码服务接口标准、应用系统接口整合标准、密码资源密钥管理规范等,通过标准的牵引和固化作用,促进政务系统密码算法应用工作的整体推进。

密码服务应用标准以密码服务资源层、支撑层为基础,以应用系统对于密码服务的需求为出发点,以 SOA(面向服务的架构)理念为指导,针对密码服务资源层和支撑层提供的密码服务进行高度抽象、归纳、总结,封装出各类接口,为上层应用系统提供统一的标识、认证、签验、加密等服务,减轻应用系统对于密码应用的负担,促进密码在政务系统应用系统的使用。

4.4.2.5 主要服务能力

1)数字证书全生命周期管理服务

数字证书全生命周期管理服务,包括证书申请、发放、更新、吊销、证书恢复等服务内容,提供对证书发放情况、证书状态等情况进行查询、统计及报表输出功能,满足日常管理需求。

通过网络在线方式提供证书办理申请、延期等服务,不仅有效提升政务证书的办理效率和服务水平,同时充分落实全省电子政务"一证通用"要求。

2)加解密、HMAC 服务

加解密、HMAC 服务属于密码统一服务平台提供的最基础的密码运算服务。租户业务系统可根据自身需求,自主调用相关服务,实现数据加密、解密和HMAC 功能。该服务主要用于业务系统关键数据存储方面的应用,租户业务系统对本地存储的关键数据进行加密或 HMAC,从而保证数据存储的机密性和完整性。

加密、解密、HMAC 服务为密码统一服务平台为业务系统提供的标准密码服务。采用 GM/T0018 的接口标准,提供服务输出。服务对象包括 IaaS 层虚拟机镜像的完整性保护;PaaS 层分布式数据库各节点间的迁移、分发、复制、同步、备份过程数据的加密与解密处理需求;SaaS 层用户和 SaaS 服务商之间、租户和应用之间通信数据的加密与解密处理需求,服务端存储的用户数据、隐私数据的加密与解密处理需求。

3）证书认证与签名验签服务

证书认证与签名验签服务配合身份认证系统，用于解决用户身份鉴别的需求，保证用户身份的真实性。证书认证与签名验签服务支持基于 SM2 的数字证书，支持多 CA 多证书链模式，支持对接 OCSP 认证服务器和 CRL 列表导入，实现用户证书的在线和离线认证。

证书认证如图 4-27 所示。

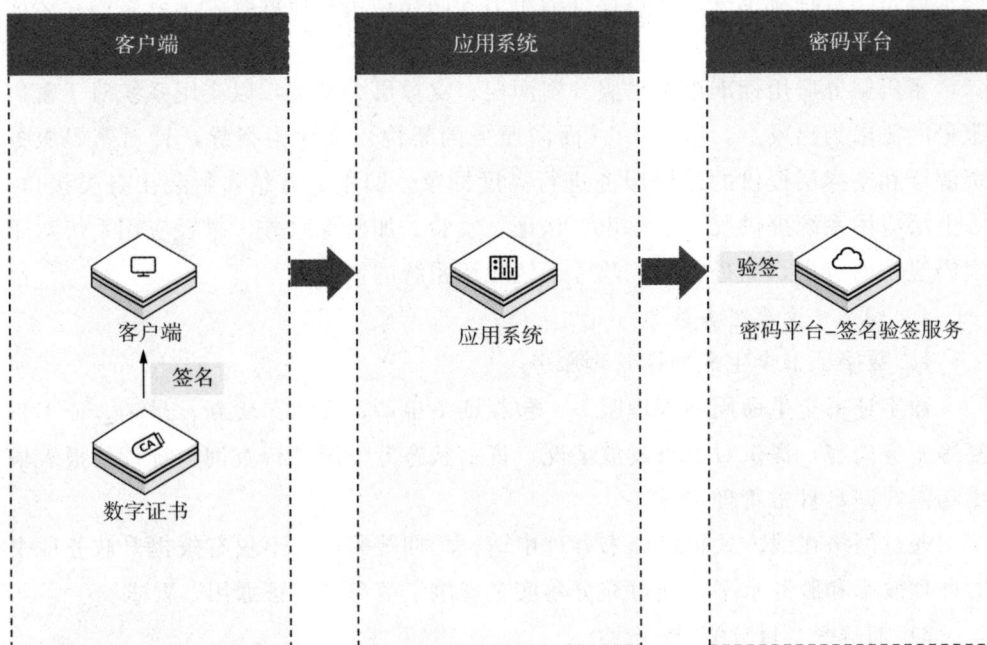

图 4-27　证书认证示意图

4）国密 https 接入服务

采用基于国密算法的 SSL 协议，基于应用层 SSL 实现技术，为租户应用系统提供国密算法的 https 安全接入服务，结合客户端国密浏览器，实现安全的 https 访问，保证应用层数据传输安全。国密 https 安全接入服务流程如图 4-28 所示。

5）时间戳签名验签服务

基于时间戳服务器内置的北斗授时模块和 NTP 授时技术，进行时间戳服务封装。为租户应用系统提供标准格式的时间戳签发和验证服务。时间戳应用流程如图 4-29 所示。

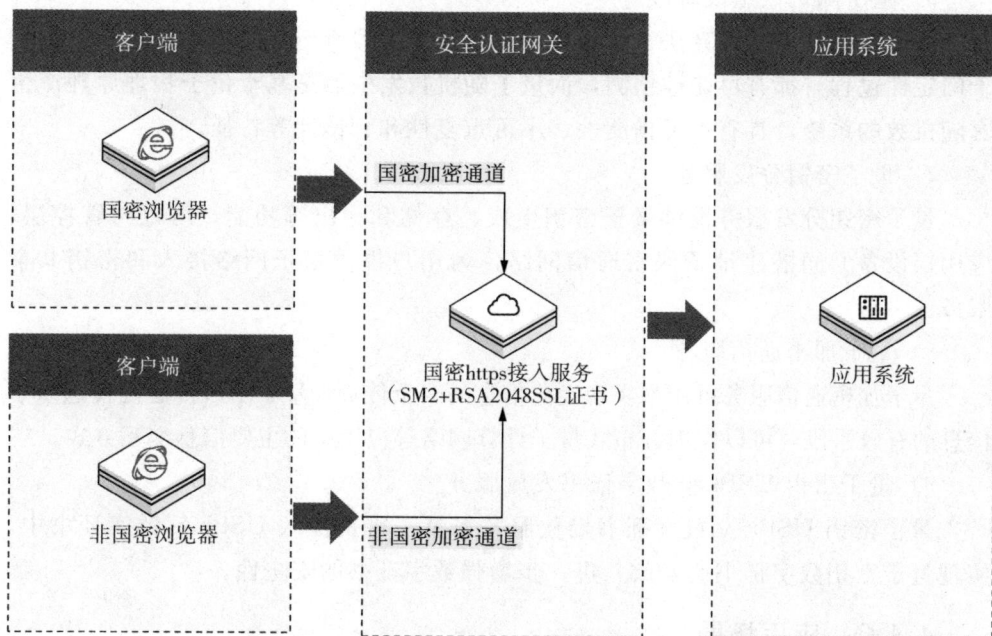

图 4 - 28　国密 https 安全接入服务流程示意图

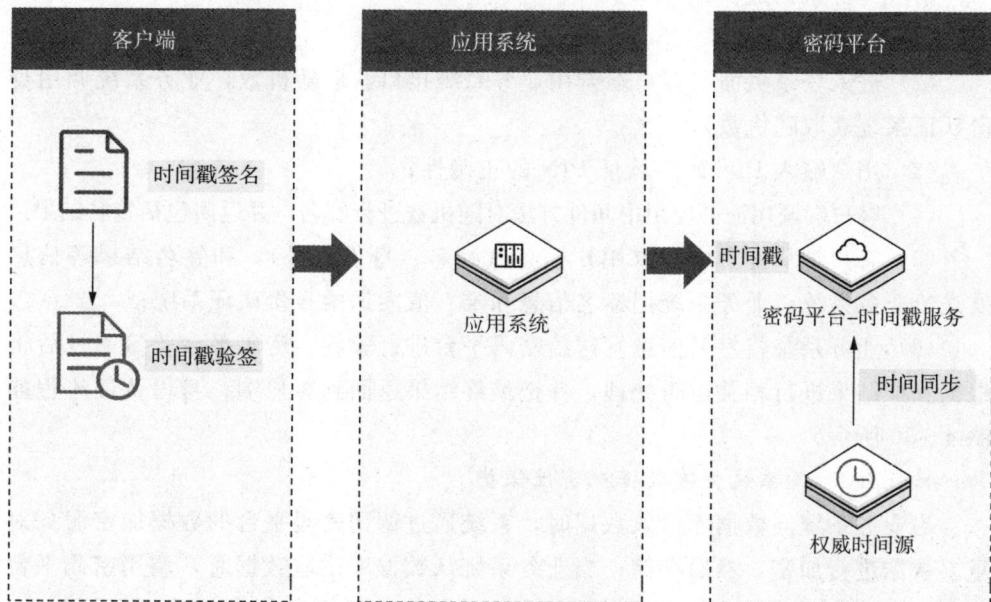

图 4 - 29　时间戳应用流程示意图

6）量子随机数生成服务

传统密码基于软件算法、热噪声等随机数产生器所产生的随机数实际上都基于确定性过程，都有可能被预测，而量子随机数发生器是基于量子物理原理产生真随机数的系统，具有不可预测性、不可重复性和无偏性等特征。

7）量子密钥分发服务

量子密钥分发服务提供量子密钥生成、存储和输出等功能，可以与管控层、应用层设备共同搭建量子保密通信网络，为用户提供量子网络接入和密钥共享服务。

8）量子加密通信服务

量子加密通信服务可用来实现经典信息的安全传输。量子隐形传态是传递量子信息的有效手段，可以作为分布式量子计算网络等应用中的主要信息交互方式。

9）量子密钥 USBkey 数字证书发放服务

量子密钥 USBkey 数字证书发放服务将量子密钥注入 USBkey 数字证书中，实现量子密钥数字证书的发放，进一步增强数字证书的安全性。

4.4.3 应用场景

4.4.3.1 某系统数字证书身份认证

用户身份认证过程：

（1）PC 端用户插入 USBKey 数字证书；

（2）进入登录页面（客户端调用业务系统接口获取随机数，业务系统调用身份认证系统获取随机数）；

（3）用户输入 PIN 码，验证 PIN 的正确性；

（4）客户端调用证书应用中间件方法对随机数进行签名，并返回包括签名结果；

（5）客户端从证书中获取用户信息（姓名、身份证号），和签名结果等信息发送给业务系统，业务系统把签名信息和唯一值发送给身份认证系统；

（6）业务系统将签名信息发送给密码平台进行验签，密码平台验签通过后将根据验证结果进行相关逻辑处理，并把最终结果返回到客户端。身份认证流程如图 4-30 所示。

4.4.3.2 某系统关键数据机密性保护

当业务系统向数据库写入数据时，系统通过调用密码平台的数据加密服务对重要数据进行加密，然后存储；当业务系统从数据库读取数据时，调用密码平台的数据解密服务对加密的数据进行解密。从而实现重要数据存储的机密性防护，防止数据泄漏造成的风险。数据存储加解密如图 4-31 所示。

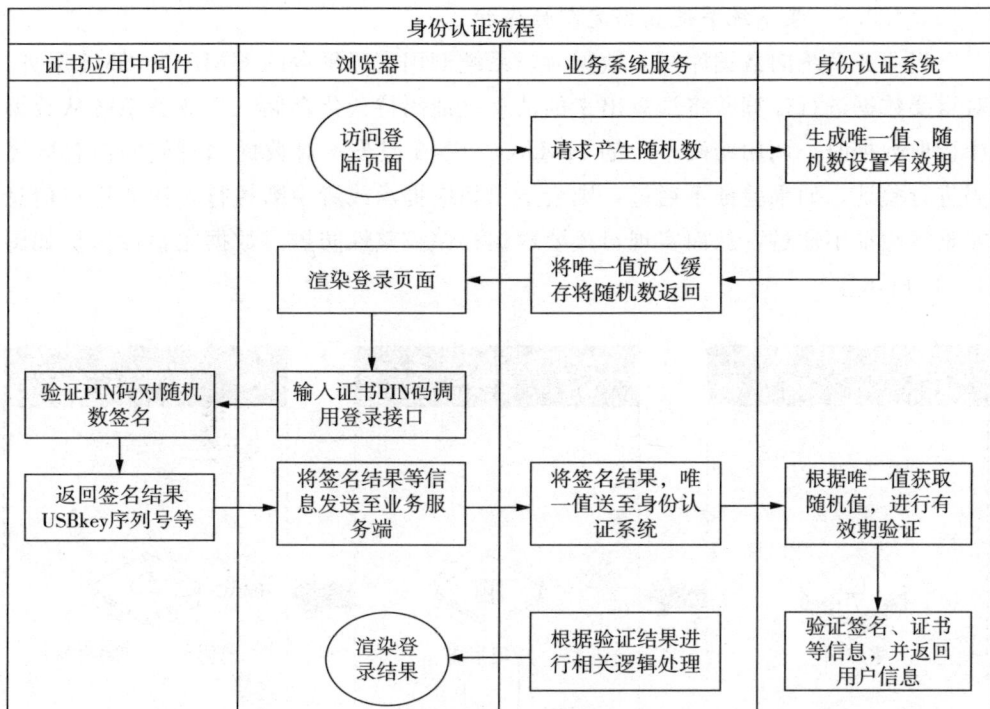

图 4-30　身份认证流程示意图

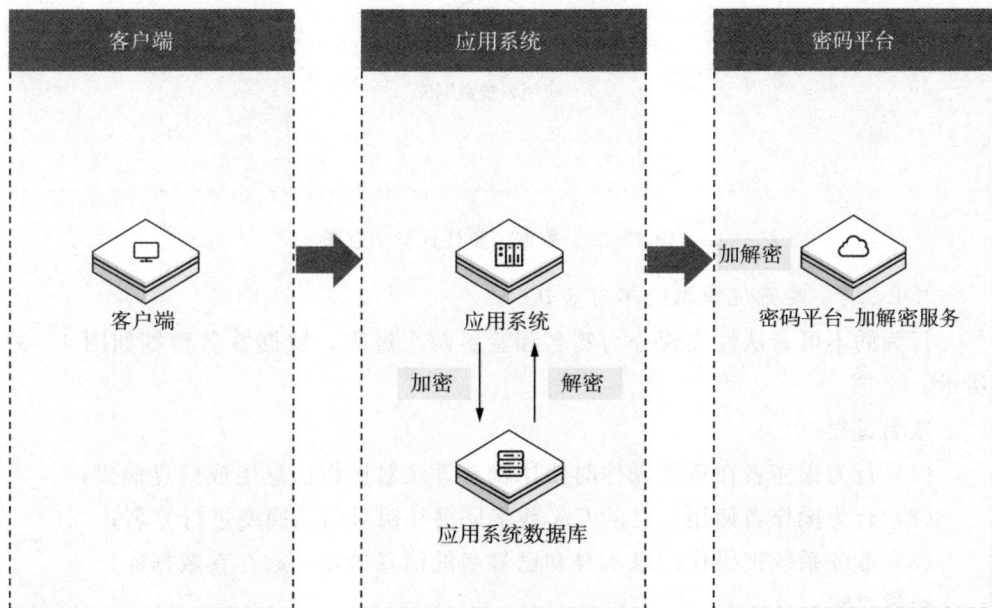

图 4-31　数据存储加解密示意图

4.4.3.3 某系统关键数据完整性保护

当业务系统向数据库写入数据时，系统调用密码平台的 HMAC-SM3 服务，对重要数据进行计算并将计算出来的消息验证码持久化存储；当业务系统从数据库读取数据时，调用密码平台的 HMAC-SM3 服务，对数据和对应的消息验证码进行验证，如果验证不通过，则会给出相应提示或者中断执行，比如用户信息完整性验证不通过，从而实现对重要数据存储完整性防护。数据完整性保护如图 4-32 所示。

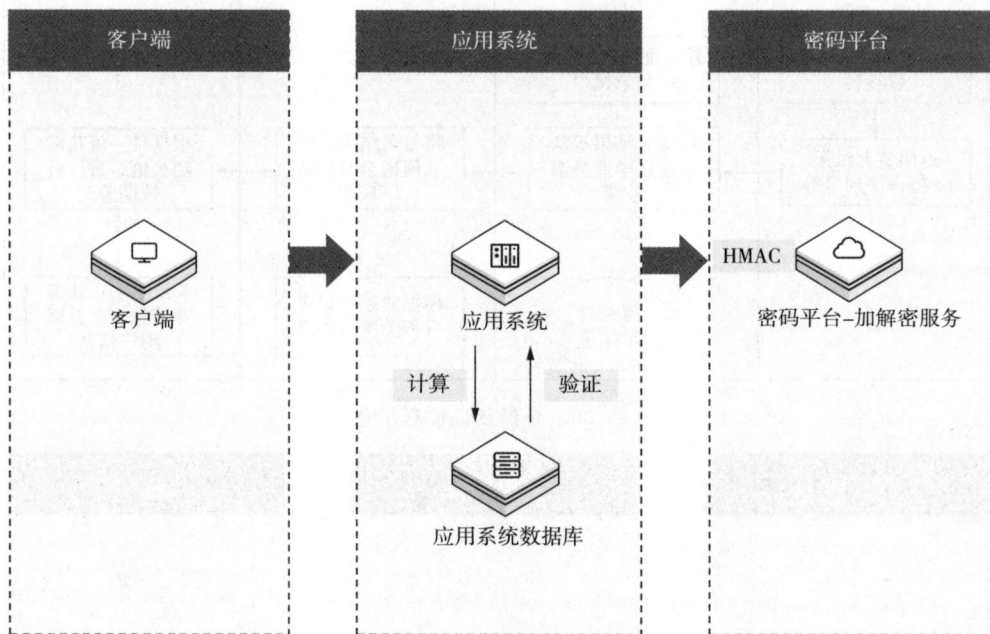

图 4-32　数据完整性保护示意图

4.4.3.4 某系统审批的不可否认

行为的不可否认性实现分为签名和验签两个过程。数据签名验签如图 4-33 所示。

签名过程：

（1）行为操作者在重要操作时使用摘要算法对操作信息生成信息摘要；

（2）行为操作者使用自己的 CA 数字证书私钥对信息摘要进行签名；

（3）业务系统把操作信息本身和已签名的信息摘要一起存在数据库。

验签过程：

（1）业务系统使用相同的摘要算法对操作信息本身生成新的信息摘要；

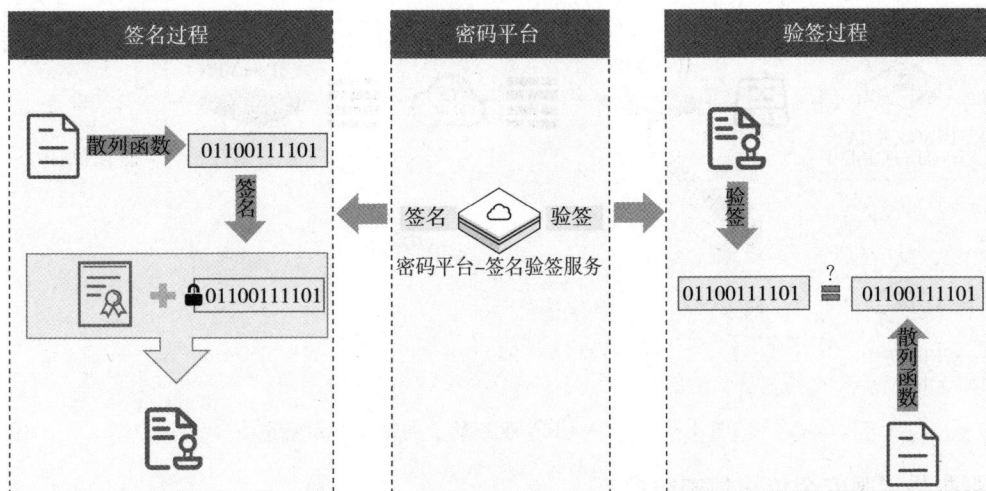

图 4-33　数据签名验签示意图

（2）业务系统使用行为操作者的公钥对已签名的信息摘要进行验签，获取信息发送者的信息摘要；

（3）信息接收者比较这两个信息摘要是否相同，如果相同则确认行为操作者的身份和信息没有被修改过；否则，则表示信息被修改过或不是该操作者操作的。

4.4.3.5　与国家政务外网 CA 系统量子通信加密

业务网络量子密钥安全增强传输系统构建国家信息中心 CA 节点与安徽省大数据中心 RA 节点间的安全传输通道。网络节点建立通信时，通过交互协议，通信对方基于数字证书签名服务进行双向身份鉴别。量子密钥安全增强 IPSec VPN 数据传输保护采用量子密钥与经典密码应用结合的加密技术，确保传输数据的机密性和完整性。

为提升国家信息中心、安徽省大数据中心 CA－RA 认证服务系统的业务网络安全性，在二个节点政务外网业务区的网络边界部署量子增强型 IPSec VPN 安全网关构建 IPSec VPN（虚拟专用网络）保证重要业务数据的网络安全传输、接入认证和网络边界防护。CA－RA 业务量子加密交互如图 4-34 所示。

RA 系统通过离线方式实现政务外网国家政务 CA 至安徽 RA 之间量子密钥分发服务。在国家政务 CA 机房、安徽省电子政务 RA 部署 IPsec VPN 网关，IPSec VPN 安全网关基于国家信息中心侧的量子密码管理及服务平台提供的量子密钥采用 IP 安全协议实现网络层信道加密和数据流向控制，为 CA－RA 业务数

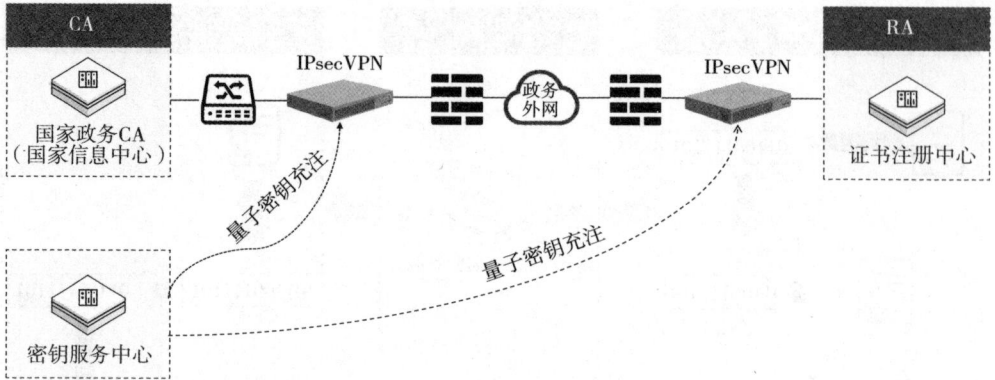

图 4-34 CA-RA 业务量子加密交互示意图

据提供增强安全传输加密防护。

4.4.3.6 某系统量子增强身份认证与加密传输

以安徽省政务办公系统身份认证为典型场景，基于量子密钥增强型 RA 系统和量子密钥技术，将数字证书、量子密钥与业务系统访问控制权限进行关联，实现外网 PC 终端登录业务系统的认证和强身份鉴别，并采用安全传输隧道完成终端与服务端之间的数据安全传输。量子增强身份认证与加密传输如图 4-35 所示。

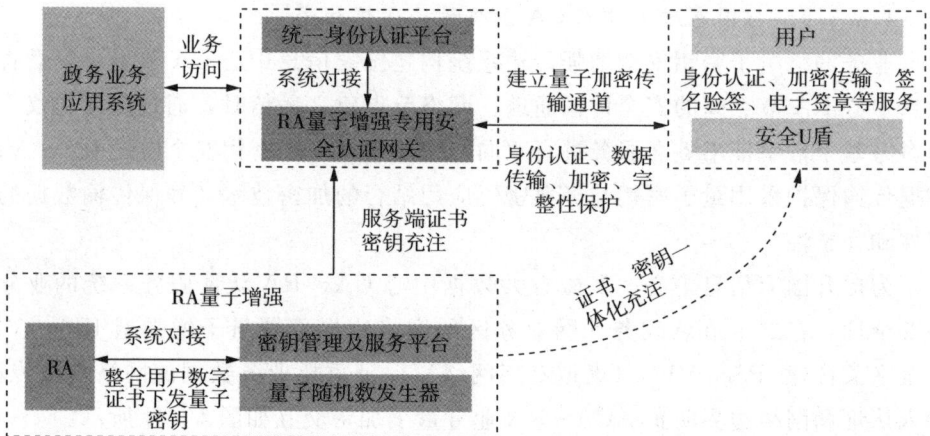

图 4-35 量子增强身份认证与加密传输示意图

政务外网、互联网区部署 RA 量子密钥专业安全认证网关，客户端软件安装在用户终端计算机上，同时插入安全 U 盾，可为政务办公系统用户提供终端安全接入和数据加密传输的量子安全增强服务。并兼容现有的 CA 体系签名验签、电子签章应用。

量子专用安全认证网关与量子增强 RA 对接，实现政务用户身份信任体系校验、证书有效性验证和量子密钥库验证；与统一身份认证平台对接，实现用户 PC 终端安全接入和数据传输加密，保障网络和通信层面通信实体身份鉴别和通信过程中数据传输的保密性和完整性。

安全认证网关通过主备方式部署 2 台在政务外网区、2 台在互联网区，客户端软件安装在用户终端计算机上，同时插入量子安全 U 盾，可为政务云统一 OA 系统和一体化在线服务平台等应用系统用户提供终端安全接入和数据加密传输的量子安全增强服务。

政务外网用户通过向量子增强型 RA 系统申请量子安全 U 盾，量子安全 U 盾制作完成后，用户 PC 终端可通过量子安全 U 盾同量子增强型安全认证网关进行基于数字证书和量子密钥的身份认证，认证后通过量子密钥建立安全的数据传输通道，保障终端数据在网络传输过程中的保密性、完整性。

安全 U 盾内置数字证书和量子密钥，通过与量子专用安全认证网关建立量子增强的数据传输加密通道，保障用户终端访问业务系统数据的保密性和完整性，应用流程设计如下：

（1）用户申请安全 U 盾；

（2）通过量子密钥增强 RA 完成安全 U 盾数字证书及量子密钥充注；

（3）安全 U 盾安装及下发；

（4）用户使用安全 U 盾同量子专用安全认证网关进行身份认证；

（5）用户认证通过后，用户终端同量子专用安全认证网关建立量子加密隧道；

（6）用户使用建设的量子加密隧道，进行业务访问和电子签名等业务。

量子加密认证的应用流程如图 4 - 36 所示。

4.4.3.7 量子安全视频会议

视频会议终端使用安全介质中预充的量子密钥进行身份认证加密，用完即弃。身份认证通过后从量子安全服务平台获取本次视频通信业务专属量子码流密钥，同样用完即弃。视频会议业务时基于平台的强大计算能力，身份认证密钥与码流密钥相互独立，且每个终端与视频会议平台分别独立协商，平台与每一个终端都使用不同的、实时产生的码流密钥进行码流加密。量子视频会议网络拓扑如图 4 - 37 所示。

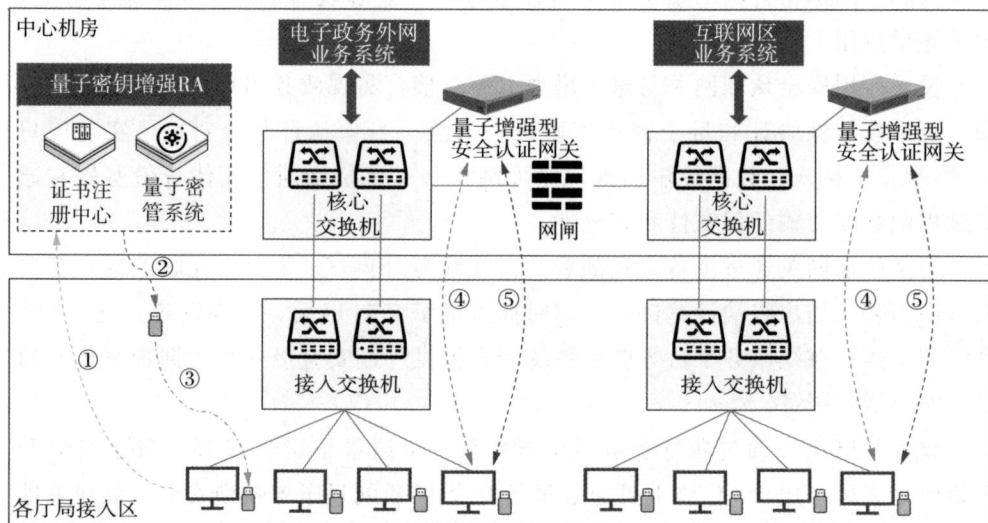

图 4-36　量子加密认证的应用流程示意图

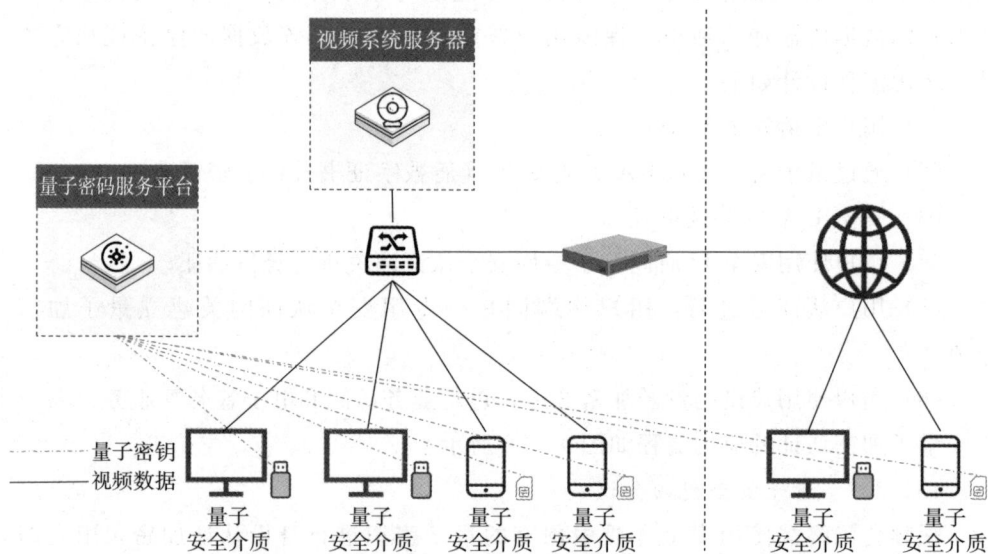

图 4-37　量子视频会议网络拓扑示意图

采用虚拟化技术，标准云架构，可集群化平滑扩容，可实现数十万终端接入、数万组会议同时召开安全可控的会议类型，支持量子密钥＋国密/普通加密会议。采用便捷丰富的平台管理，所有操作通过浏览器即可全部操作；人性化的终端产品和先进的技术，为用户提供极致的沟通体验；具备开放接口，与监控、指挥调度多系统融合，实现极其强大的融合能力，和广泛的扩展应用场景。

4.5　移动安全

4.5.1　综述

4.5.1.1　移动应用安全背景

移动互联网和智能终端的发展对政府各项业务发展带来了深远的影响，目前手机用户的使用量远远大于电脑终端用户的使用量。在政务业务向人民群众提供的服务的不同渠道形态中，移动端已经从一个补充性的渠道发展为主体渠道。移动端完全复制了其他业务渠道的功能，甚至由于移动端天生的便利性，很多业务移动端成为唯一渠道。移动应用已经不仅仅是一个技术问题，越来越多的政务服务会关注到移动应用的业务功能规划、安全性、用户体验、性能和推广。一体化平台旨在打通各个政府职能部门的业务数据，实现让人民群众最多跑一次的业务效率，在手机端的业务操作是必不可少，应用的业务重要性以及安全性需要得到充分的保障。移动应用发展的同时，针对移动应用的漏洞攻击、信息窃取等非法活动也呈现高发趋势，移动应用安全态势严峻。一方面，移动应用面临的漏洞安全风险越发严峻。另一方面，移动应用面临被植入恶意程序的安全风险进一步增大。

近年，全国各省按照相关政策法规要求，规范移动应用安全防护要求以及个人信息治理要求，第十二届全国人大常委会第二十四次会议表决并通过的《中华人民共和国网络安全法》中明确：国家关键信息基础设施、公共通信和信息服务、能源、交通、水利、金融、公共服务、电子政务等重要行业和领域，需要建立纵深安全防护体系：风险评估＋安全态势感知等多方面的安全防护。中央网信办、工信部、公安部、市场监管总局 4 部门联合发布《关于开展 App 违法违规收集使用个人信息专项治理的公告》，在全国范围组织开展 App 违法违规收集使用个人信息专项治理。国家互联网信息办公室、工业和信息化部、公安部、国家市场监督管理总局联合印发《App 违法违规收集使用个人信息行为认定方法》，明确了 App 关于个人信息收集使用时的六大类违规行为，并推进了对 App 违法违规收集使用个人信息治理工作的进展。国家标准化管理委员会发布的《信息安全技术网络安全等级保护基本要求》，这被很多人称为"等保2.0"。其中对于移动端主要包括四点防护内容：数据安全防护、移动应用安全防护、移动终端安全防护、移动互联安全管理。

4.5.1.2　目前面临的问题

移动应用的安全威胁主要来自移动应用软件漏洞、恶意移动应用（恶意代码）、移动应用后门以及仿冒移动应用等。一体化平台的建设过程中不可避免地会存在一些移动应用的信息安全问题。在移动应用安全方面所遭受的安全风险主要有以下几个方面：一是黑产和灰产（即黑色产业和灰色产业），包含窃取居民个人信息、广告植入、大数据黑产等，呈现产业化、分工化、规模化、流程化等特点。政府面对这类威胁时，传统单点安全防范手段将会失效。二是黑客攻击导致的信息泄露，主要是指黑客通过逆向工程向应用包植入恶意代码，当公民填写个人应用账号信息、个人身份信息以及其他政务材料上报时被恶意代码截获后传送到黑客指定后台导致数据泄露，公民可能因此带来其他的直接或间接的经济损失。三是移动App违规行为导致信息泄露，如通过隐私信息非法、超限采集，第三方SDK违规获取用户的敏感信息。四是脆弱客户端被利用导致安全风险，移动端出现病毒、木马、漏洞、盗版应用等威胁，会产生篡改内容进行盗版仿冒、二次打包插入广告进行信息推送、二次打包植入病毒木马和仿冒钓鱼窃取账户、通过脆弱的移动端入侵系统服务端等安全风险问题。

所以，一体化平台在移动安全的建设同样是必不可少的重要一环。

4.5.1.3　移动应用安全需求

1）移动应用安全检测需求

随着智能终端的不断普及，Android和iOS系统作为目前市场最主流的移动操作系统，其应用种类、应用数量都在不断地增长。Android作为一个开放系统，应用程序的各种安全问题层出不穷，例如安装包逆向反编译，恶意代码注入，应用盗版，界面劫持，短信劫持，输入监听等。虽然iOS作为一个封闭系统以安全著称，但其中已经暴露出多种应用安全漏洞。由于iOS设备已经成为个人信息终端和主流的移动支付工具，其安全问题不容忽视，例XcodeGhost漏洞、iBackDoor、弱加密、输入键盘劫持等。移动应用的这些安全问题不仅会泄漏用户的个人信息，甚至会造成应用的知识产权盗用，使得名誉和经济受损。

虽然获知当前应用市场的安全现状，但鉴于移动应用安全领域的专业性，开发者和用户无法全面了解应用的安全风险和漏洞，难以对应用安全作出深入的评估和分析，更加缺乏专业的知识对其中的安全问题进行逐一解决，而专业的移动应用安全工程师人才稀缺并且成本较高，无法满足大量应用的安全性评估需求。并且，本质上，应用的安全问题主要来源于源代码的安全状况，源代码的安全隐患隐藏在大量的源代码内容中间，难以发现和识别。

2）移动应用隐私合规检测需求

2021 年一季度，公安部加大公民个人信息保护力度，依法查处违法违规收集公民个人信息 App 服务单位 386 个，涉及信息咨询、辅助学习、文学小说、新闻资讯、娱乐播报等多个类型。其中，97 个 App 被予以行政处罚，192 个 App 被依法责令改正违法行为，51 个 App 被下架、停运。关于"猎豹清理大师" App 违法收集公民个人信息等十大案例。

2021 年第 5 批（总第 14 批）公开通报 App，经第三方检测机构核查复检，截至目前尚有 18 款 App 未按照要求完成整改。上海、安徽、广东、四川省（市）通信管理局检查发现共有 30 款 App 仍未完成整改。依据《中华人民共和国网络安全法》《电信和互联网用户个人信息保护规定》《移动智能终端应用软件预置和分发管理暂行规定》等法律和规范性文件要求，工业和信息化部组织对上述 48 款 App 进行下架。相关应用商店应在本通报发布后，立即组织对名单中应用软件进行下架处理。

为了保障个人信息安全，维护公民在网络空间的合法权益，App 提供者应当参考《信息安全技术　个人信息安全规范》《App 违法违规收集使用个人信息行为认定方法》《关于开展纵深推进 App 侵害用户权益专项整治行动的通知》等标准、政策文件，对 App 进行整体合规评估，满足监管要求，避免被国家监管单位通报下架。

3）客户端安全防护需求

无加固应用在互联网中如同没有任何防护的主机一样是"裸奔"的状态。无防护或者防护比较低的应用主要在互联网中会受到应用被二次打包插入隐藏代码窃取用户信息或发布恶意广告、通过逆向工程获取服务端后端接口对业务数据进行渗透或窃取、获取应用本地账户数据或个人数据导致数据泄漏等安全问题。需要通过 Android 的应用加固技术保护应用在零信任环境下的应用安全。

目前市面上大多对源码进行保护的产品都是 java 代码进行混淆加固处理，针对 iOS 应用开发使用的代码较缺乏有效的防护手段，从应用自身的安全角度讲，苹果的 App 自身并没有比 android 更安全的防范措施，并且不能通过常规的二次加固保护应用不被反编译和篡改，应用代码编写过程中出现的安全漏洞、编码隐患，甚至业务逻辑上的缺陷很容易被分析暴露。由于苹果公司对 iOS 应用的审核，上架机制较为严苛，无法对编译 iOS 应用采取整体安全保护方案，因此针对 iOS 应用的防护措施只能从源代码层级着手，在编译打包前通过源码混淆加固等技术手段，增加代码阅读的困难性，进行更深层次的防护。

4）应用运营安全需求

安全运营也是应用在后期运营过程中必不可少的一个部分，其中应用在互联网的用户手机中运行的安全情况使用情况需要有一个收集了解的工作，同时应用发布在应用市场后也需要对应用市场的下载情况、是否有恶意仿冒、升级不及时等情况及时关注，需要对分发渠道进行安全监测

针对移动应用运行过程中各类安全事件、安全威胁、环境安全风险进行事前监测，能够感知客户端正在发生的攻击行为。能够持续检测客户端是否被破解，是否存在恶意应用或恶意进程等攻击行为。

感知到客户端发生安全威胁后，需要对事中安全控制，能够根据提前制定的安全策略进行客户端安全防护，能够在客户端切断当前的攻击行为，能够在服务端进行安全威胁的告警。能够将安全情报通过后端 API 接口与既有的业务系统或风控系统对接。

在事后能够提供全面的情报检索能力，能够精确定位某设备在具体的某时间段的状态，是否存在安全事件、安全威胁、安全风险，是否发生过运行时的崩溃及崩溃当时的运行状态，能够精确定位设备当前状态的应用安装列表等设备硬件、系统、应用、行为信息。

4.5.2 移动安全建设

4.5.2.1 建设原则

全面落实总体国家安全观，依据安徽省委省政府的指导思想，围绕《数字安徽建设总体方案》建立统一数字安全体系。

1）合规与安全可控原则

以《中华人民共和国网络安全法》《中华人民共和国个人信息保护法》《中华人民共和国数据安全法》为基石，结合网络安全等级保护制度要求，树牢网络安全底线思维，统筹发展和安全，增强移动政务服务一体化安全防护能力，加强对重要政务数据、敏感个人信息等的保护，确保政务移动网络和数据信息

安全。

2）常态化原则

移动应用在安徽数字政府中的重要组成部分，移动安全建设的常态化是保障移动应用安全的重要手段。移动安全建设需要长期持续地进行，不仅要把握好技术更新，还要关注攻防对抗的变化和趋势。

3）体系化原则

建立完善的安全管理体系是保障移动应用安全的基础，包括安全策略、安全流程、安全标准、安全培训等。特别是在移动应用整个生命周期过程中，通过规范的开发流程、安全测试流程、安全运营流程、应急处置流程，结合安全审查和安全培训等环节，以保障应用的安全性。

4）实战化原则

针对移动应用可能遭受的各种攻击方式，需要制定相应的实战化应对方案。建立应急响应机制，制定恢复计划，加强安全事件的溯源和分析，提高反应速度和处理能力。

4.5.2.2 建设思路

移动应用的产品从设计开发开始到业务下线结束，不再使用，这是一个完整的生命周期，在这个生命周期里，应用可主要分为四大生命阶段：

第一个阶段就是开发测试阶段，移动政务应用软件在快速开发和推广的同时，不可避免地引入了大量新的安全问题，如用户敏感信息泄漏以及交易被攻击等。为了提高业务系统和政务数据安全性，保证移动平台业务系统的安全、快速发展，必须在需求分析和设计阶段就考虑其安全需求：开发者编写的代码是否符合编码规范；应用中业务功能交互是否存有逻辑安全缺陷；在进行业务操作时，业务关键核心是否有安全风险（输入安全、信息传输安全、密钥安全等）；个人用户隐私采集是否与业务相关，是否涉及超范围采集用户信息，是否集成了第三方SDK采集了用户的信息。

第二个阶段就是产品的发布阶段，移动应用因为系统或者应用本身原因，容易遭受逆向工程破解、二次打包、动态注入、动态劫持等攻击，而这些威胁的来源也多种多样，包括黑客攻击、病毒木马攻击等。这些攻击威胁利用的是移动应用和系统的一些根本性安全技术缺陷，尽管软件在开发阶段没有任何问题，也难以防止攻击的发生。针对以上问题，在应用发布时就需要对应用自身抵御外来风险的能力做加强。

第三阶段就是产品的运维阶段，应用在发布后，可能面对模拟器环境、逆向破解、新型木马病毒攻击、hook、调试攻击及针对移动应用的破解。运维阶段的风险监控需要在尽量短的时间内发现这些攻击威胁，快速做出应急响应。

第四阶段就是产品的运营阶段，例如个人业务办理，除了进行简单的业务交互以外，其实还包含着巨大的分析价值，比如：移动应用的下载量、日活量，不同渠道的下载情况，是否具有盗版仿冒，或者钓鱼应用等，针对这些数据如何有效使用将成为运营阶段重点考虑的问题。

既然一个移动应用的全生命周期分为四个部分，那么构建应用的安全体系，一定在这四个部分构建不同的安全防护措施。基于多年移动安全构建的经验，总结出一套移动政务安全体系建设方法论，该方法论将基于以上四大安全基线进行阐述。

4.5.2.3　建设目标

为了推进网络强国建设，打造安徽省一体化数据安全保障体系，全面落实《国务院关于加强数字政府建设的指导意见》（以下简称《指导意见》）、《全国一体化政务服务平台移动端建设指南》等文件要求，实现移动应用上线前的安全合规检测评估及上线后安全风险的监测响应；构建移动安全防护纵深防御能力，防止移动应用的恶意攻击行为；提高对移动应用运行时的安全监测与监控的能力，建设多维度的移动应用安全防护手段和全面的移动安全防控体系。

1）实现对移动应用安全的自动化检测

通过深度静态检测技术、动态检测技术、源代码扫描等能力，全面评估应用的安全问题，准确定位问题根源，呈现详细的安全问题详情，并提供代码修复示例。建设成易用、高效、自动化的检测系统，涵盖 Android 应用、iOS 应用两大主流系统。

2）实现对移动应用个人隐私违规行为的检测

对移动应用在发布前通过安全沙箱、静态检测、动态分析、智能分析拟合等多重分析技术对移动应用进行权限、行为、隐私、集成的第三方 SDK 等多维度的合规性检测评估，快速检测移动应用的合规情况，并生成检测数据报告，以满足对国家相关法律法规对个信息保护的要求。

基于电子政务应用个人信息长效合规建设需求、建设思路与目标，结合合规评估人员的成功实践经验，保障电子政务应用个人信息长效合规及顺利上架发布，个人信息隐私合规评估，通过"自动化检测工具＋人工验证"的模式，来满足电子政务应用快速迭代情况下的合规检测效率问题。

3）实现对移动应用安全的全面防护

在不改变移动应用客户端代码的情况下，针对 Android/iOS 应用各种安全缺陷的保护技术集成到应用客户端内，有效防止针对移动应用的反编译、二次打包、内存注入、动态调试、数据窃取、交易劫持、应用钓鱼等恶意攻击行为，全面保护应用软件安全。

4）实现对移动应用安全监管和监测

应用上线后，从动态攻击的技术源头进行感知分析，快速建立事前、事中、事后的安全控制体系和应用运行监测体系。掌握移动应用发布后的运行分布情况、安全态势状况，自动化地给出基于系统、应用、时间、地域等维度的情报统计展现，自动化地生成安全威胁态势报告，基于管理者相应的风险决策支撑，实时展现全局安全态势，实时监测各种安全攻击行为和潜在安全风险。

5）实现对移动应用实战化渗透测试

渗透测试是完全模拟黑客可能使用的攻击技术和漏洞发现技术，对目标系统的安全做深入的探测，发现系统最脆弱的环节，防御信息系统的纵深。渗透测试能够直观地让管理人员知道自己网络所面临的安全问题。

通过渗透性测试，发现逻辑性更强、更深层次的漏洞，并直观反映漏洞的潜在危害，了解网络防御系统的安全强度，为应用正常运行而提供的一种有效安全机制，提供网络安全状况方面的具体证据。

6）实现对移动应用盗版仿冒常态化监测

应用发布在应用市场后也需要对应用市场的下载情况、是否有恶意仿冒、升级不及时等情况进行常态化的监测。实时掌握应用在各渠道上的新版本上线情况、历史版本留存情况、钓鱼及盗版情况，包括 App 在所有渠道上的发布时间、发布人、版本、下载量、正版盗版鉴别、盗版内容描述、下载来源等内容，及时规避各类潜在风险。

4.5.2.4　建设内容

1）总体框架

随着电子政务公共服务平台类的大平台建设，服务前台的交互功能进一步提升，服务后台也逐步实现了各个部门的业务整合，电子政务的交互性、复杂性进一步增强。因此，安徽省一体化数据基础平台移动安全体系将加强对公众个人信息的保护和加强对实现互联互通的政府部门业务安全保护作为核心安全防护重点，移动安全体系总体框架主要由安全运营中心、安全管理体系、安全技术体系、安全服务体系、安全合规底座五部分构成。

移动安全体系总体框架将《中华人民共和国网络安全法》《中华人民共和国数据安全法》《中华人民共和国个人信息保护法》、等级保护2.0、电子政务相关安全标准作为整个体系框架的基础底座，旨在建立作为重要系统的安全组织领导、安全管理规范、人员管理、系统运维等制度，加强移动应用全生命周期安全管理和技术防护手段，强化对涉及国家秘密、工作秘密、商业秘密、个人隐私和个人信息等数据的保护力度，建立健全网络安全、监测预警和通信安全机制的重要标准依据。

安全管理体系从安全组织、安全制度、人员管理、系统运维这几个方面支撑和推动数字政府基础设施建设，具体表现为出台数字政府顶层政策及规划，明确建设目标；成立专门的责任机构，负责统筹数字政府建设与管理；制定具体实施措施与指南，在人员机制、流程规范、运维体系方面所具备的完善的管理机制与系统保障，实现对数字政府建设和运行阶段的全生命周期管理，提升技术应用服务能力，有效保障数字政府持续、稳定、高效运行。

移动安全体系框架如图4-38所示，主要由应用安全、数据安全、通信安全、密码安全、安全资源池和接入安全构成。

通过完善数字政府移动端建设和接入标准，对技术架构、接入组件、界面交互等进行规范，进一步明确访问入口和服务应用接入等要求，提升全省各地区和国务院有关部门政务服务平台移动端建设标准化、规范化水平。

实现数字政府移动端全生命周期质量管理，制定和完善全国一体化平台移动端 App 安全能力，对应用开发、应用上线、应用运行、第三方程序接入等进行规范，切实保障功能完备、运行稳定、体验良好。

强化数字政府移动端安全运营监测能力，进一步落实全省各地区和数字政府移动端数据和网络安全防护、日常监测、风险预警、应急处置能力。

安全服务体系包含风险评估、安全培训、安全咨询、安全演练、安全值守这几个部分。按照国家政务服务平台网络数字安全体系建设要求，建立完善安徽数字政府应用运营安全管理。完成安徽政务服务系统的网络安全等级保护和密码应用评测工作，建立多部门协调联动工作机制，制定完善应急预案，并组织实战化的演练，定期开展风险评估和渗透测试，针对相关运维人员、系统管理人员、系统开发人员，开展有针对性的安全培训。

电子政务移动应用运行安全是一项长期持续的工作，需要对已建立的数字安全体系进行持续运营，才能保证各项安全措施持续有效，保障政务系统的安全可靠运行。建立覆盖应用系统全生命周期的电子政务移动应用安全运营体系是符合

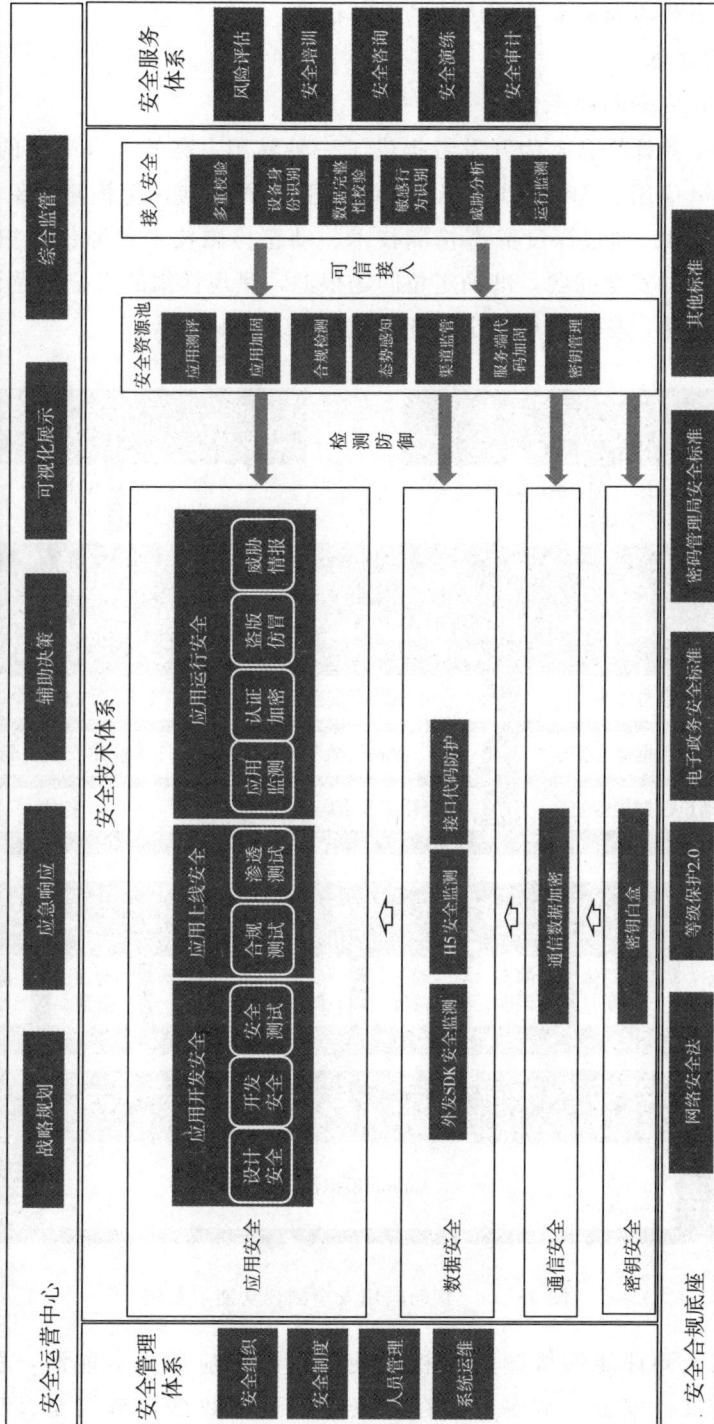

图4-38　移动安全体系框架示意图

政务业务、有效应对政务安全风险的必要措施。

2）建设功能

（1）应用安全测评平台

应用安全测评平台，为开发者提供了一种易用、高效、自动化的测评方式，覆盖 Android 应用、Android SDK、iOS 应用和 Web 应用等检测对象，具有超过 100 个检测项目。通过深度静态检测技术、动态检测技术和源代码扫描等能力，全面评估应用的安全问题，准确定位问题根源，呈现详细的安全问题详情，并提供代码修复示例。移动应用安全测评功能如图 4-39 所示。

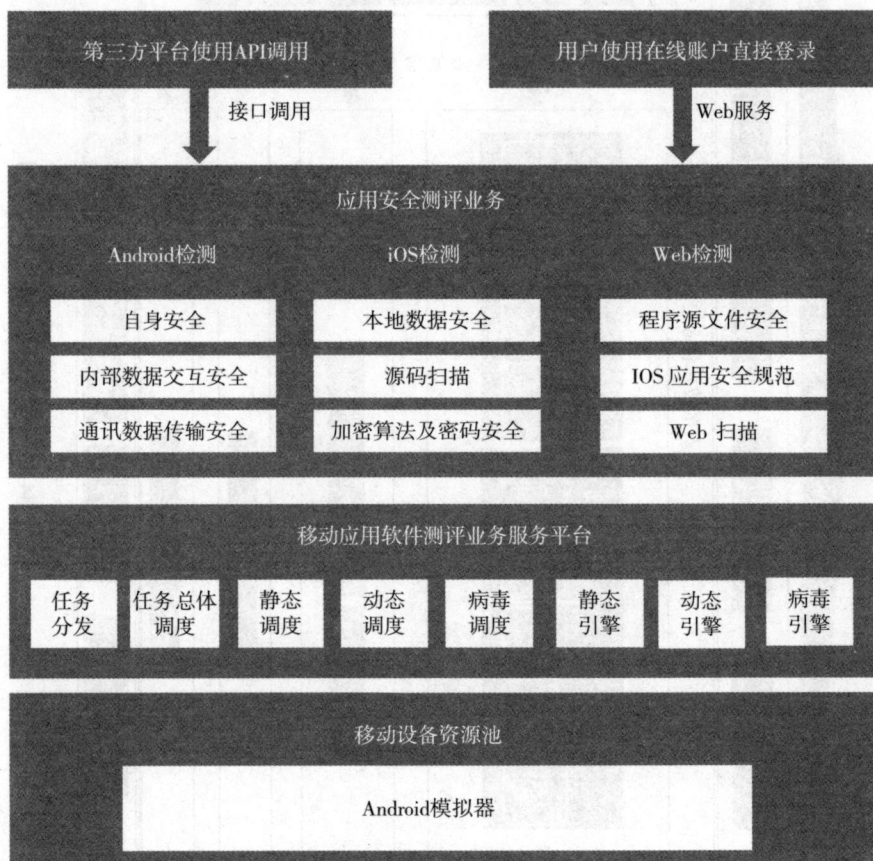

图 4-39　移动应用安全测评功能示意图

应用安全测评能够检测应用权限使用情况和应用安全漏洞，覆盖自身安全、程序源文件安全、本地数据存储安全、通信数据传输安全、身份认证安全、内部数据交互安全、HTML5 安全、恶意攻击防范能力等类别的检测内容，共涵盖 82 个测评项目。通过深度静态检测、动态检测、源码扫描等技术全面发现 Android 应用的安全问题，协助修复漏洞，提高应用安全性。同时可对 Android SDK 实现自动化识别和安全检测，检测范围涵盖自身安全、本地数据存储安全、内部数据交互安全和恶意攻击防范能力等方面，具有超过 40 项的检测点。测评检测分别从自身安全、二进制代码保护、客户端数据存储安全、数据传输安全、加密算法及密码安全、程序源文件安全、iOS 应用安全规范，共涵盖 40 多个测评项目。

在微信公众号小程序方面，从 5 个检测类别，分别是自身安全、通信传输安全检测、数据泄漏风险检测、组件漏洞检测、HTTP 不安全配置检测，近 30 个检测项进行综合检测。

通过移动应用测评的检测，能够全面发现应用安全问题，准确定位问题根源，有效地发现应用中的主流安全问题，准确定位问题来源，并对应用中的安全问题进行监控预警和有效规避，提供修复方案具体示例。在测评结果中，包含了代码级的修复示例或修复建议为开发者提供了代码修复参考，可自主快速地完成漏洞安全修复。

（2）移动应用合规平台

移动应用合规平台从静态和动态层面对移动应用程序进行深度分析，平台包含合规检测、行为检测、成分检测、安全漏洞检测、权限检测等核心检测功能。依据国家行业标准指南、监管政策规范等，通过自动化检测加人工辅助二次审核的形式，贴合用户业务场景进行深度检测，发现市场中移动应用存在的安全合规问题，并可提供相应的证据截图信息、整改建议，供开发者进行整改。移动应用合规平台帮助监管测评机构进行 App 监管合规检查，帮助政府对自身应用进行自查自纠，从根本上促进 App 合规生态治理，有效提升个人信息保护力度，保障用户权益，保证移动互联网在给人民群众生活工作带来便利的同时，也为人民群众提供一个更安全、合规的网络信息环境。

依据工信部、四部委等监管单位发文要求，通过自动化＋人工辅助的检测形式，对移动应用程序进行全方位检测，充分发挥平台优势，用户亦可依托专业的技术服务人员，输出全面详尽的合规检测报告，提供整改建议，满足合规监管检测、企业自查自纠等检测场景，为 App 常态化治理工作提供坚实的保障。

移动应用合规功能如图 4 - 40 所示。平台集任务管理、样本管理、系统管

移动应用合规平台

任务新建　应用上传　任务统计查询　任务终止

任务删除　任务详情查询　任务报告下载

平台对外服务接口

↑ API

↑ API

↑ API

Web展示

升级管理　配置管理　样本管理　知识库管理　统计大屏

日志管理　真机管理　用户管理　任务管理

⇧ 任务统计、检测详情、系统管理

平台核心检测引擎

安全检测

程序源文件安全　本地数据存储安全　内部数据交互安全　通信数据传输安全　恶意攻击防范能力

成分检测

基础信息　权限信息　热更新框架　通信行为　存储行为

行为检测

启动行为检测　隐私行为检测　明文传输检测　明文存储检测

权限检测

声明权限　使用权限　代码片段

合规检测

全自动　自动+人工　纯人工

自动化检测　**人工深度检测**

深度定制沙箱

⇧ 被测应用上传、检测模板制定

支持应用平台

Android　iOS

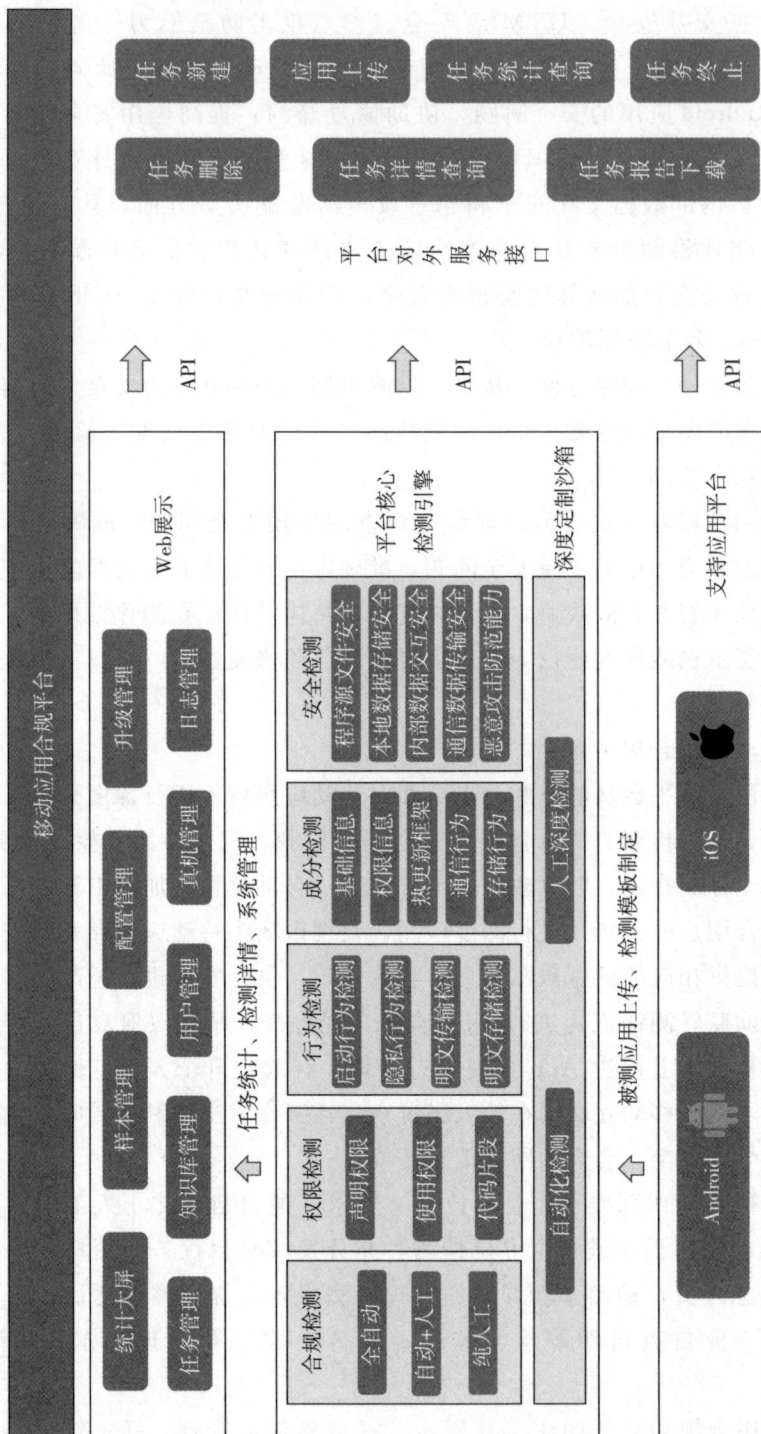

图4-40　移动应用合规功能示意图

理、真机管理、配置管理等功能于一身，可检测 Android、iOS 平台应用，通过合规检测、权限检测、行为检测、成分检测、安全检测五大核心检测能力，对应用进行全面检测，并支持 API 接口，方便外部平台进行调用，快速获取检测结果数据。

移动应用合规平台的软件设计架构，基于业务功能与平台功能分离原则。在业务处理方面打破了行业中通常使用的"客户端收集数据，服务端处理数据"的惯例，将独立数据处理的过程分散至各检测终端，达到检测终端进行数据收集及处理，服务端仅需整合数据的效果。通过此模式的运用有效降低了合规平台服务端的 CPU、磁盘 IO、网络负载，同时增加了检测终端的容量上限。检测终端处理对被测移动应用程序的行为检测、合规检测任务，并进行脱壳以及相应的检测报告数据生成、处理和上报等任务。平台的合规检测引擎，具备 164 号文、191号文等合规检测规范，可依据检测规范进行自动化＋人工辅助检测，输出检测结果，提供截图堆栈等证据信息，技术人员可进行审核确认，给出建设性整改建议，最终输出完整的合规检测报告，满足合规监管、企业自查自纠等应用检测场景。平台参考的标准规范包括：

➢《中华人民共和国网络安全法》

➢《中华人民共和国个人信息保护法》

➢ GB/T 35273—2020《信息安全技术　个人信息安全规范》

➢ GB/T 39335—2020《信息安全技术　个人信息安全影响评估指南》

➢ JR/T 0171—2020《个人金融信息保护技术规范》

➢ JR/T 0092—2019《移动金融客户端应用软件安全管理规范》

➢ T/TAF 077《App 收集使用个人信息最小必要评估规范》

➢ T/TAF 078《App 用户权益保护测评规范》

➢《信息安全技术　移动互联网应用程序（App）收集个人信息基本规范》（征求意见稿）

➢《移动互联网应用程序（App）收集使用个人信息自评估指南》

➢《移动互联网应用程序（App）系统权限申请使用指南》

➢《App 违法违规收集使用个人信息行为认定方法》国信办秘字〔2019〕191 号

➢《工业和信息化部关于开展纵深推进 APP 侵害用户权益专项整治行动的通知》工信部信管函〔2020〕164 号

平台内置合规检查清单，将监管要求细分为有限的可选项，极大降低审核技术门槛。自动化合规检测程序准确捕获被测应用不同的控件所触发的个人信息采集行为，捕获系统敏感接口、通信接口等上下文数据，捕获隐私政策文本，并根据预设的合规检测策略，进行结果判定及数据上报。

移动应用合规平台检测对应用进行自动化脱壳及反编译，识别 App 声明的权限，通过知识库查询得出权限名称、权限含义、权限类型、保护级别、是否为敏感权限、是否为该 App 服务类型的不建议申请权限、是否为该 App 服务类型的最小必要权限等信息。

"不建议申请权限"依据：《网络安全标准实践指南—移动互联网应用程序（App）系统权限申请使用指引》附录 D；"最小必要权限"依据：《信息安全技术　移动互联网应用程序（App）收集个人信息基本规范》附录 B。

移动应用合规平台借助深度定制的检测沙箱识别应用的行为，对应用进行启动行为检测、隐私行为检测，并可识别常见个人信息的明文传输、存储行为，识别检测传输、存储行为的安全性。可以帮助检测人员完成基于 164 号文、191 号文等标准的在线检查工作。通过成分分析技术，列出 App 中集成的商业 SDK 以及开源 SDK，提供 SDK 名称、开发者、类别、描述、来源、包名等信息。合规平台在应用检测过程中，平台对 App 进行自动化脱壳、反编译，获取包结构与函数调用关系，并将包名、函数调用特征与 SDK 库进行匹配，从而识别 App 中集成的 SDK，对做过代码混淆、包名修改 SDK 依然具有良好的识别能力。SDK 库中 SDK 数量超 6100＋，来保证对 SDK 的全面覆盖、精准识别。SDK 内部分类 36 种，生成结果时进行映射，最终呈现至前端页面中。SDK 分类参考《移动互联网应用程序（App）使用软件开发工具包（SDK）安全指引》。

（3）Android 应用加固系统

Android App 的加固技术，也称 App Wrapper 或者 App Packer，可以在不改变 App 客户端源代码的情况下，通过代码混淆、代码校验、代码加密、文件加壳、代码虚拟化等针对 App 各种安全缺陷的保护手段集成到 Android App 的 APK/AAB 文件中，有效防御 App 反编译、二次打包、内存注入、动态调试、数据窃取、交易劫持、应用钓鱼等攻击行为。Android 加固功能如图 4 - 41 所示。

通常，Android App 的加固技术主要由静态防护技术和动态防护技术组成，静态防护技术主要提供 dex 文件加固、资源文件加固、so 文件加固等静态加固技术，动态防护技术主要提供防调试加固、防 hook 加固、防日志输出加固、运行环境风险检测与阻断等动态加固技术。

安全合规检测	防破解	防篡改及二次打包	防调试	适用场景

加固对象	Android Apk	Android aab -	Android SubApk	
使用形式	Web	桌面客户端	API	CI/CD自动化集成	服务能力
部署形式	物理机部署　虚拟机部署　私有云部署　公有云部署　信创（UOS）			

DEX加壳	类动态保护	方法动态保护	Java2C	VMP	
M-VMP	N-VMP	U-VMP	字符串加密	花指令	
So加壳	SO防盗用	符号表加密	数据段加密	代码段加密	
动态清除	防IDA分析	SO整体加密	防Hook	防调试	核心能力
防加速	防注入	数据透明加密	设备绑定	签名校验	
完整性保护	子APP加固	SDK加固	SO加固	混合APP加固	

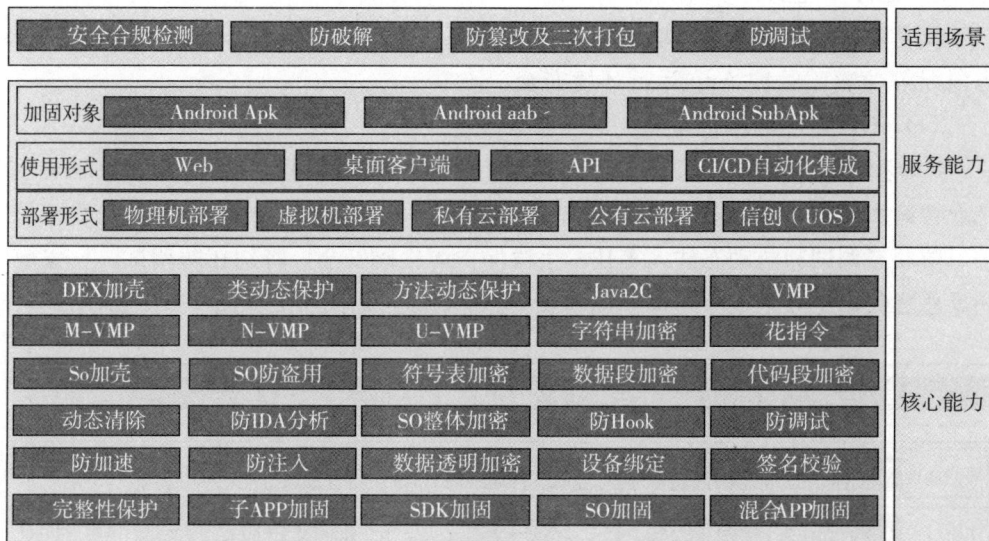

图 4 - 41　Android 加固功能示意图

App 加固技术是针对 Android App 的 APK/AAB 文件进行的加固防护，是在不知道 App 源代码的情况下完成的，主要基于软件生命周期理论的“事后”阶段展开防护，开发者需要开发完成 App 后对打包的 APK 程序文件进行加固防护，以避免发布后被恶意攻击和破解。

通过建设 Android 加固技术可达成如下效果：

① 代码防逆向

对 DEX、SO 文件进行高级加密、加壳、虚拟化保护，防止通过 IDA 等工具逆向破解分析。

② 防二次打包

对 Android 应用提供全文件完整性校验、开发者签名校验保护，防止针对应用的篡改和二次打包。

③ 内存防调试

动态加解密、多进程守护等多重反调试技术，防止内存调试、注入、dump。

④ 数据防泄漏

数据文件透明加密、设备绑定，防止数据篡改、复用、盗用。

⑤ 防钓鱼劫持

通过安全键盘、防界面截屏/录屏、防界面劫持等扩展保护技术，防止钓鱼欺诈攻击，保护输入数据安全。

⑥ 运行环境保护

支持 Root 越狱检测、模拟器检测、防双开/多开、防界面截屏/录屏、防日志泄漏等功能，保护 App 运行环境安全。

（4）iOS 源代码保护系统

iOS 源代码保护方式是通过源到源混淆进行实现，源到源混淆是国际顶级安全企业普遍采用的混淆方案，通过控制流混淆、字符串加密、符号混淆、完整性保护、防动态调试和防动态注入等技术手段保护源代码安全，特别在防调试、反盗版和反恶意代码上效果显著，保护源码安全。iOS 源码加固功能如图 4-42 所示。

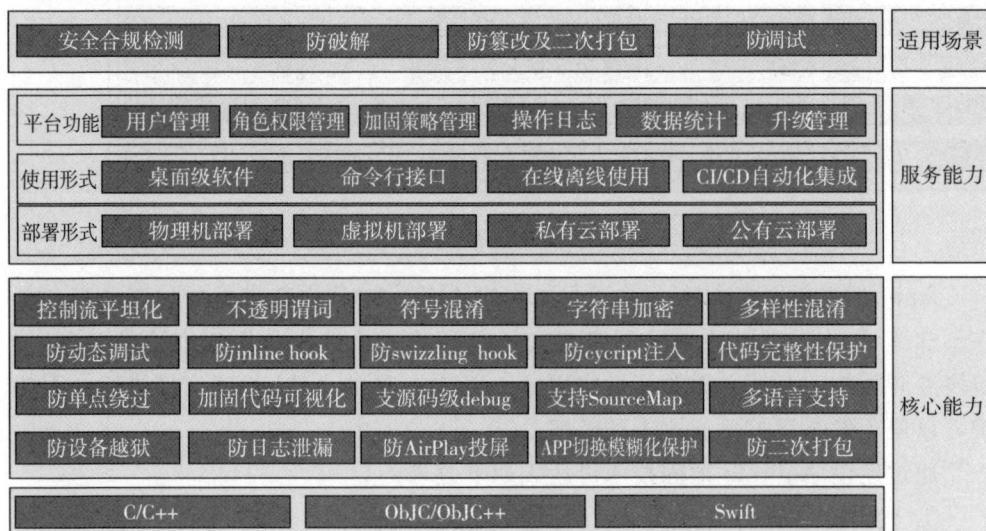

安全合规检测	防破解	防篡改及二次打包	防调试	适用场景
平台功能 用户管理　角色权限管理　加固策略管理　操作日志　数据统计　升级管理				
使用形式 桌面级软件　命令行接口　在线离线使用　CI/CD自动化集成				服务能力
部署形式 物理机部署　虚拟机部署　私有云部署　公有云部署				
控制流平坦化　不透明谓词　符号混淆　字符串加密　多样性混淆				
防动态调试　防inline hook　防swizzling hook　防cycript注入　代码完整性保护				
防单点绕过　加固代码可视化　支源码级debug　支持SourceMap　多语言支持				核心能力
防设备越狱　防日志泄漏　防AirPlay投屏　APP切换模糊化保护　防二次打包				
C/C++　ObJC/ObJC++　Swift				

图 4-42　iOS 源码加固功能示意图

通过建设源代码保护能达到如下效果：

① 控制流平坦化

控制流平坦化是通过把代码的执行控制逻辑（if…else 语句、for 语句）等效变换为平坦的控制逻辑（switch…case 语句），这样就隐藏了程序原始的层次结构。

混淆器读入代码文件，生成抽象语法树（AST），根据 AST 分析代码的控制流并拆分出代码块（block），然后对代码块进行重排，放入 switch case 结构中，从而实现控制流平坦化。

② 不透明谓词

控制流平坦化过程中代码被切分为多个代码块，各代码块之间的跳转逻辑为已知常量，混淆器会把这些常量变换为数学表达式，这些表达式只用运行时才会计算出正确的跳转值。这样可以有效防止通过静态分析或自动化工具还原代码原始控制流。

③ 代码多样性

在插入不透明谓词和冗余代码时使用随机数，使得代码混淆结果具有差异性，使攻击者更加难以发现代码混淆规律。

④ 字符串加密

源码加固可以对代码中的字符串进行加密，会为字符串自动随机产生一个字符串解密函数。

⑤ 防调试

混淆器在工程文件多个地方插入防调代码，在程序执行过程中当检查到程序处于被调试状态后会触发闪退，从而阻止调试的进行。

源码加固自动分析产生加固策略，关键函数模糊匹配加随机撒点的方式分散防调试插入点，提升抗攻击能力。

⑥ 完整性保护

完整性保护可以阻止被篡改的程序执行。如果被保护的代码段被篡改，无论是重打包还是在调试时篡改内存，都会触发闪退，阻止程序继续执行。完整性保护分为两个步骤，在源码加固时加固引擎自动插入代码段校验程序，在加固完成后使用客户端工具对编译打包后的文件（ipa/so）进行完整性保护后处理。

源码加固自动分析产生加固策略，关键函数模糊匹配加随机撒点的方式分散完整性校验点，完整性后处理对编译后的二进制文件进行分析，根据插入点特征值，对 text 段分块技术校验值，并修正插入的缺省校验值。

⑦ 防 Hook 注入

目前 iOS 应用进行 Hook 注入有两种做法：一是在越狱手机上直接 hook 注入；二是对于非越狱手机，在 ipa 中注入 dylib（mach-o 文件结构 Load Commands 中插入 LC_LOAD_DYLIB），然后重新打包签名。因此除源码加固外，用户还应该通过 Xcode 在工程配置项 Other Linker Flags 中添加 Wl，-sectcreate，__RESTRICT，__restrict，/dev/null，这样可以阻止 dylib 注入（通过修改 section 名字然后重签名使该方法无效，但是可以给攻击者增加工作量）。用户还可以在主动在代码中插入签名文件校验，来阻止攻击者用其他证书签名，从而阻止注入动态库后重打包。

（5）移动应用威胁感知平台

针对移动应用上线运行后的动态运行安全问题及运行稳定性问题，可通过移动威胁感知平台，在移动应用中植入威胁情报探针，利用应用运行过程中设备、系统、应用、行为四个维度数据，结合后端大数据分析平台的各种模型规则，实时监测移动应用各种运行时攻击，支持定位溯源攻击设备、攻击方式、攻击手段、攻击者。通过事前定制的各类安全控制策略，能够在第一时间处理各类安全攻击行为。同时在服务端提供威胁数据查询、推送的 API 接口，支持与用户企业系统对接。

利用平台提供崩溃采集功能，能够实时收集用户运行过程中的崩溃信息，采集终端用户群体机型分布特征，有效组织兼容性测试，及时根据崩溃信息修复应用。利用平台提供的运营分析功能，管理者能够清楚掌握应用上线后的运营推广状况，用户启动安装日活分布状况。同时，平台内置智能搜索功能，支持搜索目标设备的安全事件、威胁分析、环境安全、运行情况、崩溃情况、设备详情、应用安装列表等多维度信息，用于事后追溯审计。移动应用威胁感知平台功能架构如图 4-43 所示。

移动威胁感知平台不依赖于用户的业务数据，不依赖现有的黑产数据，能够从动态攻击的技术源头进行感知分析，快速建立事前、事中、事后的移动应用安全态势感知体系，通过建设威胁感知能力能达成以下效果。

① 运行时攻击监测

运行时攻击监测可监测应用运行过程中对应用存在直接威胁的各类攻击手段，如应用破解、模拟器、多开器、修改器、设备重用、位置欺诈、域名欺诈、注入攻击、程序外挂、调试行为、系统加速等。这些攻击手段多被用于各种恶意的业务攻击过程，如薅羊毛、刷票、交易欺诈、会议签到欺诈等各类场景。

② 运行环境风险监测

运行环境风险监测可监测应用所运行的环境的系统状态和配置不当等造成的安全威胁，如系统 Root、越狱、攻击框架软件、高风险应用、高风险进程、本地敏感配置项打开等。这些安全风险的存在会对应用造成安全威胁，但不代表会直接发生攻击。

③ 操作行为异常监测

操作行为异常监测能够帮助识别一些异常使用行为情况，提前预警异常使用者，将其加入关注或进行响应处置。

移动威胁感知平台能够建立起移动端运行时动态安全监测体系，与静态安全防护联动，支持检测安全加固是否被攻击。能够针对移动终端操作风险进行监测、预警、阻断、溯源，如应用破解、模拟器、设备信息篡改、位置欺诈、注入

前端探针　　Android App威胁感知探针　　IOS App威胁感知探针　　　系统管理

采集处理层

威胁情报采集

硬件信息	系统信息	应用信息	异常行为	调试行为	风险进程	风险应用
网络信息	崩溃信息	位置信息	链路劫持	敏感配置	程序外挂	模拟器
设备重用	位置欺诈	系统加速	框架软件	注入攻击	Root/越狱	应用破解

威胁处理
- 静默监控
- 弹窗提醒
- 提醒后选择退出
- 提醒后强制退出

系统管理
安全事件定义	威胁自定义
报表功能	环境自定义
保护策略配置	数据导出
设备黑白名单	威胁黑白名单
规则及模型管理	用户管理
应用管理	系统管理

分析层

威胁情报库
| 设备信息库 | IP信息库 | 威胁情报库 |
| 移动基站信息库 | GPS地理信息库 | |

业务风险分析引擎

规则引擎
| 域名欺诈 | 安全事件 | …… |

模型引擎
| 人机识别模型 | 综合设备指纹 | 设备复用分析 | 综合威胁指数 | …… |

计算层

大数据计算及存储平台
| MapReduce | Spark | Spark Streaming | MLib | GraphX |
| YARN | Zookeeper | Kafka | Hive |

数据存储

| HDFS | Redis | Elastic Search | PostgreSQL | HBase |

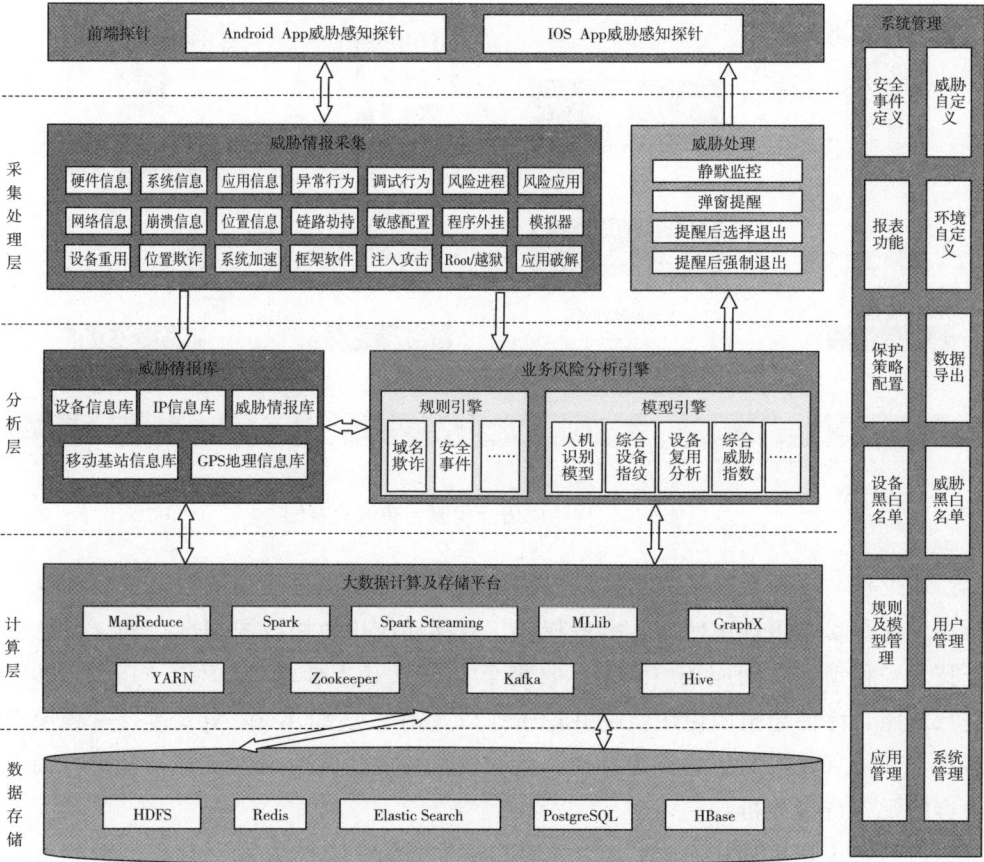

图 4-43　移动应用威胁感知平台功能架构示意图

攻击、调试行为、Https 劫持等。通过建立终端动态安全监测防御体系，能够弥补企业业务反欺诈、风控等业务系统对终端风险监测的短板。

4.5.2.5　主要服务能力

1) 移动应用合规服务

隐私合规检测工作是通过人工＋工具的方式对 App 的产品功能、业务流程、信息安全技术等进行现状调研，基于标准及法规要求，检测指定的 App 在安全技术、隐私政策方面同国家相关行业标准的差距，检测的 App 在个人信息保护技术与管理方面与国标及相关评估指南与认定方法的差距，并协助进行问题整改、复测，最终实现 App 客户端隐私与个人信息安全方面的合规。移动应用合规服务功能如图 4-44 所示。

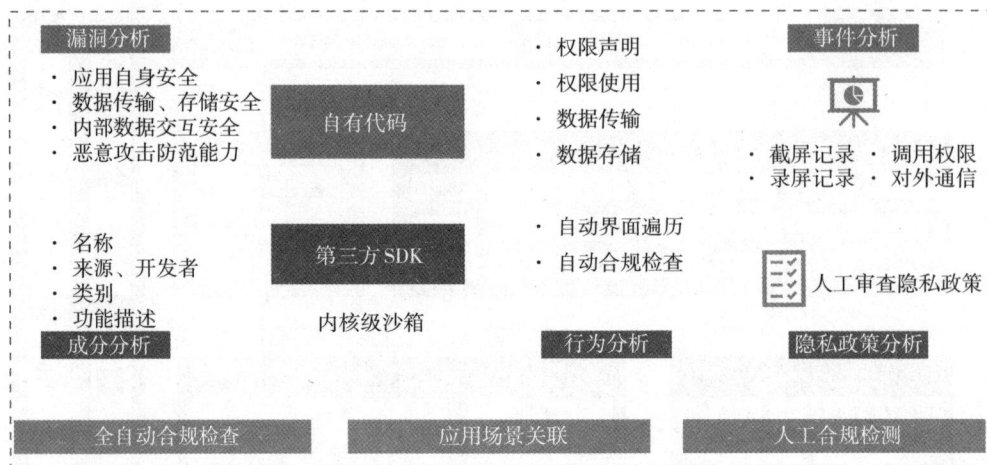

图 4-44　移动应用合规服务功能示意图

通过移动应用合规平台工具，对移动应用实际使用过程中的权限进行深度分析，发现移动应用真正使用了哪些权限；对移动应用使用权限情况，和《信息安全技术　移动互联网应用（App）收集个人信息基本要求》GB/T 41391—2022进行对照，评估超范围使用情况并记录；以及第三方 SDK 在 App 运行过程中对涉及个人信息权限调用的行为发现，读取数据发现和调用频率统计，并进行如下内容的敏感行为分析：

（1）基于真机沙盒环境，对移动应用的对外通信行为进行分析，包括 url、IP 地址、IP 所属地理位置等内容；

（2）对移动应用境外通信的行为进行检测和记录；

（3）对移动应用访问敏感权限（主要是网信办 26 项）的情况进行检测和记录；

（4）对移动应用读取宿主机应用列表行为进行检测和记录；

（5）对移动应用读取本地文件目录情况进行检测和记录，并支持通过界面筛选的方式，搜索敏感目录或特定目录的行为；

（6）对移动应用读取宿主机系统进程行为进行记录；

（7）提供对移动应用的 cookie 使用进行分析，发现其中是否含有个人信息等敏感信息；

（8）检测在单位时间内对移动应用使用权限、对外通信的次数分析。

基于四部委联合发布的《App 违法违规收集使用个人信息行为认定方法》、工信部发布的《工业和信息化部关于开展 App 侵害用户权益专项整治工作的通知》、App 专项治理小组发布的《App 违法违规收集使用个人信息自评估指南》等监管要求，参考 GB/T 35273—2017《信息安全技术　个人信息安全规范》中的部分定义和描述等内容所形成的个人信息合规评估工具，对移动应用程序在"未公开收集使用规则""未明示收集使用个人信息的目的方式和范围""未经同意收集使用个人信息""违反必要原则，收集与其提供的服务无关的个人信息""未经同意向他人提供个人信息""未按法律规定提供删除或更正个人信息功能""未清洗说明个人信息处理规则及用户权益"等七个方面进行评估。

2）渗透测试服务

渗透测试服务主要对象为应用层面包括 Web 应用和移动应用（Android＋iOS 客户端、应用接口）。

在应用发布渠道之前，需要引入人工安全测试，测试应用、数据、通讯、认证、业务的安全性，避免在后续运维、审计及监管中存在的风险。通过渗透测试，移动系统（客户端＋服务端）的安全性可以得到一个整体的提升。移动应用渗透测试流程如图 4-45 所示。

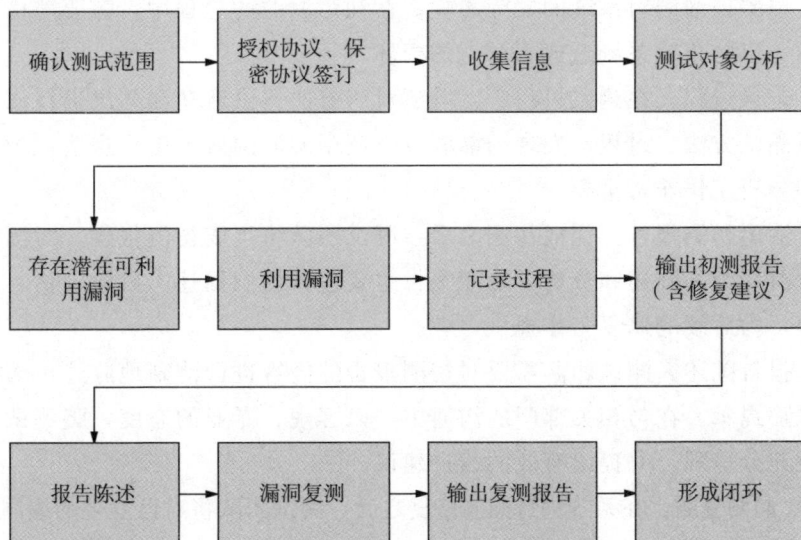

图 4-45　移动应用渗透测试流程示意图

（1）确认测试范围。在进行安全测试之前，首先需要明确测试的范围。测试范围可以包括特定的应用程序、网络系统、数据库以及其他相关的信息技术资源。确定测试范围有助于明确测试目标，并集中精力对关键系统和应用进行深入测试，提高测试效率和覆盖面，确保测试目标的清晰明确。

（2）授权协议与保密协议签订。为保证测试的合法性和规范性，安全测试团队需要与相关部门签订授权协议与保密协议。授权协议明确测试的目的、范围和时间，并在法律上保证测试活动的合法性。保密协议则明确测试过程中产生的机密信息的保护要求，以防止测试结果被不法分子利用。

（3）收集信息。测试团队将对系统架构、网络拓扑、应用程序版本等信息进行调研和搜集。同时还需要收集相关的用户手册、系统文档和代码资料等，为后续的测试工作提供必要的依据和参考。

（4）测试对象分析。根据收集到的信息，测试团队将对测试对象进行仔细分析，找出系统可能存在的安全风险和隐患。主要工作包括对系统架构和设计进行审查，识别潜在的漏洞和弱点。

（5）存在潜在可利用漏洞。针对测试对象分析中发现的潜在可利用漏洞，测试团队将进一步深入挖掘，验证漏洞的实际可利用性。这包括对系统的认证、授权、数据传输安全等方面进行深入测试，以确认漏洞的真实性和严重程度。

（6）利用漏洞。一旦发现漏洞存在实际的安全风险，测试团队将进行漏洞利用测试，以验证漏洞对系统的实际影响。在利用漏洞的过程中，需要严格控制测试的范围，以防止对系统造成不可逆的损坏。

（7）记录过程。在测试过程中，需要对所有的测试活动和结果进行详细的记录。包括测试方法、过程、发现的漏洞以及利用漏洞的效果等。这些记录对后续的报告和分析工作非常重要。

（8）输出初测报告。完成初测之后，测试团队将生成初测报告，对测试发现的漏洞进行详细的陈述和分析。初测报告主要包括漏洞描述、风险评估、修复建议等内容，为后续的修复工作提供参考。

（9）报告陈述。测试团队需要对初测报告的内容进行清晰地陈述，沟通测试结果和风险提示。在与相关部门的沟通中，以客观、专业的态度，将测试结果与安全风险充分呈现，并提出有效的改进建议。

（10）漏洞复测。在系统进行漏洞修复之后，测试团队将对已发现的漏洞进行复测，验证修复效果。必要时，还需要进行渗透测试，以确认漏洞是否被有效修复。

（11）输出复测报告。完成漏洞复测之后，测试团队将生成复测报告，对修复后的漏洞进行验证和评估。复测报告需要清晰地列出已修复和未修复的漏洞，并对修复效果进行客观评价。

（12）形成闭环。最终，通过上述一系列工作，安全测试工作将形成闭环。测试团队将持续跟踪测试结果的落地情况，确保安全测试工作得到有效的落地和跟踪。同时持续改进安全性防护机制，为系统和应用程序的安全性提供持续保障。

通过渗透测试可达到如下目标：

移动系统在各方面符合相关行业监管要求；

移动系统不存在严重安全渠道；

移动系统不存在可危害服务器端安全的渠道；

不存在任何被 CNCERT 国家互联网应急中心披露的渠道；

不存在任何被国际 CVE 渠道库披露的渠道；

移动系统可通过总参三部、国测、中国软件测评中心的相关安全测试认证。

针对对客户端、服务端进行人工漏洞挖掘，及时修复漏洞，规避如下安全风险。

A. 客户端安全风险如下：

a. 代码泄漏风险；

b. 客户端数据泄漏风险；

c. 传输数据泄漏风险；

d. 组件调用风险；

e. 密钥算法泄漏风险。

B. 服务端安全风险如下：

a. SQL 注入风险；

b. 业务逻辑缺陷；

c. 账户体系缺陷；

d. 重放攻击；

e. 越权访问。

3）分发渠道监测服务

分发渠道监测服务是通过对全球 300 多个应用分发、下载渠道进行实时监测，实时掌握客户应用在各渠道上的新版本上线情况、历史版本留存情况、钓鱼及盗版情况，包括 App 在所有渠道上的发布时间、发布人、版本、下载量、正版盗版鉴别、盗版内容描述、下载来源等内容，并提供实时风险预警服务，帮助用户了解 App 在渠道的发布轨迹，及时规避各类潜在风险。

通过分析盗版发现其中的钓鱼应用和恶意应用。每一个 APK 都有唯一的签名和证书，通过这一点，渠道监测系统积累了 1300 万 App 数据及数亿次爬取。使用大数据分析技术，准确率达到 99.99％以上。

同时能通过相似度比对发现钓鱼应用，主要包含以下两种方法：

（1）对于篡改后二次打包的钓鱼应用，主要的判定原理是正版应用和盗版应用各个维度相似度都很高，包括配置、activity、大小等关键信息，但是证书不同，且植入了恶意代码。

（2）对于模仿界面采集用户信息的钓鱼应用，主要的判定原理是正版应用和盗版应用的界面相似度很高，但是证书、大小、主要文件等均不同。

渠道监测能针对每个渠道在每个特定范围的影响力和有效性做出评估，是掌握 App 情况的最佳方式。

4.5.3　应用场景

4.5.3.1　应用上线加固防护

应用加固技术，可以在不改变应用客户端代码的情况下，将针对应用各种安全缺陷的保护技术集成到应用客户端内，为客户提供涵盖应用开发、打包、发布、运行全生命周期一体化安全保障服务，有效防止针对移动应用的反编译、二次打包、内存注入、动态调试、数据窃取、交易劫持、应用钓鱼等恶意攻击行为，全面保护应用软件安全。

1）代码防逆向

对 DEX、SO 文件进行高级加密、加壳、虚拟化保护，防止通过 IDA 等工具逆向破解分析。

2）防二次打包

对 Android 应用提供全文件完整性校验、开发者签名校验保护，防止针对应用的篡改和二次打包。

3）内存防调试

动态加解密、多进程守护等多重反调试技术，防止内存调试、注入、dump。

4）数据防泄漏

数据文件透明加密、设备绑定，防止数据篡改、复用、盗用。

5）防钓鱼劫持

通过安全键盘、防界面截屏/录屏、防界面劫持等扩展保护技术，防止钓鱼欺诈攻击，保护输入数据安全。

6）运行环境保护

支持 Root 越狱检测、模拟器检测、防双开/多开、防界面截屏/录屏、防日志泄漏等功能，保护 App 运行环境安全。

4.5.3.2　应用上线安全测评检测基线

全面检测出检查对象的安全问题，保证所有应用迭代过程中的安全性，通过

的常规抽查；对专项排查检测点进行安全检测，发现需要整改的安全问题；对于
不安全问题，进行整改和修复，通过安全检测基线分数，对于未通过基线分数的
不允许上线。

安全测评覆盖 Android 应用、Android SDK、iOS 应用和 Web 应用等检测对
象，具有超过 100 个检测项目。通过深度静态检测技术、动态检测技术和源代码
扫描等能力，全面评估应用的安全问题，准确定位问题根源，呈现详细的安全问
题详情，并提供代码修复示例。

4.5.3.3　应用上线合规需求和应急处置

提升 App 隐私合规自身安全需求，满足国内网信、公安、市场监管总局、
工信监管要求（164 或者认定方法，或者自评估指南、团标、金融行业 0171
等），满足应用市场隐私合规上线检测需求。

1）阶段一

App 个人信息快速访谈或调研：对 App 从隐私政策文本、App 收集使用个人
信息行为、对用户权利的保障这三个方面快速评估 App 针对个人信息保护的现状。

2）阶段二

App 个人信息合规差距分析：基于法规的要求，以及 App 的现状，对 App
进行合规差距分析，评估当前 App 与法规现状的差距项。

3）阶段三

App 个人信息保护现状评估报告：基于快速访谈结果，以及差距分析结果，
形成 App 在个人信息保护方面的现状评估报告，报告中会提出 App 存在的问题，
并提供相应的整改建议。

4）阶段四

整改过程提供指导：基于现状评估报告中问题及整改意见，协助 App 运营
者完成 App 的隐私合规整改并再评估。

5）在 App 被监管通报时，可立即启动 App 个人隐私合规应急处置定位处置
问题。包括如下步骤：

（1）确认合规问题：确认监管单位及监管通道，明确监管单位检测标准，监
管不合规评估报告及存在问题。

（2）开展隐私合规评估：针对同一个 App 版本做隐私合规评估，依据同样
的标准，与监管单位评估报告做差距分析，协助 App 运营者提供不合规项整改
说明，针对监管单位误报项给出合理解释。

（3）指导 App 所有者整改发现合规问题，整改完成之后，再评估是否有遗留

问题反复循环直到确认整改完毕，给出整改报告模板，指导编写及审核整改报告。

4.5.3.4 应用上线后安全监控

移动端应用在发布前，应用已经做了安全加固、渗透测试。但由于应用发布出去后，App 代码已经不在管理者安全控制范围内，无法及时知道应用是否被脱壳破解，客户端是否正在面临攻击，无法及时了解用户整体的安全态势，无法及时对用户群体面临的攻击行为进行应对。同时，发布前的渗透测试不能保证应用100%不存在漏洞，大量的黑客攻击者通过客户端的调试工具、渗透测试工具等对应用进行渗透测试攻击，以发现业务逻辑层面出现的各类安全漏洞，盗取用户敏感信息或是造成用户资金损失。使用移动安全监测后，可全面掌握移动端用户安全态势情况，及时调整自己的后端安全防护策略；查看移动应用发布出去后的客户端的攻击情况、攻击方式，及时发现黑产设备和恶意攻击设备；全局搜索某设备，查看其设备攻击链；定制安全事件并及时告警；及时发现移动端加固被破解及二次打包情况，及时调整安全防护策略。

4.6 应用安全

4.6.1 综述

4.6.1.1 背景及现状

电子政务应用发展正处于转变发展方式、深化应用和突出成效的关键转型期。政府职能转变和服务型政府建设对电子政务发展提出了更新、更高的要求。以云计算为代表的新兴信息技术、产业、应用不断涌现，深刻改变了电子政务应用服务发展技术环境及条件。构建基于云计算的电子政务应用可以充分发挥既有资源的作用和新兴信息技术潜能，加快电子政务发展创新，提高应用支撑服务能力，增强安全保障能力，减少重复建设、避免各自为政和信息孤岛。

全省电子政务外网承载着各委办厅局各种各样的业务系统，针对不同业务系统，在云上和网络侧均提供了相应的安全资源进行防护，如抗 DDOS、网站云防护、WAF 等设备。目前没有明确的针对应用上线部署等环节的标准规范和技术措施。

4.6.1.2 目前面临的问题

一体化平台建设，意味着会有更多的软件开发工作的开展以及新业务的上线，大部分用户因安全资源有限等原因，在信息系统开发生命周期中往往忽略了安全活动，或者仅在运行阶段才开展安全活动，造成多种问题难以解决，如安全问题暴露时间长、整改成本较高、"速度"和风险难以平衡等。而存在风险的应用上线，也将给电子政务外网带来极大的风险。

4.6.1.3　应用安全需求

随着业务更新迭代速度加快，要充分考虑云计算技术应用带来的应用安全风险，针对可能出现的数据丢失与泄漏、共享技术漏洞、不安全的应用程序接口等问题，在应用开发各生命周期设计相应的应用安全保护措施。为了解决该类问题，需要建设应用安全开发生命周期流程体系，将安全性引入到开发工作流中，将安全能力赋能到开发阶段，能尽早地识别和弥补安全性缺陷和漏洞，有效保护平台安全，以便能够快速、高质量地交付安全的应用程序/系统。

4.6.2　应用安全建设

4.6.2.1　建设目标

安全左移，实现一体化应用安全开发与上线。建设应用开发、上线的安全保障检测能力，将安全性引入到开发工作流中，将安全能力赋能到开发、上线阶段，能尽早地识别和弥补安全性缺陷和漏洞，有效保护平台安全，以便能够快速、高质量地交付安全的应用程序/系统。能够结合低代码开发平台和 DevOps 平台，将安全检测能力赋能其中，确保系统能够安全上线。

全面补缺，实现一体化应用安全防护与监测，保障业务系统上线运行后的环境安全，第一确保运营商能够提供安全的云环境，提供包括 Web 防护、DDOS 防护、入侵防御等能力；第二针对非云环境下的相关业务能够提供对应的安全防护能力，如政务外网 DNS 防护等，确保应用运行过程中的全面安全，防止安全短板影响业务运行，同时对应用安全运行开展全面监测，及时发现安全威胁，实现一体化应用安全防护与监测。

4.6.2.2　建设思路

按照《基于云计算的电子政务公共平台安全规范　第 4 部分：应用安全》《信息安全技术　网络安全等级保护基本要求》等标准要求，从应用内生安全出发，建设应用全生命周期安全保障能力，包括应用安全开发、应用安全测试、应用安全运行及应用安全下线的生命周期安全。

应用数字安全体系从应用的构建开始，统一规范政务软件开发过程安全管控策略，推行安全开发生命周期方法，提供方便、高效的软件安全工具，完善政务业务平台在需求分析、系统设计、研发测试、部署发布的全生命周期安全防护要求，细化软件开发安全工作流程。强化政务业务平台安全测试要求，对系统上线前及上线运行后迭代升级进行严格安全管控。同时通过各类外部安全资源，形成安全服务目录，在系统运行阶段提供安全防护，保障应用系统全生命周期安全、可靠。

（1）安全需求阶段，根据具体需要开发的软件项目来梳理开发过程可能面临的安全问题，并形成安全需求。

（2）安全设计阶段，在汲取业界最佳实践的基础上结合用户安全需求，整理出不同软件安全设计的规范性材料知识，用于后期的软件生命周期安全设计审查和安全测试评审及威胁分析以及为运行阶段的安全部署提供依据。

（3）安全开发阶段，通过执行可参考的不同语言的标准安全编码规范，在规范了开发人员行为的基础上，引入代码安全、开源组件安全的工具来审计发现漏洞威胁。

（4）安全测试阶段，通过在平行环境部署测试应用，对应用进行交互式应用安全检测和漏洞扫描测试等，发现应用存在的安全漏洞和相关风险，主要结合漏洞扫描、API风险检测和人工渗透的方式进行开展。

（5）部署发布阶段，需要参考前期安全设计方案，申请需要部署的安全资源，确保在运行使用阶段，具备内部和外部的安全技术手段来保障应用和数据的安全运行。

（6）运行使用阶段，结合统一的零信任数字身份、统一的密码服务平台、一体化的终端管控、纵深防御的云安全和全生命周期的数据安全防护等保障能力，以及管理规范和统一安全运营来保证应用和数据在运行过程中的安全。

4.6.2.3 建设内容

1）总体框架

应用安全总体框架流程如图4-46所示。

2）建设能力

（1）应用安全开发

通过打造一个软件研发SDLC（软件开发生命周期）全流程业务支撑系统，帮助开发人员构建更安全的软件，解决安全合规要求，同时通过固化流程、加强不同人员协作，通过工具、技术手段将自动化、重复性的安全工作融入研发体系内，让安全属性嵌入到整条DevOps流水线，提升应用内生安全能力。

应用开发安全设计通过在应用开发生命周期（SDL）中增加安全的控制点，保障应用架构安全性，减少脆弱性和应用安全漏洞的出现，实现应用内生安全。

应用开发上线周期安全管理流程包括立项、需求、设计、开发、测试、部署、上线等。建立评审机制以及建设相关资源库，利用数据接口收集各阶段安全

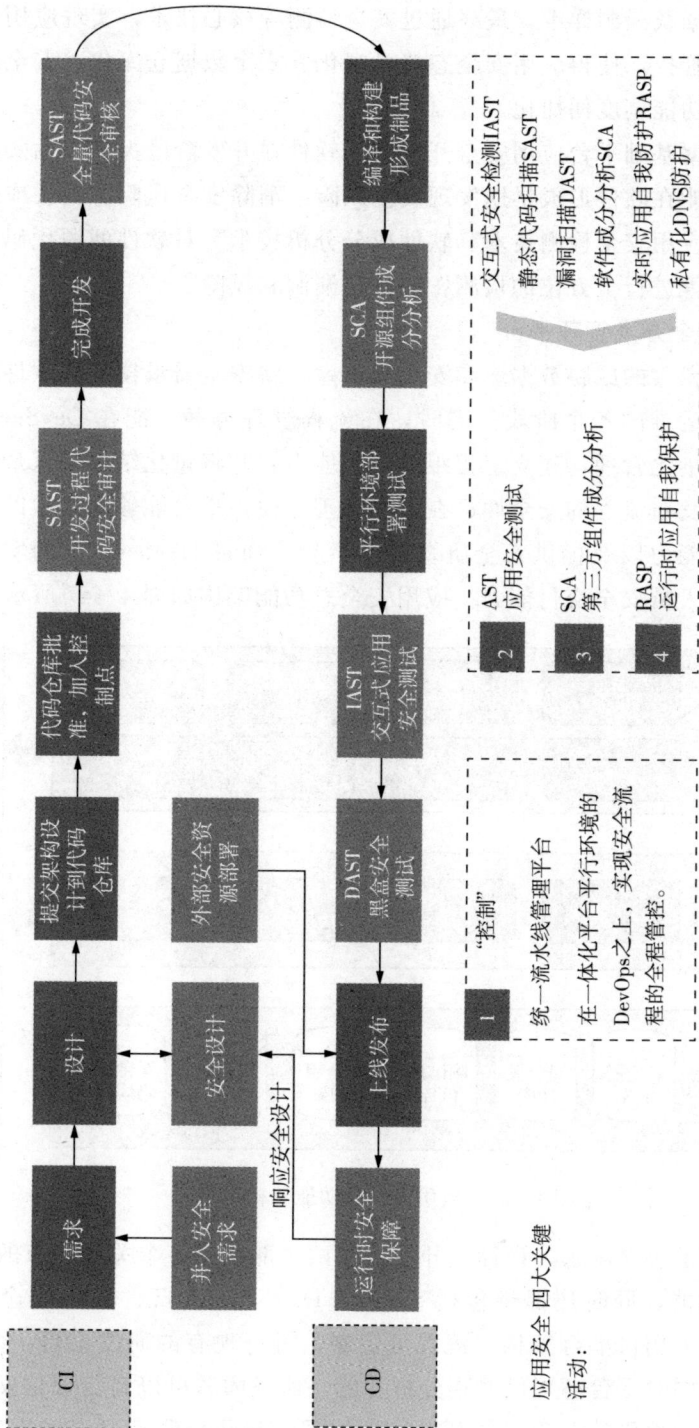

图4-46 应用安全总体框架流程示意图

数据、开发数据及漏洞样本，最终通过安全检测等核心技术，实现应用全生命周期的智能安全管控，使得应用安全态势可视化、安全数据仓库化、安全指标评价精细化、安全功能调度便捷化。

一体化数据基础平台应用安全开发是为软件在开发阶段提供一站式的安全检测服务，尽可能在软件形成早期发现安全风险，消除安全风险。本次应用安全开发通过"静态应用安全检测技术、软件成分分析技术"对软件的源代码、开源组件、许可合规等进行全方位的检测发现安全漏洞和风险。

① 应用安全开发管理平台

平台依靠庞大的威胁数据库和安全需求库，将安全需求覆盖到软件开发从架构设计到部署运维的各个阶段。同时，在流程管理方面，能在 DevSecOps 的实施过程中实现量化管理，建立全程跟踪分析能力，并将量化结果导入最终决策环节，提高软件发布流程的安全性；在人员管理方面，平台能够动态跟踪分析研发人员安全研发能力以及提供安全研发技术指导，通过 DevSecOps 的实施，提高所有相关技术人员安全交付能力。应用安全总功能架构如图 4-47 所示。

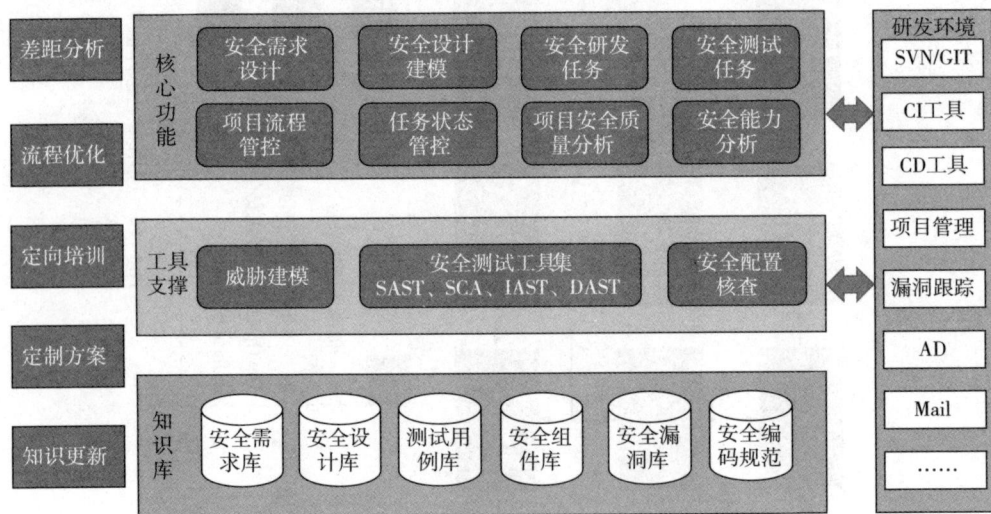

图 4-47 应用安全总功能架构示意图

平台提供了包含需求、设计、开发、测试、部署等各个关键环节的安全任务设定及管理功能，同时还提供包括 SAST、DAST、IAST、SCA 等全面的工具链支撑，平台采用松耦合架构、流程可定制、可与现有的研发平台、DevOps 工具无缝衔接。同时平台还提供差距分析功能，研发团队可以自行评估安全开发能力成熟度；平台提供的专业安全开发培训体系，与平台联动可以实现定向投放，提高安全培训质量和效率。

　　② 代码审计系统

　　代码审计系统使用全新一代静态代码安全测试（SAST）解决方案，主要用于软件代码安全审核和质量分析，提供漏洞详情和代码级修复方案，帮助开发和安全团队在应用全生命周期的早期发现并修复漏洞，提升软件代码安全质量。

　　代码检测通常在编码阶段分析应用程序的源代码或二进制文件的语法、结构、过程、接口等来发现程序代码存在的安全漏洞。主要用于白盒测试，检测问题类型丰富，可精准定位安全漏洞代码。在开发应用流程，应用通过代码安全扫描后方可进入部署测试流程。

　　静态代码安全检测（SAST）首先通过调用语言的编译器或者解释器把前端的语言代码（如 JAVA、C/C++源代码）转换成一种中间代码，将其源代码之间的调用关系、执行环境、上下文等分析清楚。通过语义分析程序中不安全的函数，以及方法使用的安全问题。获取数据流，跟踪、记录并分析程序中的数据传递过程所产生的安全问题。获取控制流，分析程序特定时间，状态下执行操作指令的安全问题。获取配置和结构信息，分析程序上下文环境、结构中的安全问题和项目配置文件中的敏感信息以及配置缺失的安全问题。结合之前分析结果匹配规则库中漏洞特征，最后形成包含详细漏洞信息的漏洞检测报告，包括漏洞的具体代码行数以及漏洞修复的建议。

　　SAST 在编译代码之前扫描代码，可以自动化并透明地集成到项目的工作流程中，帮助开发人员在软件开发早期阶段发现代码安全漏洞。

　　系统支持对源代码缺陷进行深度分析包括漏洞展示、结果对比、第三方组件风险评估等，系统还提供了项目管理、系统管理、统计分析和第三方集成等功能。代码审计功能架构如图 4 - 48 所示。

　　③ 软件成分分析系统

　　软件成分分析系统，适用于应用安全生命周期开发阶段与测试阶段的第三方组件安全检测，可实现软件资产信息收集与管理，并提供软件资产分布可视化、软件资产跟踪定位、已知漏洞定位、威胁情报平台对接、新漏洞的自检和预警以及自研组件识别、威胁分析、跟踪定位和组件、漏洞、预警数据的态势感知等功能。软件成分分析功能架构如图 4 - 49 所示。

　　软件成分分析通过对目标检测对象的配置文件及应用包中存在的二进制引入包进行扫描，获取其相关直接及间接引入的组件信息，通过与知识库内容的匹配

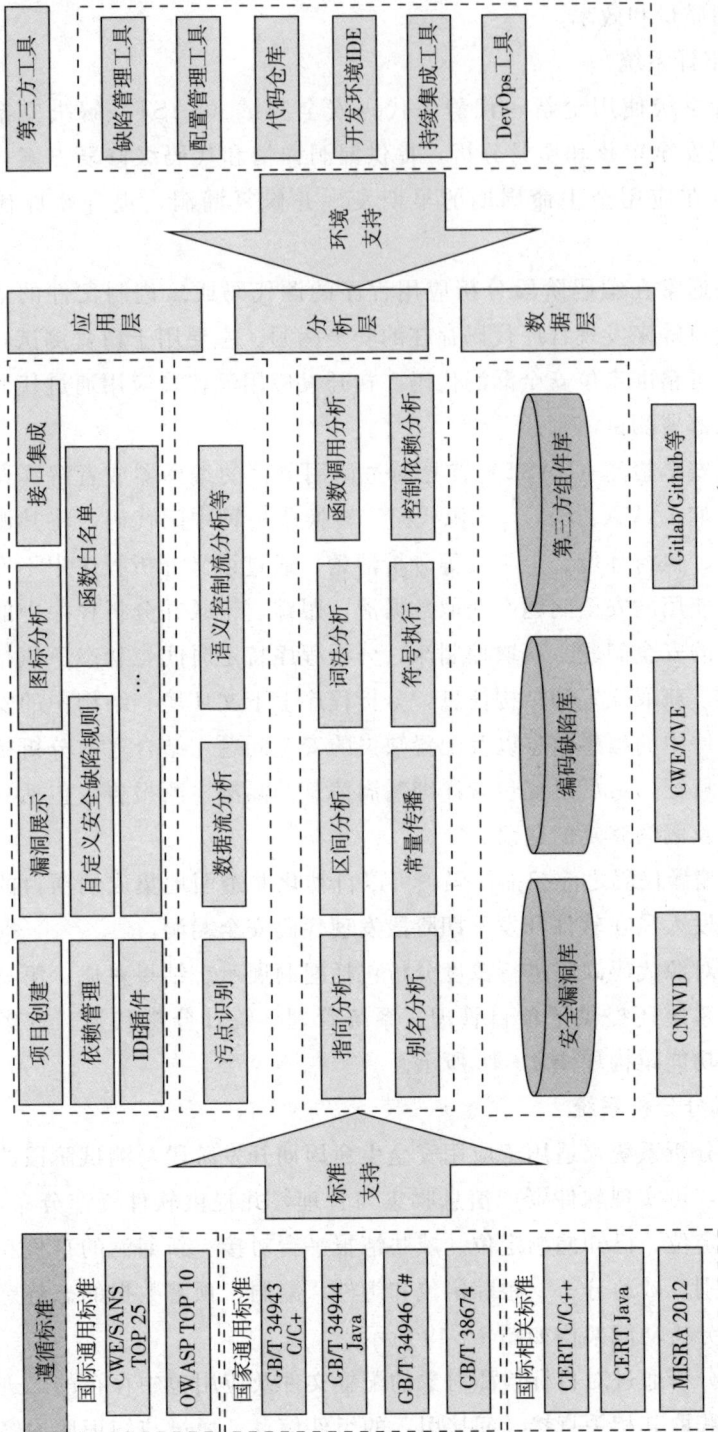

图4-48 代码审计功能架构示意图

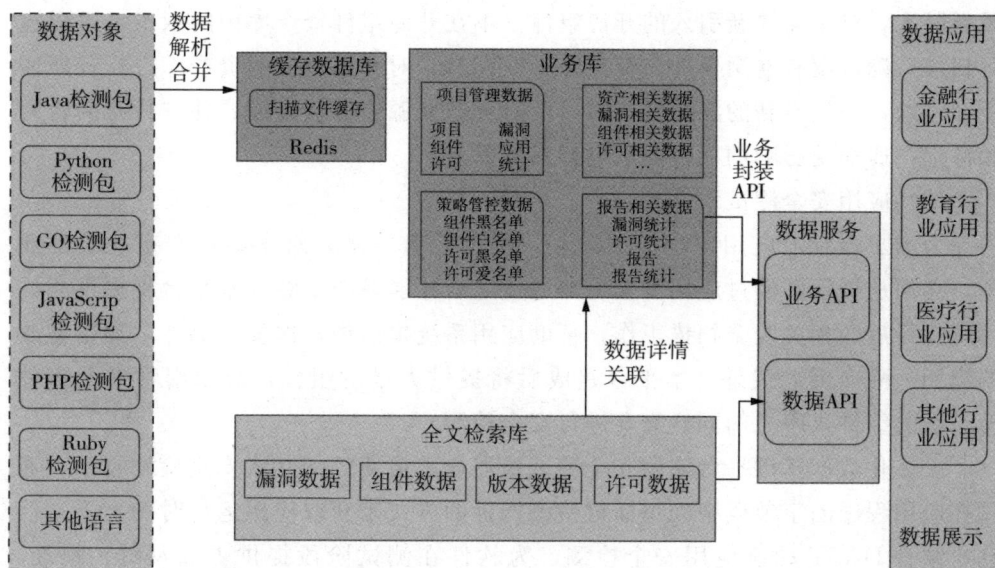

图4-49 软件成分分析功能架构示意图

标识，获取相关的组件完整信息。可实现对已修改组件、组件间依赖关系识别、自研组件设定等功能。

软件成分分析包含依赖分析能力，主要是基于包管理器的模拟构建实现组件依赖的过程跟踪和定位，将依赖树的数据信息与收集的开源数据进行数据核验，补充依赖树数据的其他信息，获取最终的依赖数据。

软件成分分析可识别出全部在用的开源组件资产和漏洞清单。开源组件资产包括每个组件的名称、版本、法律协议、组件影响的项目等信息。漏洞清单包括漏洞的基本信息、漏洞影响的组件版本、影响的项目以及解决方案等。

安全部门可以根据组件应用广泛度、漏洞严重程度、修复工作量选取试点开源组件，将待修复的组件清单及检测结果交由开发部门进行工作评估和漏洞修复，修复过程中可以根据软件成分分析给出的推荐版本或最新版本的修复建议，进行开源组件版本升级。组件升级后，测试部门应对组件影响的功能进行全面的功能和兼容性测试，防止对系统现有功能和兼容性带来影响。功能测试完成后，安全团队可对升级后的应用系统进行开源组件复测和系统漏洞复测，确保在应用系统升级时未引入新的安全漏洞。通过试点项目的漏洞修复工作，可以积累经验，逐步向本平台整体进行推广。

通过开源组件的资产梳理和漏洞修复，逐步建立属于本平台的开源组件资产库。新开发的项目在技术选型阶段可以优先从开源组件资产库中选取没有漏洞的最新版本,对于需要新引入的开源组件(不在开源组件资产库中的版本)可以进行扫描后确认没有漏洞再加入资产库中。同时,对开源组件的资产库进行长期监控和跟踪,一旦有新的漏洞发布时,及时更新开源组件资产库,并进行漏洞告警和标记,通知受影响的项目团队进行漏洞修复。

(2)应用安全测试

为本平台制定应用安全上线流程,根据业务需求,对于即将发布上线的业务,必须从平行区经过应用安全检测通过之后才能发布上线。本平台将提供测试环境运行后的相关安全扫描工作,帮助应用系统提前做一次安全测评,加快整改的周期。除应用上线外,本平台建成后将提供大量的组件,对于用管平台组件库,新的组件入库之前同样需要进行安全检测。

一体化数据基础平台应用安全测试采用业内最新的交互式安全检测技术,通过在应用程序的字节码中动态插桩检测探针的方式来获取应用运行时的上下文信息,结合 DAST 动态应用安全检测,为软件在测试阶段提供更加及时、精准、高效的安全检测服务。应用安全测试整体架构如图 4-50 所示。

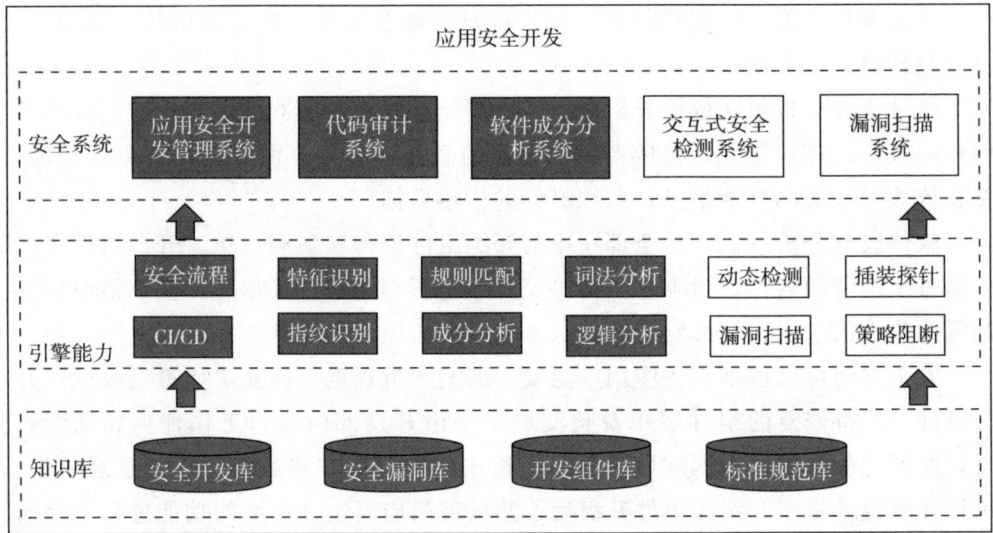

图 4-50 应用安全测试整体架构示意图

① 交互式安全检测系统

交互式安全检测系统(IAST)是通过在应用程序的字节码中动态插桩检测"探针",来获取应用程序各种运行时的上下文信息。在应用程序运行的同时,实时分析程序的安全弱点。交互式安全检测工作如图 4-51 所示。

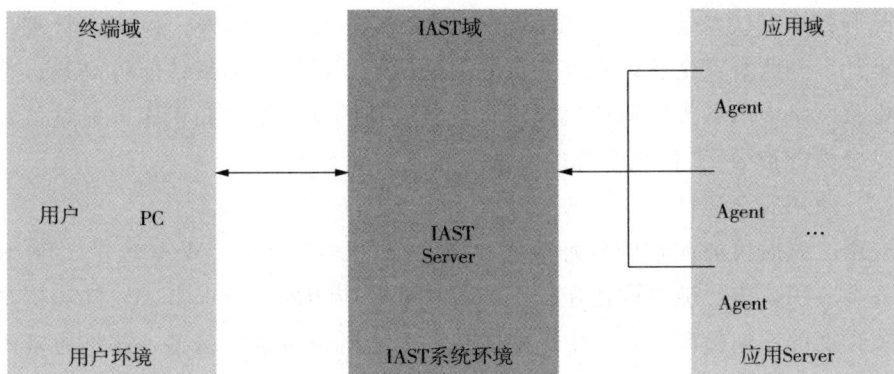

图 4 - 51 交互式安全检测工作示意图

交互式安全检测系统提供完善的应用安全弱点检测及管理手段，具备多种开放集成能力，能在一个系统中，方便地进行应用安全弱点检测、第三方软件组成识别及漏洞检测、敏感数据跟踪、完整安全弱点信息展示、企业级的应用部署及使用管理等多功能应用，具有高覆盖、低误报、实时检测等优点，从容应对现有应用安全测试技术面临的诸多挑战。

②漏洞扫描系统

漏洞扫描系统可以高效、全方位地检测网络中的各类脆弱性风险，提供专业、有效的安全分析和修补建议，并根据安全管理流程对修补效果进行审计，最大程度减少攻击威胁。漏洞扫描功能架构如图 4 - 52 所示。

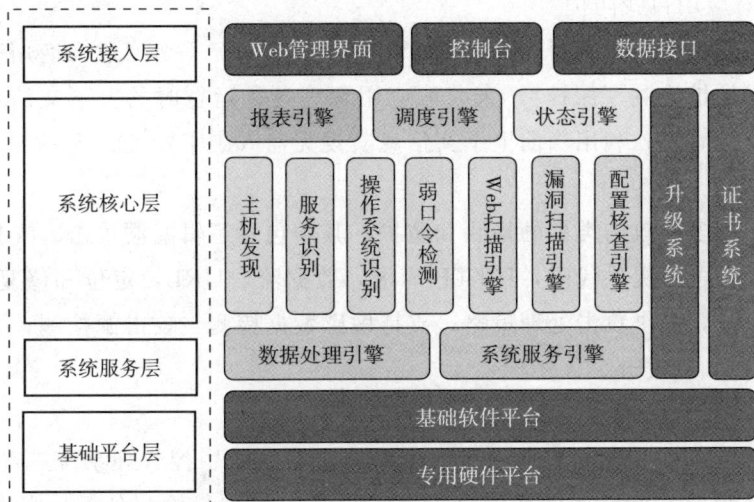

图 4 - 52 漏洞扫描功能架构示意图

漏洞扫描系统结合安全管理制度，支持安全风险的预警、检测、管理、修复、审计，并监督安全管理制度各个环节的执行。漏洞扫描系统能够高效、全方位的检测网络中的各类脆弱性风险并且具备完善的安全配置知识库，通过该知识库可以全面的指导 IT 信息系统的安全配置及加固工作。

（3）应用安全运行

应用上线后可能面临的各种应用攻击，如 DDOS 攻击、Web 攻击、DNS 攻击等各类应用攻击，随着构建在云上的各种业务应用的不断丰富，软件和信息系统复杂程度的不断提高，系统中隐藏的各种安全隐患也越来越多，并且通常难以被发现和消除。因此，在业务应用运行期间，也需要定期对应用风险进行检测分析，开展多样化的应用攻击防护。

电子政务外网承载着全省各委办厅局各种各样的业务系统，针对不同业务系统，在云上和网络侧均提供了相应的安全资源进行防护，如抗 DDOS、网站云防护、WAF 等安全防护能力，针对现有安全防护能力进行补充和提升，在政务外网将扩容 DNS 服务器，为政务外网各应用及 150 万终端提供稳定的 DNS 域名解析服务。平台应用安全运行采用了业内最新的应用运行时自我防护平台（RASP）。当应用上线以后 RASP 平台利用插桩技术将"安全疫苗"注入应用本身当中，同时获取应用程序各种运行时的上下文信息，在应用程序运行的时候，利用当前上下文信息实现无需人工干预的、无感知的攻击检测和防护功能。

① 实时应用自我防护

实时应用自我防护平台，简称 RASP 平台。RASP 平台通过在应用程序的字节码中动态插桩检测"探针"，来获取应用程序各种运行时的上下文信息，在应用程序运行的时候，利用当前上下文信息实现无需人工干预的、无感知的攻击检测和防护功能。

系统支持多种攻击类型的检测和防护，其中包括逻辑漏洞攻击；支持多维度的攻击展示，可以提供代码，HTTP 请求，数据流，URL，定位和修复建议等；支持攻击验证，提供攻击处理策略；支持敏感数据检测，攻击源检测；支持应用智能，阻挡 0day 攻击。

② DNS 安全防护

DNS 安全防护由流量检测系统、流量清洗系统、中控管理系统三部分组成，通过检测－牵引－清洗－回注四个阶段对异常流量进行检测分析，实现对 DNS 攻击的精准防御。DNS 防护技术原理如图 4－53 所示。

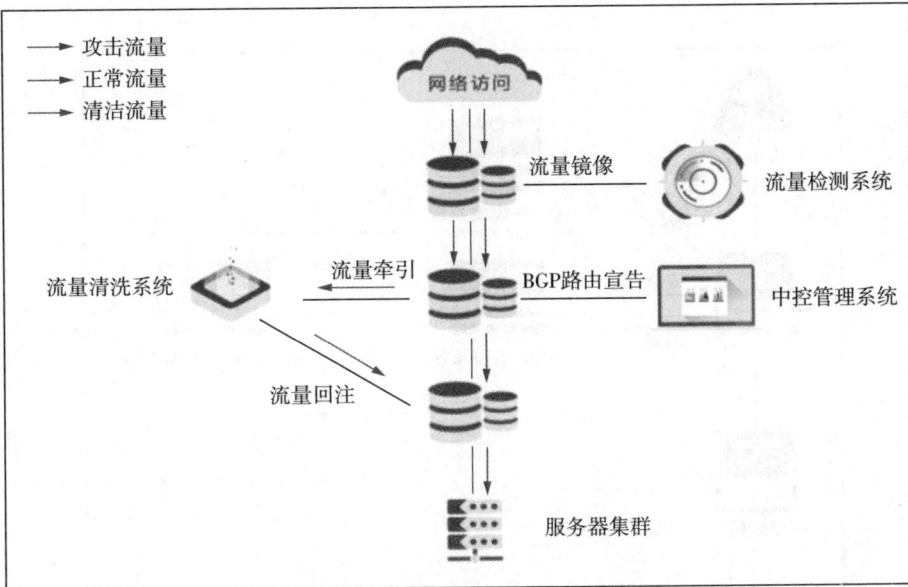

图 4 - 53 DNS 防护技术原理示意图

A. 流量检测：通过流量镜像，将网络入口的混合流量复制到流量检测设备中进行检测分析，判断是否有可疑的异常流量存在，如果有，则将攻击信息通报至中控管理系统。

B. 流量牵引：当检测到异常流量时，中控管理系统通过动态路由宣告，将原来去往攻击目标 IP 的流量牵引至流量清洗设备进行清洗。

C. 流量清洗：流量清洗设备根据检测分析结论，通过基础过滤、单包识别、智能清洗、高级过滤等策略，对 DNS 攻击流量展开立体多层次清洗。

D. 流量回注：经过流量清洗设备的清洗后的清洁流量，以二层回注的方式下发到应用服务器，访问目的 IP。

DNS 安全防护系统有两种部署方式。

DNS 防护串联部署如图 4 - 54 所示。

图 4 - 54 DNS 防护串联部署示意图

DNS防护旁路部署如图4-55所示。

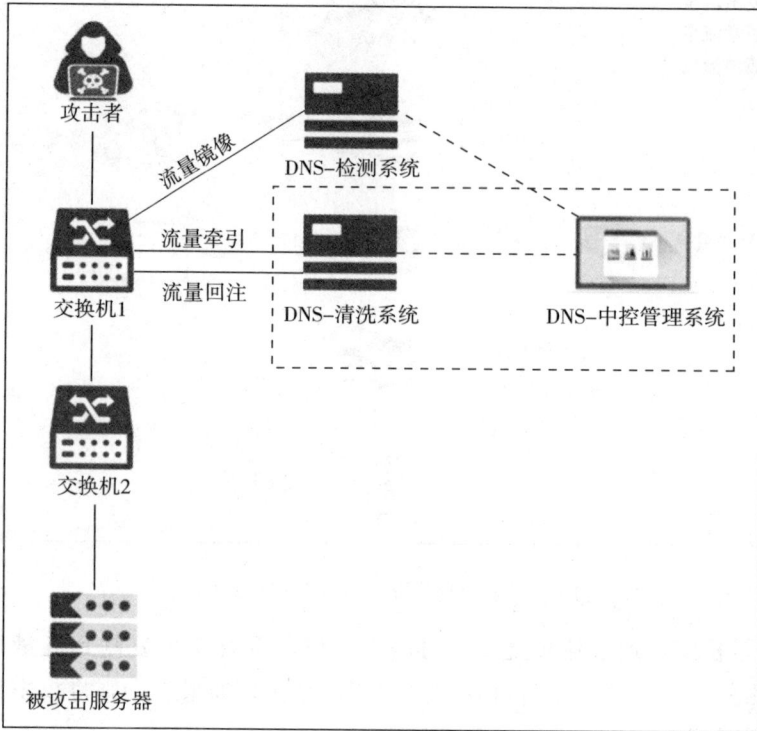

图4-55　DNS防护旁路部署示意图

（4）应用安全下线

信息系统由于硬件平台升级、软件大版本升级或替换时，应对受到保护的数据信息（磁盘、磁带、纸质资料等）进行妥善转移、转存、销毁，确保不发生信息安全事件；涉及信息转移、暂存和清除、设备迁移或废弃、介质清除或销毁，以及相应资产清单的更新。

针对待下线信息系统，首先，要评估该信息系统是否包含敏感数据，并针对重要的数据需要结合数据安全要求进行不同策略的数据销毁，如核心数据进行销毁时，需按照数据销毁标准流程进行物理介质销毁，避免因核心数据泄漏带来的不良影响；其次，在信息系统下线完成后，需对信息系统开发运维人员在信息系统开发运维过程中开通的相关VPN、堡垒机等账号或账号权限进行回收，避免因账号无人使用维护引发相关安全风险；最后，对下线操作涉及的数据销毁、账号回收等流程进行复核，完成闭环。

通过安全管理及流程的设计，形成下线预案、下线操作、数据清理、存储介质清空并覆盖、技术复核等闭环流程，确保系统下线的安全。

4.6.3　应用场景

4.6.3.1　应用安全开发

在软件开发过程中通过流水线自动触发检测任务，此时应用开发管理平台通过工具编排调用工具接口执行安全检测，代码审计系统开始拉取代码仓库的源代码进行代码安全检测，按照系统上线前安全检测要求修复相应代码安全漏洞。代码审计流程如图 4-56 所示。

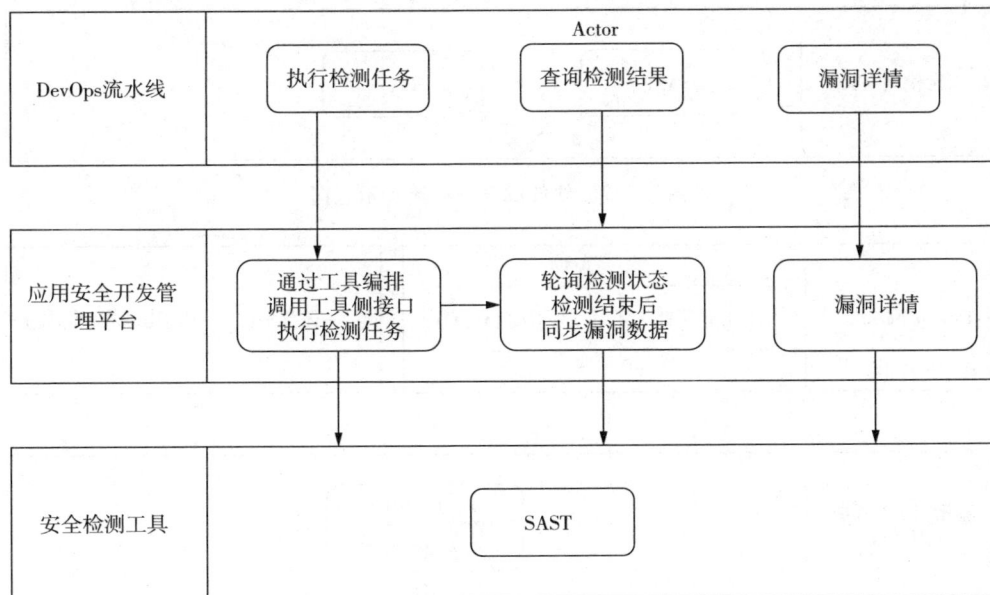

图 4-56　代码审计流程示意图

也可通过一体化数据基础平台手动创建安全检测任务，包括源代码扫描和制品扫描，接着开始执行检测，通过应用安全开发管理平台工具编排调用工具接口进行安全检测。软件成分分析流程如图 4-57 所示。

4.6.3.2　应用安全测试

交互式安全检测任务通过流水线下载和插装探针并启动被测应用，同时在一体化平台创建 IAST 检测任务执行通过应用安全开发管理平台工具编排调用工具接口完成安全检测，并按照系统上线前安全检测要求修复相应 Web 安全漏洞。交互式安全检测流程如图 4-58 所示。

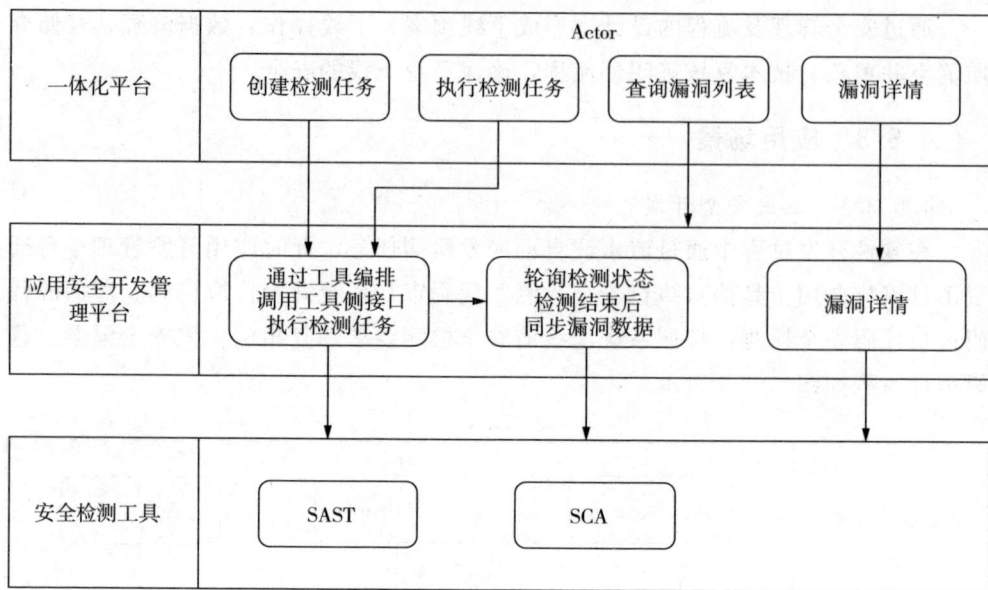

图 4 - 57　软件成分分析流程示意图

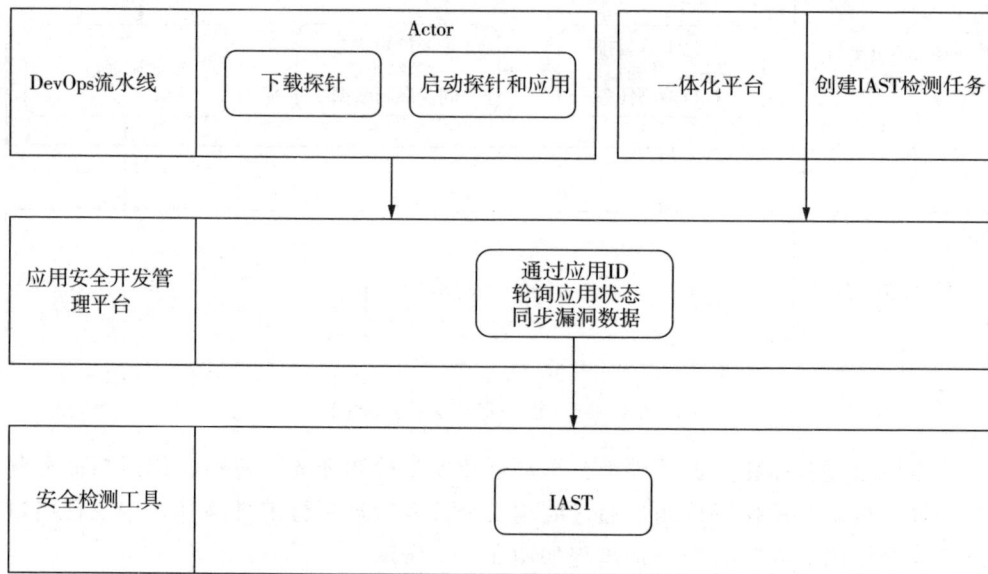

图 4 - 58　交互式安全检测流程示意图

通过一体化平台手动创建漏洞扫描检测任务，接下来开始执行检测，应用安全开发管理平台通过工具编排调用工具接口进行安全检测。漏洞扫描流程如图 4 - 59所示。

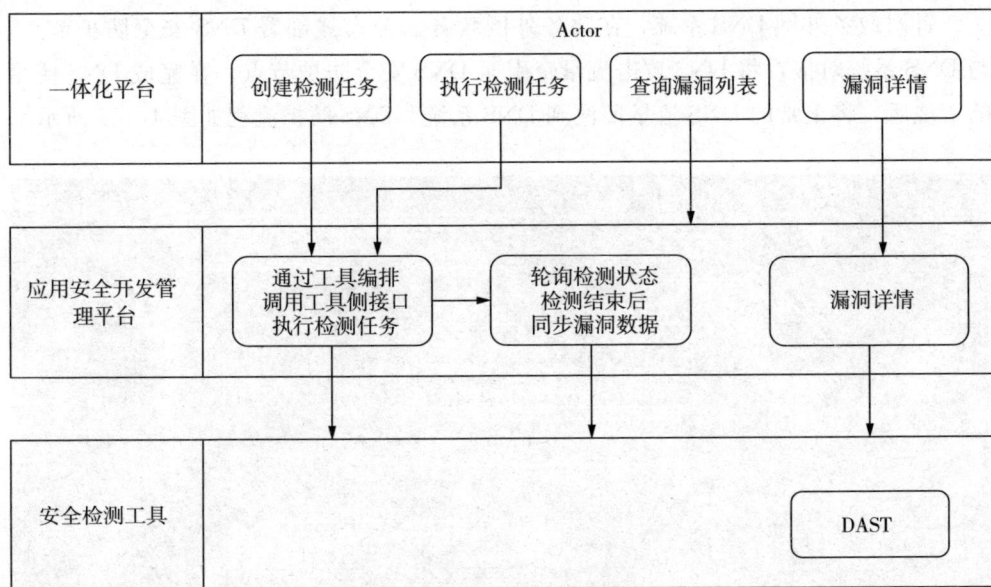

图 4-59　漏洞扫描流程示意图

4.6.3.3　应用安全运行

实时应用自我防护流程如图 4-60 所示。RASP 系统将直接阻断对应用的相关安全攻击，并对其余请求进行记录，供安全部门后续审核以及升级优化安全防护策略使用。

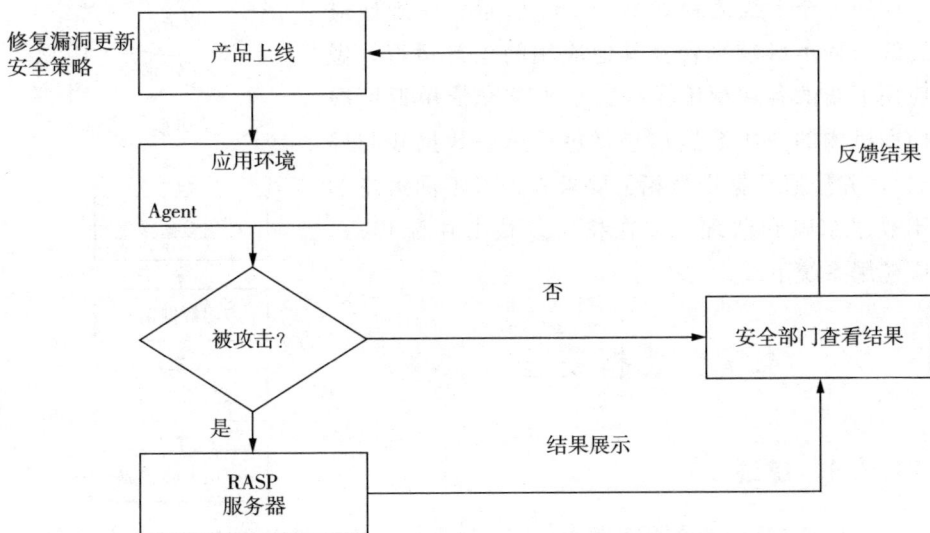

图 4-60　实时应用自我防护流程示意图

针对政务外网 DNS 系统，在政务外网政务云分布式部署 DNS 安全防护节点，与 DNS 系统对接，将 DNS 攻击流量牵引至 DNS 安全防护节点。在完成 DNS 流量的清洗后，将正常的 DNS 流量回注到 DNS 系统。DNS 防护流程如图 4 – 61 所示。

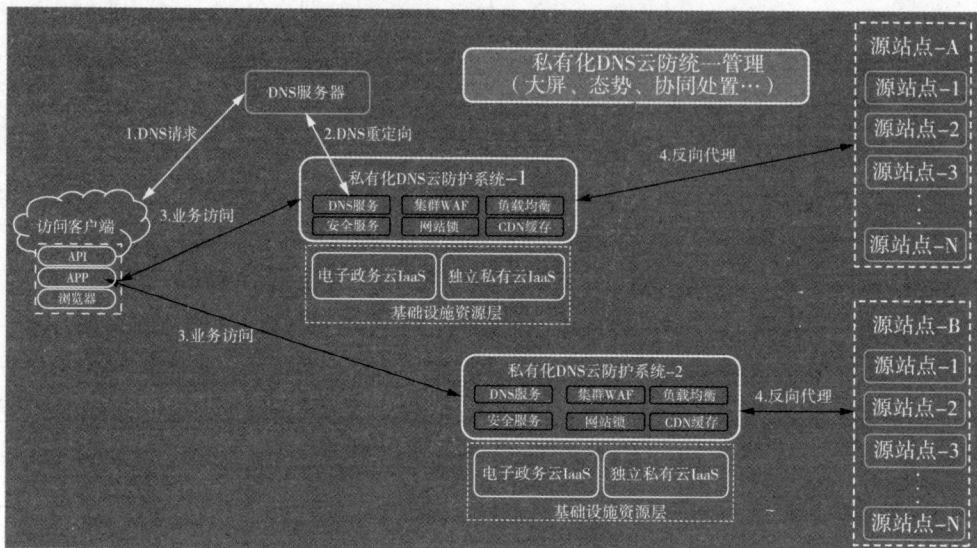

图 4 – 61　DNS 防护流程示意图

4.6.3.4　应用安全下线

应用安全下线流程如图 4 – 62 所示，应确保应用下线过程不影响平台及其他应用的正常运行，做好应用下线的各项保障工作；根据移交清单返回服务使用机构的应用数据信息（包括历史数据和归档数据），并按照数据安全相关要求，进行不同策略的应用数据销毁和清理，并在技术复核上述流程后，完成应用系统下线。

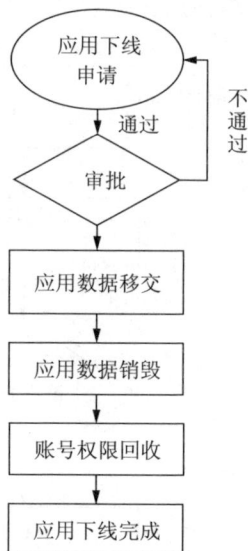

图 4 – 62　应用安全下线流程示意图

4.7　数据安全

4.7.1　综述

4.7.1.1　数据安全应用背景

随着大数据时代的到来，流动的数据已成为连接全世界的载体，也成为促进经济社会发展、便利人们生产生活的源动力。而在政府体系运转这么多年，也产生了大量的数据。海量的数据在流动过程中产生一系列问题，需要通过数据治理去发挥数据价值。2022 年国务院办公厅印发《全国一体化政务大数据体系建设指南》，要求各地区各部门要深入贯彻落实党中央、国务院关于加强数字政府建设、加快推进全国一体化政务大数据体系建设的决策部署，按照建设指南要求，加强数据汇聚融合、共享开放和开发利用，促进数据依法有序流动，结合实际统筹推动本地区本部门政务数据平台建设，积极开展政务大数据体系相关体制机制和应用服务创新，增强数字政府效能，营造良好数字生态，不断提高政府管理水平和服务效能，为推进国家治理体系和治理能力现代化提供有力支撑。以"数据"为安全保障的核心要素，强化安全主体责任，健全保障机制，完善数据安全防护和监测手段，加强数据流转全流程管理，形成制度规范、技术防护和运行管理三位一体的全国一体化政务大数据数字安全体系。在数字化转型的大背景下，政企需要将数据安全架构当成组织架构的核心问题，在保障业务发展和业务敏捷度之间找到可行且有效的平衡策略与方案，有效护航政企数字化转型。

2022 年 1 月 12 日，四部委联合下发《关于加快构建全国一体化大数据中心协同创新体系的指导意见》要求"加快提升大数据安全水平，强化对算力和数据资源的安全防护，形成'数盾'体系；强化大数据安全保障，加快构建贯穿基础网络、数据中心、云平台、数据、应用等一体协同数字安全体系，提高大数据安全可靠水平"。2022 年，国家信息中心已经初步完成了数盾平台的体系框架定义的工作，为进一步推动数盾平台的建设奠定了基础。

2023 年，中共中央、国务院印发了《数字中国建设整体布局规划》，《规划》要求筑牢可信可控的数字安全屏障，切实维护网络安全，完善网络安全法律法规和政策体系，增强数据安全保障能力，建立数据分类分级保护基础制度，健全网络数据监测预警和应急处置工作体系。

随着政务数字化转型的不断深入，数据作为生产要素的重要性凸显，数据安全的地位不断提升，尤其随着《中华人民共和国数据安全法》的正式颁布，数据安全在国家安全体系中的重要地位得到了进一步明确。随着数字产业化和产业数字化进程不断加快，发展数字经济、加快培育发展数据要素市场，必须把保障数据安全放在突出位置。

数据的高效开发和利用，涵盖了数据的采集、传输、存储、使用、共享、销毁等全生命周期的各个环节，由于不同环节的特性不同，面临的数据安全威胁与风险也大相径庭。因此，必须构建以数据为中心、自主安全可控的数据数字安全体系，根据具体的业务场景和各生命周期环节，有针对性地识别并解决其中存在的数据安全问题，防范数据安全风险。正如《中华人民共和国数据安全法》提出的"坚持以数据开发利用和产业发展促进数据安全，同时也要以数据安全保障数据开发利用和产业发展"。

2022 年 4 月 22 日，安徽省印发《安徽省政务数据分类分级指南（试行）》，2022 年 11 月 30 日发布《政务数据　第 2 部分：脱敏技术规范》DB341/T 4631.2—2023。主要是针对不同数据在不同等级下的数据安全防护，针对数据安全防护技术上也有明确要求，不同等级的数据在不同场景下脱敏和加解密，针对《中华人民共和国数据安全法》中相关的规定进行了解释。

4.7.1.2　目前面临的问题

数据安全是数字政府建设的生命线。数字政府背景下数据呈现高度汇聚集中、广泛流转共享以及面向社会开放和授权运营等新特点，同时也带来新的安全风险。

（1）大规模泄漏风险。政务数据汇聚及流转共享过程中，可能会被未授权人员或非法组织获取和利用，并且数据未进行加密或者脱敏导致数据存在泄漏风险。

（2）数据恶意破坏风险。政务数据被恶意篡改、删除或数据平台拒绝服务，造成重大数据资产损失以及政府公共服务失序。

（3）数据违规使用风险。政务数据共享后，数据使用者误用数据，将数据用于不当用途，从而对数据主体造成不良影响。

（4）个人信息保护不足风险。政务数据中包含大量的个人信息，部分数据面向社会开放前，未经过脱敏、截断、遮挡等处理，导致个人信息泄漏。

除上述情况以外，政府数据安全也面临数据安全责任难以清晰界定、网络攻击防范难度大、专业人才队伍不足等挑战。

4.7.1.3　数据安全应用需求

1）《中华人民共和国数据安全法》基本要求

《中华人民共和国数据安全法》中第五章政务数据安全与开放对政务数据安全有明确要求：

第三十七条　国家大力推进电子政务建设，提高政务数据的科学性、准确性、时效性，提升运用数据服务经济社会发展的能力。

第三十八条　国家机关为履行法定职责的需要收集、使用数据，应当在其履行法定职责的范围内依照法律、行政法规规定的条件和程序进行；对在履行职责中知悉的个人隐私、个人信息、商业秘密、保密商务信息等数据应当依法予以保密，不得泄漏或者非法向他人提供。

第三十九条 国家机关应当依照法律、行政法规的规定，建立健全数据安全管理制度，落实数据安全保护责任，保障政务数据安全。

第四十条 国家机关委托他人建设、维护电子政务系统，存储、加工政务数据，应当经过严格的批准程序，并应当监督受托方履行相应的数据安全保护义务。受托方应当依照法律、法规的规定和合同约定履行数据安全保护义务，不得擅自留存、使用、泄漏或者向他人提供政务数据。

第四十一条 国家机关应当遵循公正、公平、便民的原则，按照规定及时、准确地公开政务数据。依法不予公开的除外。

第四十二条 国家制定政务数据开放目录，构建统一规范、互联互通、安全可控的政务数据开放平台，推动政务数据开放利用。

2）数据安全应用基本要求

数据安全需求主要是结合数据分级分类的结果建设数据全生命周期的安全防护和监测能力。

建设数据库加密、数据动态脱敏、数字水印溯源、API/应用审计和数据安全监测管理等系统，将数据生命周期各个阶段的安全保障工作和执行情况监管起来，确保安全策略在技术环节得到正确的执行，规章制度在技术层面得到有效的支撑和体现。

建设统一的数据安全监测管理系统，对数据生命周期流转过程形成对应的防护措施，对核心数据在流转过程中的行为进行风险预警，对所有安全事件进行追踪溯源；对敏感数据字段进行智能化识别；对敏感数据进行统一的分级分类标识；数据资产的分布、状态、流转、使用行为进行实时、动态的集中监测展示，为数据安全持续治理和安全运营提供精准的依据和量化支撑。鉴于数据安全体系的纵深全面的建设需求，提供全局数据安全视野、把控数据安全运行。数据安全监测管理系统承上启下，通过数据接口层实现全网数据安全数据的集中采集、标准化、存储、全文检索、统一分析、数据共享等，并向上提供数据访问接口，对接安全运营平台。

4.7.2 数据安全建设

4.7.2.1 建设原则

以数据为中心，以组织为单位，以能力成熟度为基本把握；建立健全数据安全治理体系，提高数据安全保障能力；制定网络安全规划和标准规范，保障网络安全保护措施与数字政府建设"同步规划、同步建设、同步使用"；将网络安全等级保护制度、关键信息基础设施保护制度、数据安全保护制度、个人信息保护制度有机衔接，统筹协调落实。

4.7.2.2　建设思路

2019 年 8 月，全国信息安全标准化技术委员会发布国家标准《信息安全技术　数据安全能力成熟度模型》（GB/T 37896—2019）。标准正式提出数据安全能力成熟度模型（DSMM，Data Security Maturity Model）（图 4 - 63），DSMM 模型将数据生命周期分为了数据采集、数据传输、数据存储、数据处理、数据交换和数据销毁六大阶段，将关注视角从数据本身扩展到数据生命周期的各个阶段，设计了一套以数据为核心、围绕数据全生命周期构建的安全模型来指导组织建立和持续改进数据安全能力。

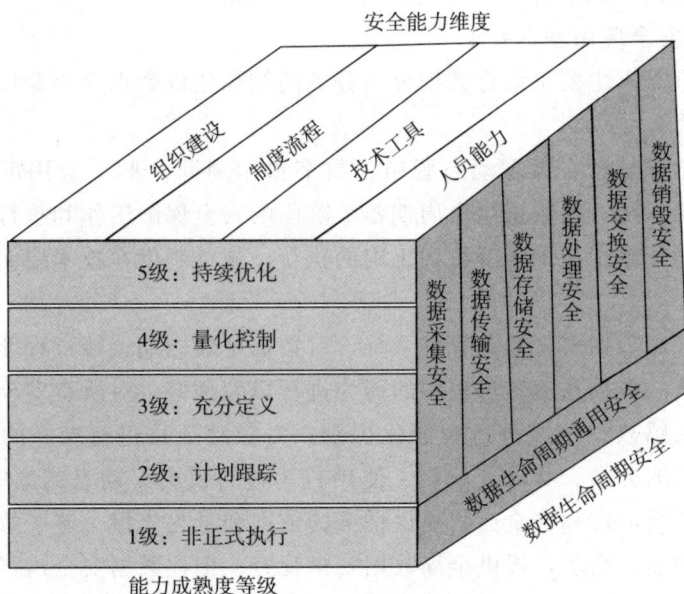

图 4 - 63　数据安全能力成熟度模型 DSMM 示意图

整体数据安全方案设计，以 DSMM 模型指导和建设数据全生命周期安全防护能力，参考 Gartner DSG 数据安全治理的理念为演进路径。数据安全体系设计如图 4 - 64 所示。

数据安全治理作为推动组织数据安全合规建设、数据安全风险防范、数据业务健康发展的重要抓手，本次本平台数据安全保障不再局限于技术层面或管理层

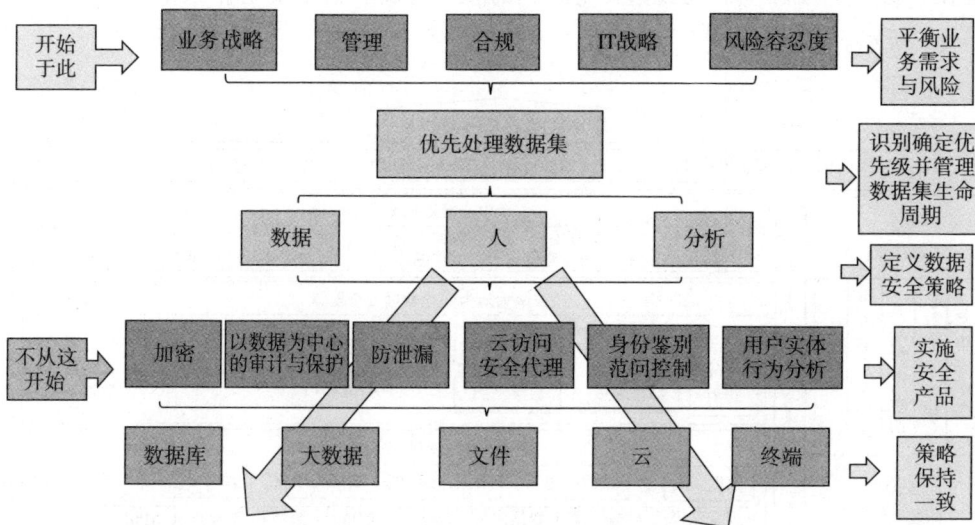

图 4-64　数据安全体系设计示意图

面，而是围绕数据全生命周期安全，从数据治理开始，考虑数据安全和业务战略、治理、合规、IT 战略、风险容忍等之间的平衡，并梳理数据的生命周期，给出相应的数据控制策略和访问控制策略。本设计方案从数据安全的技术工具入手，分析政务重要数据从采集、传输、存储、处理、共享到销毁的生命周期各个环节，在加密、脱敏、防泄漏、身份识别、访问控制和审计等关键技术领域方面应该采取的措施进行技术设计。

4.7.2.3　建设目标

数据安全更接近安全的目标，可看成是数据的随身保镖，随着数据流动，数据流到哪里，安全就覆盖到哪里。我们需要在使用数据的过程中保护数据，在数据的全生命周期中保护数据，特别是保护涉及个人隐私的数据。因此，数据安全体系的建设目标就是要实现数据的全生命周期的安全防护和监测。

4.7.2.4　建设内容

1）整体建设框架

建立完善的数据安全技术防护体系，依托数管平台的数据治理和分级分类工作，有针对性地建立贯穿数据全生命周期以及全流程的安全防护措施，逐步建设实战化的数据安全风险的可知、可见、可控机制能力和应对高级威胁的动态防御能力，同步加强安全管理体系、安全运营体系在数据安全层面的优化设计，以满足在新形势、新环境下大数据安全防护的整体需要。数据安全体系整体架构如图4-65所示。

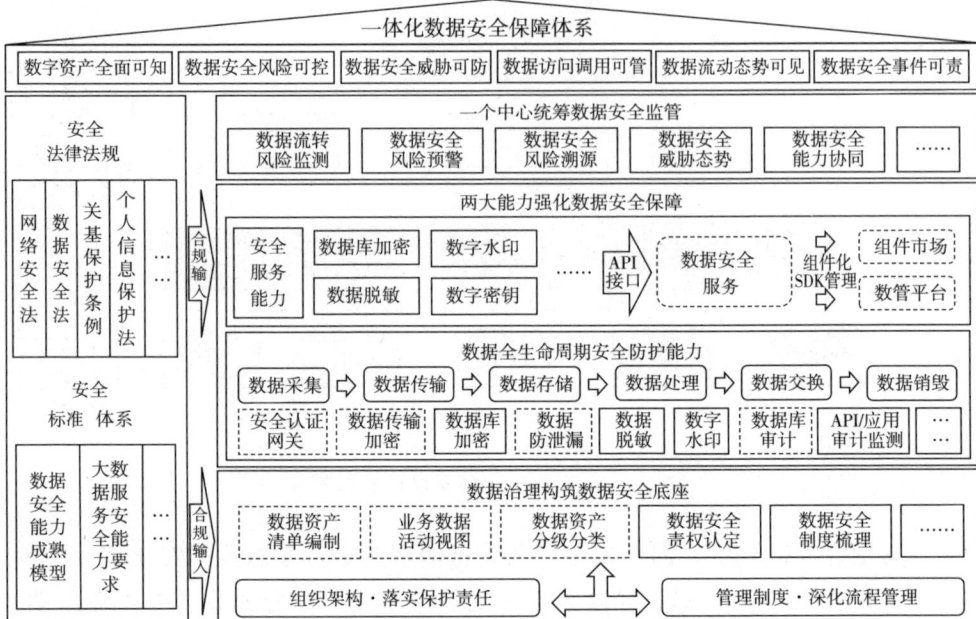

图 4-65　数据安全体系整体架构示意图

一体化数据基础平台数据安全体系包括数据安全治理底座、数据全生命周期安全防护能力和安全服务能力、数据安全监管中心。

在整个数据安全防护体系中以安全法律法规和安全标准体系为合规性支撑和依据，整个系统在合规性下进行数据安全防护。

在全生命周期过程中，将使用安全认证网关保证数据在采集过程中的安全，在传输过程中进行传输加密并且使用数据库加密的方式对数据进行加密保证在传输、存储过程中数据进行密文传输和存储。在数据处理、交换、销毁过程中进行数据脱敏、数字水印、数据库审计保证数据在全流程过程中有差异场景化的数据安全防护策略。

2）数据安全治理

（1）数据安全管理体系

数据安全管理体系建设是数据安全保护的前提。在管理体系主要覆盖决策、治理和执行组织，以及相关管控制度体系。首先开展机制、组织、流程、制度梳理，识别数据安全管控能力：一是明确当前整体组织架构中专属数据安全管理的组织架构，识别数据安全组织的岗位、职责和工作范围，梳理相关数据安全责任、流程、边界等，梳理相关责任人员的知识、能力、技术特长等；二是面向数据安全管理相关文档进行梳理，多层级管控文档是否健全，同时针对客户当前管理体系中数据安全集成的现状进行梳理和完善，包含业务管理、数据管理、信息系统管理、人事管理等相关文档制度体系。其次是基于现状和差距分析完善数据安全管控能力，进行数据安全管理体系建设。

（2）数据安全防护技术体系

数据安全技术体系并非单一产品或平台的建设，而是要覆盖数据安全的全生命周期，结合数据应用场景的体系建设。依照一体化数据安全体系的总体建设要求，充分围绕数据处理活动各场景的安全要求，建立与制度、流程相互匹配的数据安全防护技术、工具和能力，并将这些技术、工具和能力形成平台化应用，发挥技术合力作用，持续提升数据安全防护能力。一体化数据安全体系的数据安全防护体系在数据全生命周期防护过程中，复用已有技术，建设数据库加密、数据动态脱敏、数字水印溯源、API/应用审计和数据安全监测管理等系统，将数据生命周期各个阶段的安全保障的工作和执行情况监管起来，确保安全策略在技术环节得到正确的执行，规章制度在技术层面得到有效的支撑和体现。

（3）数据安全运营体系

构建 7×24 小时全天候数据安全运营体系，保障数据安全稳定运行，将技术、管理、人员和服务进行有机结合，实现数据安全事件监测、响应、处置和指挥调度。明确各类业务数据在数据全生命周期各个业务场景下的保障要素，以合规为基线，以业务流程为导向，结合制度规范，建立完善的数据生命周期安全保障和监管措施。

安全服务人员利用数据安全监测管理系统开展相关数据安全监测与风险评估，实现全方位全天候监控预警数据安全威胁和风险态势，有效加强对重要数据和个人隐私数据的识别和防护，为数据提供一体化的安全保障能力，形成"多维联动、立体防护"的数据安全管控体系。

3）数据安全全生命周期防护

（1）数据采集安全

通过安全认证网关进行数据采集，针对采集的数据操作日志进行记录，并且针对采集过程中的风险操作进行审计，保证基于以上基础数据在采集过程中数据的安全保障。

(2) 数据传输安全

① 安全认证

在数据传输过程中，应对数据提供方的身份进行有效验证，应对数据收集设备进行持续的身份认证。一体化数据基础平台项目通过统一资源管理平台提供可视化业务访问服务，统一资源管理平台在业务访问中必须提供基于 https 协议的访问，保障业务访问过程中数据的安全性。为满足后续一体化平台建设及相关应用的认证调用及业务访问需求。通过部署安全认证网关来实现服务端与客户端的双向认证，多种形式的证书透传功能能够非常方便地实现应用层的基于数字证书认证的安全机制，从而保证数据在传输过程中的安全。

② 数据传输加密

一体化数据基础平台项目中数管平台、用管平台、云管平台都涉及数据传输、数据展示等内容，例如：数管、用管、云管平台的数据查询、信息录入、数据调用等。通过采用 IPSEC 和 SSL 协议，能够实现数据传输过程的加密、解密和完整性保护服务，结合密码技术实现传输安全加密，通过部署 IPSEC、SSL 协议服务，为应用系统提供端到端和点到端的数据安全传输服务。IPSEC、SSL 协议服务支持基于 IPSEC 协议和 SSL 协议进行传输加密的同时，支持基于 SM2 数字证书的身份鉴别服务，保证接入用户或设备的身份真实性。

③ 网络防泄漏

网络 DLP 提供网络流量的可见性并支持对流量进行控制，具备全流量检测、审计、简单加密算法解密、流量内容检查、自动以协议功能，能够检查网络传输的流量，解析包括电子邮件、文件传输、文件共享和其他自动的 TCP 会话流量协议，识别传输的敏感数据，执行强制数据访问控制策略，阻断非授权的敏感信息传输，并及时告警。网络 DLP 通过旁路部署的模式，对将关键文档外传至文库、邮箱、网盘等行为实施有效监控，对安全运维管理区的人员操作实现网络层数据防泄漏。一体化基础数据平台网络数据防泄漏能力将复用现网具备的网络数据防泄漏能力。

④ 敏感数据溯源防护

一体化数据基础平台作为数字资源门户总枢纽，汇集了大量应用系统和数据资源，以支撑数字政府、数字经济、数字社会各领域数字化。在数据传输过程中，往往面临窃听、篡改、否认等一系列风险，以及伴随而来的数据泄漏风险。

依托信息隐藏技术，建设可覆盖一体化数据基础平台本身及平台上各业务系统的信息泄密溯源能力，重点围绕数据泄漏防护进行安全建设。通过文档隐形水印和视频隐形水印技术构建对平台上各类应用系统所涉及的文档数据、视频数据的安全防护能力，通过网页隐形水印技术构建平台上各类应用系统在屏幕显示过程中的安全防护能力，解决数据传输过程中网页数据、视频数据、文档数据被通过拍摄、截图、流转等方式造成的敏感信息泄密风险，达到信息安全管理最后一公里的管控效果。

（3）数据存储安全

① 数据库加密存储

基于网关代理加密技术实现敏感数据加密存储，提供数据库安全防护支撑。支持使用国际主流加密算法 AES 和国产加密算法 SM4 对敏感数据加密，使用SM3－HMAC 对敏感数据进行校验，满足等保、分保等评测要求，满足商用密码应用安全性评估的存储数据完整性和机密性保障的评测要求；

增加独立于数据库的访问授权机制，任何访问被加密数据的人或应用事先必须经过授权，拥有合法访问权限才能访问加密数据，非授权用户无法访问加密数据，有效防止管理员越权访问及黑客拖库。系统支持系统管理员，安全管理员，审计管理员的三权分立管理，增强数据库使用的安全合规性。

② 数据库访问授权

提供独立于数据库的访问授权机制，限制部分用户的增删改查操作，同时对访问的客户端的 IP、时间进行限制，从而防止内部特权用户或突破边界防护的外部未授权人员查看敏感数据。

③ 数据备份与恢复

数据备份与恢复是容灾的基础，灾难发生时能够保证业务和数据的连续服务能力，数据备份与恢复要求能将关键数据和配置信息进行打包导出作为备份，导出信息栏中会增加备份文件的描述、导出时间、导出类型和文件，也可下载到本地。当需要恢复配置时，选择备份包恢复即可回退配置。

（4）数据处理安全

① 敏感数据脱敏

在数据访问者读取访问数据的时候，能够监测和拦截数据访问请求，并根据请求中数据使用者的角色、权限、待访问数据的类别等级等信息，按照脱敏策略和规则实时对敏感数据进行脱敏处理。提供置空、遮蔽脱敏算法，支持扩展随机、仿真等其他脱敏算法。能够定义敏感数据特征，并对敏感数据进行自动发现并创建脱敏规则。同时，敏感数据类型特征库里包含常见的敏感数据类型，例如：中文姓名、身份证号、固定电话、手机号码、银行卡号、电子邮箱、中文地址、邮政编码、企业单位名称、组织机构代码、营业执照代码、税务登记代码、企业三证合一代码等。提供遮蔽、随机、仿真、置空等脱敏算法。

② 网页数据泄漏防护

通过网页隐形水印进一步加强对各类 Web 应用的安全管控，解决各个业务系统通过屏幕被偷拍、截屏带来泄密溯源难题，基于数字隐形水印的有效震慑，提升整体安全保密意识。网页水印模块提供在网页中嵌入跨媒介隐形水印与明水印功能，支持溯源用户 ID、水印嵌入时间等信息。网页水印模块嵌入到宿主系统中，宿主系统通过调用网页水印接口获取含有水印数据的 JS 代码，然后渲染明水印和隐形水印 div 层，明水印 div 层在网页内容之上，隐形水印 div 位于顶层。通过网页隐形水印实现对网页数据的泄漏防护。

（5）数据交换安全

① API/应用审计

一体化数据基础平台中，数据大多通过接口等方式实现交互应用，需要对数据交互过程进行安全审计和管控，确保数据流边界出口的安全、合规，实现数据交换、交互和流动过程中的可管、可控、可视、可追溯，对数据使用方的调用请求和数据提供方的响应数据进行记录，对数据交互过程进行审计和管控，检查数据使用者的身份识别信息，对于数据推送给未知的、未授权的数据使用方进行监管等，加强数据有效、安全地应用。

通过 API/应用审计系统，一旦发现异常数据，能够记录事件并发布告警通知。主动监听数据交换过程中应用/API 中的所有接口，并依据接口是否包含敏感数据，将接口自动分类为普通接口和敏感接口，对敏感接口的异常访问行为智能告警。

② 文档数据交换安全

打印设备作为重要的计算机外设产品，在一体化平台中也是不可或缺的办公工具。打印在给工作带来便利的同时，也对信息安全构成了潜在威胁。需要有效解决现有的打印泄密隐患和漏洞。文档水印嵌入到宿主系统中，用户登录宿主系统，预览、下载或在线打印版式文件的同时，系统通过调用中间件提供的电子文档水印嵌入 API，将包含安全标识信息的隐形水印隐写嵌入在文字中，文档每一页均含有安全标识信息，不影响文档的阅读效果，保密性高，隐蔽性好。

当发生泄密时，可以对电子文档源文件（.pdf/.ofd 格式）进行溯源，也可以对打印纸质文件的扫描图片（.png/.jpg/.jpeg/.bmp 格式）进行溯源，快速、精准定位文档泄密源头信息，从而降低发生文档泄密后的溯源成本，缩短取证调查时间。

③ 视频数据交换安全

由于安全管理的需求，各个关键节点部署了大量的摄像头，记录海量的视频信息，或是部分业务系统存在视频信息，详细记录敏感信息。由于缺少有效的管控手段，视频在播放、流转过程中，存在泄漏的风险，需要对视频进行有效管控。视频水印支持对 H264、H265 编码的 MP4、MKV、MOV 高清视频格式文件增加隐形水印，开发者调用接口，宿主程序将产生一个包含跨媒介隐形水印信息的窗口，该窗口在视频内容上层显示，保证溯源的最佳效果，视频隐形水印不影响视频展示，不污染视频文件。同时能够精准溯源，可通过泄密样本溯源到视频下载者信息和时间等详细信息。

（6）数据销毁安全

数据销毁指对数据及数据的存储介质通过相应的操作手段，使数据彻底消除且无法通过任何手段恢复的过程。针对重要的数据需要结合分级分类结果进行不同策略的数据销毁，如核心数据进行销毁时，需按照数据销毁标准流程进行物理介质销毁，避免因核心数据泄漏带来的不良影响。

销毁环节数据分级管控措施包括存储介质管理、资源回收管理、政务数据销毁、销毁日志记录等方面。数据销毁分级管控措施见表 4-3 所列。

表 4-3　数据销毁分级管控措施

类别	L1 级	L2 级	L3 级	L4 级
存储介质管理	对存储介质进行物理销毁的监督管理措施，确保对销毁的存储介质有登记、审批、交接等环节的记录			
资源回收管理	数据删除后应保证系统内的文件、目录和数据库记录等资源所在的存储空间被释放或重新分配给其他用户前得到完全清除			
政务数据销毁	涉及政务敏感信息的业务系统下线或敏感信息的授权使用到期时，应采用可靠技术手段删除敏感信息，确保信息不可还原			
销毁日志记录	用户退出服务、用户请求删除数据、超出数据保存期限时对数据进行及时销毁，对操作过程进行日志记录，建立完善的审计机制并严格执行			
数据销毁特定要求	/		删除覆写数据并格式化	删除覆写数据并格式化，然后对磁盘进行消磁

4）数据安全监管

（1）风险数据采集

数据安全监管提供全面的风险数据采集和管理服务，从而帮助了解和识别潜在的风险，及时做出决策和措施。

风险数据采集主要包含数据库探测和扫描，支持对重要的数据库进行探测和扫描，通过探测能力获取到数据库信息，然后设置数据库账号密码对数据库进行扫描，以获取数据库的元数据信息，包括数据库表、字段等信息；全生命周期数据采集，支持采集各业务系统的数据产生、传输、存储、处理、交换、销毁等数据全生命周期过程中的关键流量；安全设备告警日志采集，支持采集数据安全相关的安全设备告警日志，并通过统一的日志管理平台进行管理和分析；日志数据外发，通过制定日志共享任务实现采集到的日志数据外发的能力，外发的目标源支持数据库、文件系统及 syslog 服务器；支持数据资产对接 API、安全日志对接 API、安全能力认证接入 API 等外部接口的管理。

（2）数据资产管理

支持各种数据资产的发现、维护和保护，包括识别和清理无效资产，识别和保护敏感数据，以及根据数据资产的属性进行分类和分级。系统需要具备智能匹配和识别敏感数据的能力，支持使用机器学习、关键字、正则表达式和数据标识符等方法来识别敏感数据。包括：

数据资产的发现，支持全域数据资产智能挖掘和扫描梳理，支持对重要的数据库进行探测和扫描，先通过探测能力获取到数据库信息，然后设置数据库账号密码对数据库进行扫描，以获取数据库的元数据信息，包括数据库表、字段等信息。

敏感数据识别，通过制定扫描任务来识别主流数据库/组件中敏感数据。首先系统支持预定义敏感数据规则，包括自然语言识别、关键字识别、正则表达式识别、字段模型识别等规则；其次制定扫描任务，任务可指定扫描的数据库、抽样数量、通过率、任务执行周期；最后启动扫描任务，任务通过内置的识别规则来识别已发现数据资产中的敏感数据，并对数据进行分类和分级打标。

无效资产清理，系统支持数据表资产的维护管理，并能够一键清理无效资产。一键清理程序先从数据库/组件中获取最新的元数据信息，然后与系统当前的数据资产进行比对，将数据库/组件中已删除的表字段进行清理，同时相应的防护策略也会同步清理。

数据分类分级管理，先制定分类分级的标准，然后在扫描任务启动时对已识别的数据进行分类和分级打标,最后将打标好的元数据可视化展现,以便更好地理解和分析数据。分类分级的标准支持界面化制定,分为分级管理、分类管理两个模块。分级管理主要维护数据敏感度信息,包括敏感等级、价值信息;分类管理以树形结构展开管理,包括分类编码、分类名称等信息,同时支持维护分类与分级的关系。

大数据分类过程划分为分类规划、分类准备、分类实施、结果评估、维护改进 5 个阶段。数据分类分级流程如图 4-66 所示。

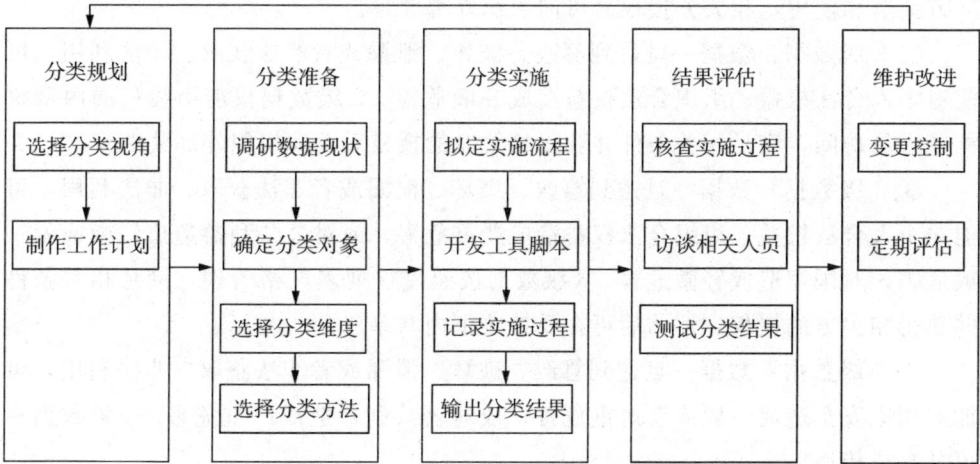

图 4-66　数据分类分级流程示意图

本系统分类标准制定参照 GB/T 38667—2020《信息技术　大数据　数据分类指南》第 8 章的线分类法开展数据分类。

线分类法旨在将分类对象(即本标准界定的数据)按选定的若干个属性或特征,逐次分为若干层级,每个层级又分为若干类。同一分支的同层级类别之间构成并列关系,不同层级类别之间构成隶属关系。同层级类别互不重复,互不交叉。

线分类法适用于针对一个类别只选取单一分类维度进行分类的场景。

分类标准制定前确定分类类别之间关系:

采用线分类法确定分类类别之间关系的过程包括:

① 确定一个分类维度;

② 确定该分类维度的分类类别;

③ 针对每一个分类类别:如果该分类类别不需要再进一步划分子类,则转第④步,否则确定该分类类别进行子类划分的分类维度,转第②步;

④ 所有分类类别均不需进一步划分，则分类类别之间关系确定。

注：上述过程完成后，将形成一棵分类类别关系树。树的叶节点为最终的分类项，通常称为基本类别；其余节点为中间类别。

本系统分级标准参照《政务数据　第 1 部分：安全分级分类指南》DB341/T 4631.1—2023 进行制定，将数据从低到高分为 1 级、2 级、3 级、4 级四个级别。

① 1 级数据：数据一旦遭到篡改、破坏、泄漏或者非法获取、非法利用，可能对个人合法权益、组织合法权益造成轻微危害。1 级数据通常在组织内部、关联方共享和使用，相关方授权后可向组织外部共享。

② 2 级数据：数据一旦遭到篡改、破坏、泄漏或者非法获取、非法利用，可能对个人合法权益、组织合法权益造成一般危害。2 级数据仅能由授权的内部机构或人员访问，满足相关条件并获得相关方的授权后可向组织外部共享。

③ 3 级数据：数据一旦遭到篡改、破坏、泄漏或者非法获取、非法利用，可能对个人合法权益、组织合法权益造成严重危害，或对公共利益造成轻微或者一般危害，对国家造成轻微危害。3 级数据按照授权列表严格管理，满足相关条件并获得相关方的授权、评估后可在受控范围内共享。

④ 4 级数据：数据一旦遭到篡改、破坏、泄漏或者非法获取、非法利用，可能对国家安全造成一般或者严重危害，或对公共利益造成严重危害。4 级数据不可共享或传播。

（3）数据安全态势感知

基于机器学习和大数据审计日志的分析技术建设可视化数据安全态势感知，将数据资产统计状况、敏感数据访问情况进行动态展示，并分析数据资产可能面临的泄漏风险，展示一个清晰、透明、可控的数据资产视图及访问行为态势，实现数据安全趋势和异常行为的自主监控。

数据安全态势感知主要包含态势感知大屏、主机威胁感知、账号威胁感知、用户行为威胁感知、数据库威胁感知、仪表盘管理等功能。

态势感知大屏，支持视图大屏展示功能，提供各主题分析视图/报表并且支持图表下钻功能，查询到详细日志信息，支持系统可以通过日志审计和图表钻取的方式对采集到的所有的日志进行原始数据查看，以地图方式展现访问情况，便于向管理层提供决策参考。

主机威胁感知，实现监控 Windows、Linux、CentOS 等平台的系统主机，监控要素包括主机数量、活跃情况、指令次数、密码错误次数、敏感指令次数、主机登录和远程 SSH 连接；对用户操作行为建立行为基线，对于偏离基线的行为进行告警，包括操作时间、频率、指令类型等；对可带来严重损害的高危操作进行分析，例如主动公网连接、特权指令执行等。

账号威胁感知，支持对于账号的异常登录行为进行分析，包括登录时间异常、登录地点异常；支持对疑似账号破解行为进行分析；对于能够监测到登录过程的系统，支持口令强度分析，对弱口令进行提示告警；支持对多人共享账号的行为进行分析；支持对长时间没有人使用的账号进行监测；对沉默账号重新操作的行为进行监测；对再次使用离职账号的行为进行监测。

用户行为威胁感知，支持用户最近活跃时间统计功能，用户执行高危操作指令进行分析；支持从操作时间、来源、目标、频率等维度上对用户操作进行分析，确认是否偏离正常操作范围；提供敏感数据查询功能，对从数据库中查询敏感信息的行为进行监测，例如查询手机号、身份证号等行为；提供数据传输功能，对于能够进行数据传输的行为进行重点监控分析，包括指令传输、FTP 传输、SCP 传输等方式。

数据库威胁感知，数据库监控要素包括主机情况、账号、实例、操作类型，支持各要素的执行排名和操作趋势展现，可查看语句详请；支持对数据库资产本身的操作，即指令操作，如 DDL、DML 等操作，系统将指令操作与语句操作分开汇总与统计；对于账号执行高危操作进行分析，例如数据库中清库等操作；数据库结构变化分析，对数据库表结构的变化情况进行分析，当表结构发生变化时进行提示；支持对从数据库中进行批量数据导出、备份行为进行监测。

仪表盘管理，支持自定义仪表盘功能，可根据不同的视角构建展示仪表盘，满足不同的需求。

（4）数据安全监测与审计

数据安全监测与审计支持采集块数据平台相关主机、块数据平台、堡垒机、VPN 及安全设备等日志数据，对日志、安全事件通过统计分析、机器学习等技术手段识别可能来自多个数据源触发的潜在安全风险，及时有效发现安全威胁。同时为数据安全运行中和和数据安全态势感知提供日志平台支撑。

数据安全监测与审计主要包含数据库操作分析、操作回放、数据抽取量分布图、敏感数据统计分析、数据访问情况分析、采集监控等功能。

数据库操作分析，解析数据库操作日志，通过多种维度对 sql 语句的平均响应时长/执行时长进行统计分析，支持单次 SQL 语句的操作指令解析，实现响应趋势和账号执行时长排序、sql 指令平均执行时长/响应时长排序和数据库 sql 语句执行类型统计图等视图展示。

操作回放，通过对堡垒机、linux 操作日志的收集，对用户的操作行为按时间维度进行回放，回放时间内可通过时间轴进行快速跳转，并在回放过程中对高危操作进行提示。

数据抽取量分布图，抽取各类操作日志，多种维度对数据抽取量进行统计分析，提供用户访问数据库的趋势分布图，提供日志采集、数据库对接、账号使用、主机对接等数量统计视图，提供搜索结果、检索主机、检索表、账号检索等数量趋势和排序视图。

敏感数据统计分析，依据敏感数据标签定义，展示敏感数据库、敏感数据表、敏感字段、数据类别等数量统计视图。

数据访问情况分析，监控敏感数据库、敏感数据表的查询情况，并以用户维度分析敏感数据的访问情况，提供用户访问敏感数据量、活跃用户数、敏感数据访问热度等视图。

采集监控，对来源数量、日志总量、日均日志数量、日志断流等情况进行展示监控。

（5）数据安全能力管理

数据安全能力管理涵盖了数据安全产品的集中管理、安全策略的规划和管理、数据安全基线的设置和管理、风险合规知识库的支持以及专业化、多维度数据安全报告等方面。

数据安全产品集中管理，支持数据库加密、数据脱敏、数据库审计、API/应用审计等产品的接入集中管理。系统提供这些数据安全产品进行接入和管理的能力，以实现数据安全管理的一体化，需维护产品的主要信息包括：产品名称、产品部署信息（包括部署 IP、部署目录、运行端口等）、产品负责人信息、产品描述等信息。

数据安全产品监控，系统支持查看相关接入产品运行状态以及接入产品对接的数据资源状态，日志接入量、Agent 状态管理等能力。通过监控各产品运行端口情况来分析产品的运行状态（端口不固定的产品需提供运行状态查看接口）。

数据资产平台需通过接口反馈平台对接的数据资源状态信息，日志采集平台需通过接口反馈平台日志接入量信息。

数据安全能力编排，提供剧本编排能力来实现安全策略规划的管理。

首先提供能力插件开发规范，快速实现与第三方应用的对接。各安全产品将自身的安全能力按规范提供对应的能力插件上传至平台。

其次提供安全能力插件管理，对各原子能力的维护管理，包括原子能力的调试功能。

最后提供剧本编排能力，支持为第三方应用开发者开放剧本编排功能，第三方应用开发者可以对已订阅的能力进行剧本编排，按照实际业务场景的需要串联、并联各安全能力，包括数据安全策略上传、数据安全策略下发等等。

数据安全基线，支持数据安全基线设置，各安全产品提供各项安全能力的基线值数据，将数据录入到系统进行统一管理；同时系统提供数据安全风险巡查、合规巡查、安全设备巡查等报告的上传能力，实现数据安全监测运营统一管理。

安全数据整合，各安全产品将漏洞库、威胁情报、合规知识库等信息上传至系统，系统对以上数据进行整合管理。

安全合规报告，收集各安全产品的各项安全指标数据，并以系统为单位将数据进行整合，自动生成专业化、多维度数据安全风险、数据安全合规报告。在有相应数据的前提下可自定义整体数据资产统计报告、敏感数据梳理报告、数据合规性专项评估报告、数据安全风险评估报告等。

（6）数据安全全生命周期管理

数据安全生命周期管理，包括数据采集、数据传输、数据存储、数据使用、数据共享和数据销毁六个方面的监控需求。通过提供统计图表、概览和日志详情等多种视图，帮助用户全面掌握数据的安全情况，及时发现和解决潜在的安全问题，确保数据在整个生命周期中的安全性。

数据采集监控，提供数据采集的统计图表和概览，同时监控系统接口、人工录入、数据库采集和文件采集等多种方式的数据采集情况。以上数据由数据安全中台提供。

数据传输监控，提供数据传输的统计图表、概览和日志详情，监控文件共享传输、物理接口传输、第三方工具传输、应用系统挂载传输、应用系统接口传输等多种方式的数据传输情况。以上数据由数据安全中台提供。

数据存储监控，提供数据存储的统计图表、敏感数据类别和存储日志详情，监控 DB 存储、终端存储、服务器存储等多种方式的数据存储情况。以上数据由数据安全中台提供。

数据使用监控，提供数据使用的统计图表和日志详情，监控运维场景、业务访问场景、开发测试场景等多种数据使用场景。以上数据由数据安全中台提供。

数据共享监控，提供数据共享的统计图表、概览和日志详情，监控文件共享、应用系统共享、数据库共享等多种数据共享情况。以上数据由数据安全中台提供。

数据销毁监控，提供数据销毁的统计图表、概览和日志详情，监控数据库销毁、服务器文件销毁、终端文件销毁、个人文件销毁等多种数据销毁情况。以上数据由数据安全中台提供。

4.7.2.5　主要服务能力

1）数字水印溯源

文档隐形水印和视频隐形水印技术构建对平台上各类应用系统所涉及的文档数据、视频数据的安全防护能力，通过网页隐形水印技术构建平台上各类应用系统在屏幕显示过程中的安全防护能力，解决数据传输过程中网页数据、视频数据、文档数据被通过拍摄、截图、流转等方式造成的敏感信息泄密风险，达到信息安全管理最后一公里的管控效果。

2）API/应用审计

API/应用审计系统可对应用系统的 API 流量数据进行分析，提取 API 的访问行为、访问内容、访问用户、API 相关协议，并根据构建的审计模型进行深度审计记录，为数据溯源提供依据，为数据合规正常使用和流转提供安全保障。

3）数据加解密

增加独立于数据库的访问授权机制，任何访问被加密数据的人或应用事先必须经过授权，拥有合法访问权限才能访问加密数据，非授权用户无法访问加密数据，有效防止管理员越权访问及黑客拖库。系统支持系统管理员，安全管理员，审计管理员的三权分立管理，增强数据库使用的安全合规性。

4）数据脱敏

数据脱敏技术通过将敏感数据进行数据的变形，为用户提供虚假数据而非真实数据，实现敏感隐私数据的可靠保护，这样就可以在开发、测试和运维等场景安全地使用数据。数据脱敏具备静态脱敏和动态脱敏的功能，支持的脱敏能力包括但不限于哈希、遮盖、变换等常用的脱敏算法。数据脱敏可以根据使用者的职责权限或者业务处理活动动态化的调整脱敏的规则，职责权限一般用来决定它可以访问哪些敏感数据，业务处理活动则主要决定采用哪些脱敏方式，例如用户展现的敏感数据则可以通过部分数据遮蔽等方式实现，用户开发测试的数据则通过同义替换的方式实现，最大程度地保护数据安全。

4.7.3　应用场景

4.7.3.1　数据文件下载共享场景安全防护

针对数据文件下载共享场景，主要验证文件数据在数据交换平台加密存储并嵌入文件水印，加密的数据共享到需求方后在本地解密查看，确保下载的文件安全。数据文件下载共享场景安全防护流程如图 4 - 67 所示。

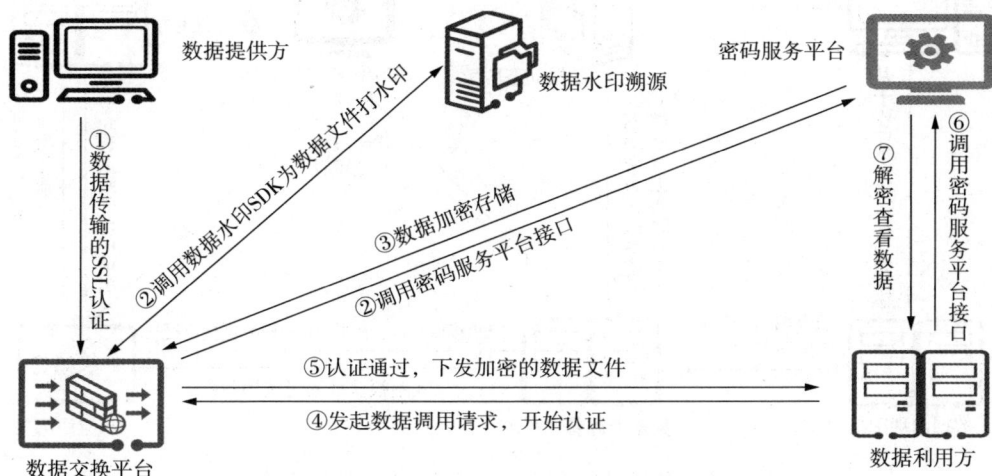

图 4 - 67　数据文件下载共享场景安全防护流程示意图

前置步骤：数据共享开放前，应由数据提供方进行审批，确保所提供的数据符合数据共享开放目录的范围及要求。

（1）数据提供方通过认证访问数据交换平台，将数据通过链路加密传输至数据交换平台。

（2）数据交换平台获取数据文件后，基于数据提供方属性调用数据水印 SDK，为数据文件嵌入水印。同时调用密码服务平台接口。

（3）密码服务平台为数据文件进行加密，文件加密存储于数据交换平台。

（4）数据利用方需要调用数据交换平台的数据文件，发起调用数据的身份认证。

（5）数据交换平台基于身份认证和权限管理，为数据利用方提供数据文件，供其下载使用。

（6）数据利用方获取数据文件后，调用密码服务平台接口。

（7）密码服务平台对数据文件进行解密，数据利用方可使用查看解密后的数据文件，文件中包含数据提供方属性及数据利用方属性的水印。

4.7.3.2　数据服务 API 共享场景安全防护

针对数据服务 API 共享场景，主要验证数据服务在被调用过程中安全技术能力的防护作用，确保数据安全共享。数据服务 API 共享场景安全防护流程如

图 4-68 所示。

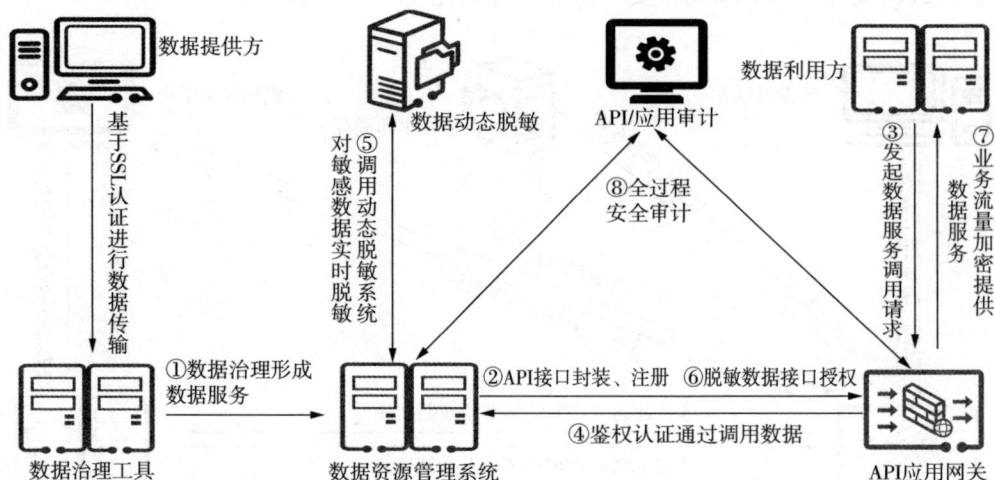

图 4-68　数据服务 API 共享场景安全防护流程示意图

前置步骤：数据共享开放前，应由数据提供方进行审批，确保所提供的数据符合数据共享开放目录的范围及要求。

（1）数据提供方将数据传输至大数据存算平台，大数据存算平台对采集到的数据进行综合数据治理工作。

（2）数据服务系统将治理好的数据封装成各类数据服务并形成 API 接口，API 接口注册至 API 应用网关系统。

（3）数据利用方需要调用数据服务系统提供的数据服务，向 API 网关发起调用数据的请求。

（4）API 应用网关对数据利用方进行鉴权认证，认证通过转发调用需求至数据服务系统。

（5）数据服务系统调用数据动态脱敏系统，对敏感数据进行实时脱敏。

（6）数据服务系统将脱敏后的数据提供至 API 应用网关。

（7）API 应用网关对脱敏的数据提供业务流量加密，安全地提供数据服务。

（8）API/应用审计全程对调用的流量、行为及字段进行审计，对风险事件进行告警。

4.7.3.3　数据开发测试场景脱敏防护

针对数据开发测试场景，主要验证数据开发过程中使用数据的审计以及对生产数据的脱敏。数据测试开发场景防护流程如图 4-69 所示。

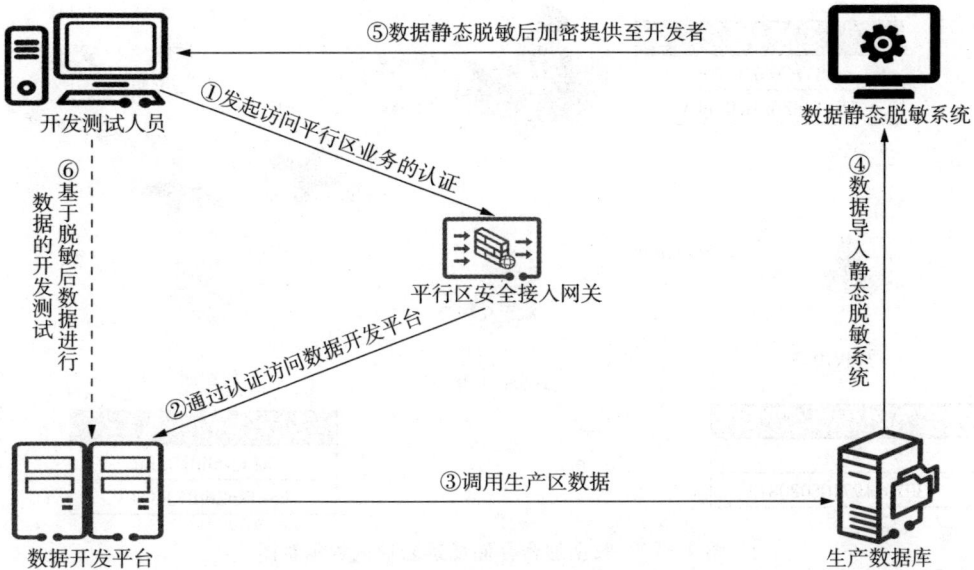

图4-69　数据测试开发场景防护流程示意图

（1）开发测试人员安装一体化终端安全客户端，通过零信任网关访问平行区数据开发平台。

（2）零信任网关确认用户身份，通过认证后放行访问需求，登录数据开发平台开展相关数据开发测试工作。

（3）开发测试过程中需要生产数据作为基础，发起调用生产数据的需求。

（4）生产数据库通过调用静态脱敏系统，将所需数据导入静态脱敏系统进行脱敏。

（5）静态脱敏系统将脱敏后的数据打包加密传输至数据开发测试者。

（6）数据开发测试人员利用脱敏后的数据开展相关工作。

4.7.3.4　数据加密存储场景防护

针对数据加密存储场景，主要验证数据经数据库加密网关加密后的授权访问以及对所存储数据的加密保护能力。数据加密存储场景防护流程如图4-70所示。

（1）需要加密的数据库信息录入数据库加密系统，通过反向代理，所有访问数据库都从数据库加密网关经过。

（2）数据库加密系统添加可信用户与应用，进行授权。

（3）经授权的用户访问数据库，可明文查看数据库内库表和字段。

（4）未经授权的用户访问数据库，数据库为密文数据。

（5）直接读取硬盘内数据库数据，为密文数据。

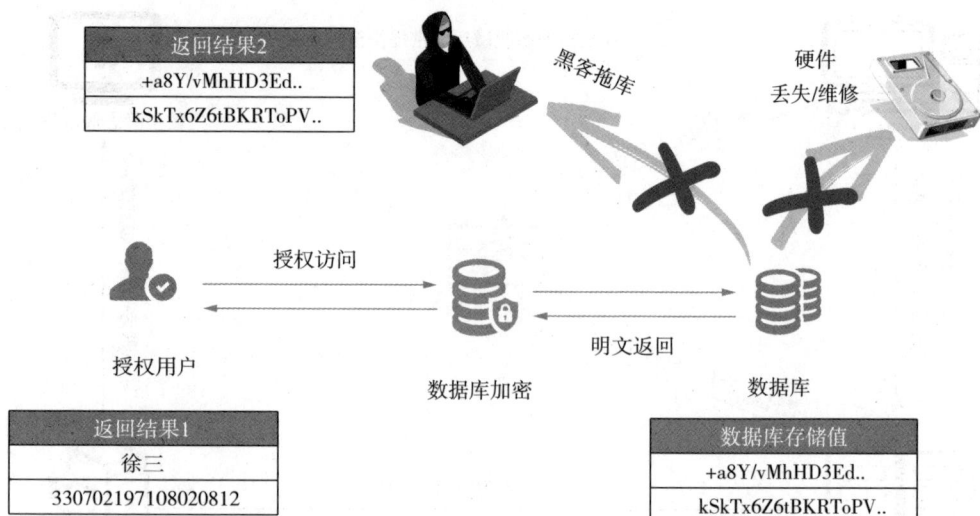

图 4-70　数据加密存储场景防护流程示意图

4.8　安全运营

4.8.1　综述

4.8.1.1　背景及现状

安全运营是以用户网络的最终安全为目的，实现运营过程的统筹管理。本质上，安全运营是一个技术、流程和人有机结合的复杂的系统工程，包含产品、服务、运维、研发等，通过对已有的安全工具、安全服务产出的数据进行有效的分析，持续输出价值，解决安全风险，从而实现安全的最终目标。

为保障一体化数据基础平台的稳定运行，最大化发挥各领域安全能力的使用，需要建设可视化、自动化、智能化、可运营的一站式 7×24 小时全天候全场景安全运营平台，将技术、管理、人员和服务进行有机结合，实现网络安全事件监测、响应、指挥调度以及对云安全、网络安全、终端安全、应用安全、数据安全的监控，建成上下级平台贯通的全链路防护、检测、预警、处置、反馈体系。平台以合规为基线，以业务流程为导向，结合制度规范，建立完善的数据生命周期的安全保障和监管措施。同时建立安全监控预警、信息通报和应急处置机制，逐步实现从"基于威胁的被动保护"向"基于风险的主动防控"转变，形成网络安全和数据安全的保障闭环。提升网络安全主动防御、监测预警、应急处置、协同治理能力，最终实现一体化数字安全体系的持续运营。

依托一体化安全运营平台，安全运营人员采集、汇聚、融合计算安全大数据，实现全方位全天候监控预警政务系统和数据资源的安全威胁、风险、隐患态势和网络攻击情况，有效加强对重要业务数据和个人隐私数据的识别和防护。为数据及应用提供一体化的安全保障能力，形成"多维联动、立体防护"的安全管控体系，统筹安全管控对象的资产识别、安全防护、监管监测、预警通报和应急处置，逐步形成基于平台、数据、系统、管理的四层立体安全防护体系。

1）现状分析

（1）安全合规对标

在安全运营规划中，要对标符合国家或行业出台的相关网络安全法律法规、政策、规划、推荐性或强制性的标准规范等要求，确保运营工作内容开展有完整合规。

① 国家安全政策法规

《中华人民共和国网络安全法》；

《中华人民共和国数据安全法》；

《中华人民共和国个人信息保护法》；

《中华人民共和国密码法》；

《关键信息基础设施安全保护条例》；

《网络安全等级保护条例（征求意见稿）》；

《网络安全审查办法》；

《网络数据安全管理条例（征求意见稿）》；

《"十四五"国家信息化规划》。

② 国家管理要求

《国务院关于加快推进全国一体化在线政务服务平台建设的指导意见》国发〔2018〕27 号。

③ 国家安全标准规范

《信息安全技术网络安全等级保护基本要求》GB/T 22239—2019；

《信息安全技术网络安全等级保护安全设计技术要求》GB/T 25070—2019；

《信息安全技术网络安全等级保护测评要求》GB/T 28448—2019；

《信息技术安全技术信息安全管理体系要求》GB/T 22080—2016/ISO/IEC 27001：2013；

《信息技术安全技术信息安全管理实用准则》GB/T 22081—2008/ISO/IEC 27002：2013；

《信息安全技术大数据安全管理指南》GB/T 37973—2019；

《信息安全技术大数据服务安全能力要求》GB/T 35274—2017；

《信息安全技术云计算服务运行监管框架》GB/T 37972—2019；

《信息安全技术云计算安全参考架构》GB/T 35279—2017；

《信息安全技术云计算服务安全指南》GB/T 31167—2014；

《信息安全技术云计算服务安全能力要求》GB/T 31168—2014；

《计算机信息系统安全保护等级划分准则》GB/T 17859—1999；

（2）安全风险分析

① 安全技术不足的风险

电子政务外网和政务云的安全防护能力已经相对齐全，但是随着新的项目和应用上线，是否具备专项的安全能力进行保障、上线的应用是否安全、应用是否符合等保和密评要求、人员的运维是否可控、数据是否泄漏等，这都是电子政务外网将面临的安全风险。主要包括：

网络安全不足，安全边界不断外延，且政务对外服务及信息交互已经成为基本需求。系统对外的暴露面不断增加，可被恶意利用的系统漏洞也不断增加，传统的以防为主的安全架构受到了极大挑战，安全防御手段也明显不足。需要重新分析当前信息系统的架构，评估安全措施的有效性，实施积极防御为主导思想的新的安全架构。电子政务外网的各类信息化运维操作未能形成有效的实时监控和审计能力，操作人员、操作过程、达成效果都是未知的，一旦出现重大安全事件，无法事前防范和无法定位责任，这给电子政务外网的安全性带来未知、不可防范的风险。

政务云安全不足，在云计算环境中，传统自我管控与隔离的手段不存在了，云计算资源的集中化放大了安全威胁和风险，因此，从平台安全防护和租户数据隐私保护的信息安全角度出发，如何保证访问控制机制符合客户的安全需求就成为云计算环境所面临的安全挑战。

终端安全不足，运维人员的接入终端，缺乏统一的安全管理措施，终端可能存在比较多的漏洞和病毒入侵风险，对于终端的风险情况不可知，对于运维人员在终端上的操作缺乏安全审计，可能存在运维人员违规操作和泄漏数据的情况，这些都将会给电子政务外网带来比较大的安全风险。移动终端往往处在不受控的办公环境中，通过互联网连接到政务外网中，存在着通过攻击移动终端及远程传输网络渗透到政务外网系统中的风险。

密码应用不足，很多应用系统在身份认证、安全隔离、信息加密、完整性保护、抗抵赖性等密码应用环节存在系统性缺失，在部分应用密码的环节领域使用非国产密码算法的现象也比较普遍。亟须形成统一的密码安全管理体系，构建成体系的、安全有效的密码保障系统，为政务网络和应用系统抵御网络攻击提供有效的基础密码安全能力支撑。

应用安全不足，随着政务系统软件开发工作的开展以及新业务的上线，大部分用户因安全资源有限等原因，在信息系统开发生命周期中往往忽略了安全活动，或者仅在运行阶段才开展安全活动，造成多种问题难以解决，如安全问题暴露时间长、整改成本较高、"速度"和风险难以平衡等。而存在风险的应用上线，也将给电子政务外网带来极大的风险。大量的应用面临多类型人员、多渠道接入、多网络环境的集成与管理困境。面对日趋严重网络安全风险，没有形成统一的单点登录机制，缺乏有效的权限预配、访问风险控制评估体系，无法对异化平台发布的应用做到有效的身份保护。

数据安全不足，数据安全能力仅支持各自业务系统使用，数据安全体系化的建设尚不完善。当前数据安全建设基于合规性层面，参照内容来源于网络安全等级保护等相关的合规条款中，数据安全统筹化、高度化的设计不够完善。

② 安全管理不足的风险。

随着《中华人民共和国密码法》《中华人民共和国数据安全法》《关键信息基础设施安全保护条例》《中华人民共和国个人信息保护法》等法律法规以及相应配套的安全防护体系建设标准集中式发布，需参照的内容快速的扩张化、专项化，导致安徽省数据资源管理局现有的安全管理体系建设不够完善。

③ 安全运营不足的风险

目前仅提供相应人员对部分安全设备进行安全运维，缺乏统一资源、持续有效的安全运营，全网安全设备及数据割裂分散，各部门、各单位的安全体系呈"孤岛"式建设状态，"孤岛"式的安全建设，造成安全数据无法打通，仅限于内部流转，在整个省电子政务外网、互联网、政务云平台范围内，安全数据处于割裂状态，没有形成安全数据的大集中，难以对整体安全风险进行监测和分析，更做不到对安全风险的管控，从而实现安全的有效运营。

前期已经建设的安全监测平台，其监测覆盖面还不够全面，需要对监测面进行扩充，对云上数据、应用数据、数据安全相关数据等方面需要进行融合分析。

各部门、各单位对安全事件的响应和处置的及时性和有效性还有待进一步加强，若发生安全事件，可能会出现响应不及时的情况，一是全省政务层面尚未形成统一的指挥决策机制，处置指令难以下达，无法形成有效的联防联控的体系；二是各部门和单位安全工作人员的安全事件应急处置能力存在不足，面对各类突发的安全事件，不能有效地进行处置。

总之，目前的安全建设都呈现着"碎片化"的模式，缺乏统一管理和持续有效的运营，从而造成安全防护缺乏整体性和能动性，安全防护能力大打折扣。

（3）资源共享分析

为支撑全面风险感知和安全管控，通过多维度、全面、实时采集云、网、端、密、用、数等全链路数据，形成安全数据的大集中；打通上下级平台的安全互信路径，实现数据共享，保障一体化网络安全防护体系以及监管体系的建成和有效运转。

（4）行业实践对比

浙江省 2023 年政府工作报告提出：建立数据分类分级保护基础制度，健全关键信息基础设施安全保护制度。广东省 2023 年政府工作报告提出：加强数据资源的整合归集、共享利用，强化网络安全和数据安全保护。上海市 2023 年政府工作报告提出：完善数据数字安全体系，强化个人信息保护。

对照在多个方面可以借鉴和加强，主要包括：

① 关键信息基础设施安全保护制度方面

通过一体化安全运营平台建设，满足保障信息基础设施持续稳定运行的要求，在此基础上，需要加强对关键信息基础设施安全保护制度的建设，以规范的安全保护制度确保数字安全体系的可落地和高效运转。

② 强化网络安全和数据安全保护，完善数字安全体系，强化个人信息保护方面

通过一体化安全运营平台建设，满足强化网络安全和数据安全保护、完善数字安全体系的要求，在此基础上，需要加强对个人信息存储管理的部门单位的安全能力输出和安全风险监控，确保网络、数据、个人信息全面安全。

4.8.1.2　安全运营面临的问题

需针对目前各部门、各单位安全事件响应不及时的现状，形成统一指挥决策的技术支撑和管理机制，对安全事件，特别是重大安全事件，能协调各部门、各单位的人员有效作出快速反应，采取有效措施，遏制安全事件的进一步发展，及时消除安全事件对信息系统造成的影响，保障信息系统安全稳定地运行。

需针对目前各部门、各单位安全体系的建设存在不规范、安全体系不健全的情况，对各部门、各单位的安全建设情况进行常态化的安全检查，包括网络空间资产测绘、风险评估、渗透测试、漏洞检测等服务，发现防御体系的薄弱点并指导进行整改，加固信息系统的安全防御措施。通过网络安全建设规划、安全管理体系咨询、等级保护安全咨询、关键基础设施检测评估、商用密码应用安全评估

咨询等服务进行安全建设指导，帮助各部门和单位进行安全体系规范化的建设，满足国家法律法规和相关标准的要求，提升安全防御水平，另外需要通过实战攻防演练、应急预案演练等方式提高各单位、各部门安全工作人员的安全监测、安全分析和应急响应能力，使之能够对安全事件进行及时的发现并采取相应的措施进行处置，有效抵御安全风险，通过对各部门和单位网络安全检查指导，提升整个网络安全的防御能力和风险防范能力。

4.8.2　平台建设

4.8.2.1　建设目标

通过数字安全体系的建设，在保障一体化数据基础平台安全的同时，从技术、管理、运营等各方面形成了标准化、规范化的安全能力，促进全省政务体系网络安全防护水平不断提升。通过安全运营实现如下目标：

（1）通过加强安全运营，及时发现安全隐患，加强省级政务体系安全整体防御能力，减少重大网络安全事件发生概率，减少或避免重大网络安全事件所造成的经济损失。

（2）通过安全运营的统一规划、统一建设，充分整合现有的安全资源，并将安全能力服务化，实现全域安全能力的按需供给。一方面，扩大了安全能力覆盖范围，提升了安全响应速度；另一方面，提高了安全资源的利用率，避免了大量的重复建设，减少了安全建设的资金投入，具有较好的经济效益。

安全运营平台以电子政务外网大数据为导向，建设综合管理中心、风险预警中心、决策响应中心、演练指挥中心和能力服务中心，使平台满足布局覆盖云、网、端、应用、数据全链路安全监测体系，通过对各种数据进行集中处理，关联分析，实现全时、全程监测电子政务外网信息安全动态，构建全时全域的网络安全态势感知和预警能力，及时发现安全风险并能快速进行响应和处置。同时结合能力服务中心整合现有的安全能力，将安全能力服务化，实现全域安全能力的按需供给。

4.8.2.2　体系规划

为了提高安徽省电子政务外网和本平台的整体的网络安全管理效益和治理水平，确保与关键基础设施和本平台应用业务持续稳定运行，支撑政务数字化转型可持续性发展。从网络安全治理的全局视角和安全需求出发，以习近平总体国家安全观为指导思想，按照法律法规、行业标准的要求，充分利用现有包括硬件设备、软件系统在内的网络安全防护能力，优化部分现有网络安全管理和防护能力，新建部分网络安全防护能力，整合行业最前沿的安全技术、最优质的信息资源，围绕数字政府基础设施和业务应用的整体生态安全，运用大数据分析、人工智能等先进技术，从风险识别、纵深防护、安全监测、应急处置、优化改进五个维度，整合"人员、技术、流程"三个核心要素，建设"一平台、三体系"的安全运营中心，向省各部门、各单位、各委办局持续输出安全能力，从而为网络安全空间治理持续赋能，提高整体的网络安全管理效益和治理水平，确保关键基础设施和应用业务持续稳定运行。一平台即为一体化安全运营平台；三体系包括安全运营服务体系、安全运营流程体系、安全运营评价体系。

通过安全运营体系的建设，实现对安徽省电子政务外网、政务云平台和本平台整体网络安全风险全面感知、精准研判、高效响应、纵深防御、联防联控和安全赋能的目标。

1）全面感知

通过对安徽省电子政务外网安全监测平台升级扩容，采集整个安徽省电子政务外网、政务云平台和一体化平台的安全日志、网络流量、安全漏洞、网络舆情、威胁情报等安全大数据，利用大数据、人工智能等技术进行关联分析、统计分析，做到 7×24 小时、全方位的安徽省电子政务外网网络安全风险态势感知。

2）精准研判

通过利用大数据分析、人工智能等先进的信息技术，精准发现安全威胁，配合安全运维服务，进行分析研判，及时发现真实的网络安全事件，提高网络安全威胁响应和处置效率。

3）高效响应

一方面通过统一的指挥决策机制，协调省数据资源管理局各部门、省网信网安和省直委办局各单位进行快速的响应和处置，全面控制安全事件的蔓延；另一方面通过自动化技术，对安全策略进行自动下发，保证防护策略的快速更新，第一时间对网络攻击行为进行阻断，防止信息系统被进一步地入侵而造成的破坏和数据泄漏。

4）纵深防御

通过安全防护措施的加强，完善各部门、各单位的防护体系，从政务云主机、政务网络边界、政务系统等业务应用、安全管理、安全技术等层面构建多道安全防线，形成纵深防御体系，有效抵御安全风险，保障信息系统的安全稳定运行。

5）联防联控

通过安全运营中心，使安全监测、预警通告、威胁情报和安全决策能力在电子政务外网范围内形成纵向和横向打通，使情报能与国家政务外网、省直单位、市级政务外网范围内进行共享，安全决策能快速下达至各部门、各单位，形成整体联防联控的机制。

6）安全赋能

通过安全顶层设计，规范安全建设，同时利用安全监测、检查和验证手段，发现各部门和单位安全防御体系的薄弱点，并进行预警通告和建设指导，对接三重防护技术能力，将防护能力进行安全赋能，完善各部门和单位的安全防御体系。构建网络实战演练平台，支撑应急演练。

4.8.2.3　建设规划

1）第一阶段：体系建设

面向应用开发上线阶段完善部分安全检测能力，同时对网络安全、云安全基础设施等开展相关建设，通过云上安全能力确保平台自身安全。进一步从密码应用层面加强基础设施安全的建设，同时围绕数据安全开展全生命周期防护及数据安全监测体系的建设，保障应用和数据运行过程的安全。

2）第二阶段：完善能力

统筹集约各类安全资源，全面采集各类政务安全数据，统一调度各类安全能力，构建可视化、自动化、智能化、实战化的一站式安全运营平台，提升网络安全主动防御、监测预警、应急处置、协同治理能力。

建设内容包括新增部署各类安全探针，全面采集各类政务安全数据，统一调度各类安全能力，构建可视化、自动化、智能化、实战化的一站式安全运营平台，提升网络安全主动防御、监测预警、应急处置、协同治理能力。通过专业安全服务人员，实现数字安全体系的可持续运营。

3）第三阶段：优化评测

采用过程评价、结果评价的方法，参照安全运营评价指标度量与评价安全运营工作的有效性，对安全运营团队和其服务开展评价，促进安全运营的持续改进。将安全运营评价的指标下发给各委办厅局单位，各委办厅局单位可依据安全运营情况进行评价。

4.8.2.4　建设要求

1）总体要求

安全运营平台建设以电子政务外网大数据为导向，建设综合管理中心、风险预警中心、决策响应中心、演练指挥中心和能力服务中心，使平台满足布局覆盖云、网、端、应用、数据全链路安全监测体系，通过对各种数据进行集中处理，关联分析，实现全时、全程监测电子政务外网信息安全动态，构建全时全域的网络安全态势感知和预警能力，及时发现安全风险并能快速进行响应和处置。同时结合能力服务中心整合现有的安全能力，将安全能力服务化，实现全域安全能力的按需供给。

2）业务功能要求

根据安全运营平台项目总体业务需求，安全运营平台建设中将需要具备以下业务能力。

（1）大数据基础平台设施能力

需建立一套基于大数据的基础分析平台，包括涉及的所有软硬件设备基础设施，支撑平台的上层应用。该平台以大数据关键技术为支撑，集数据导入/导出、数据存储、数据处理、机器学习、数据管理、安全防护等一整套完善的大数据基础平台建设方案。

（2）多源异构数据采集能力

随着政府 IT 信息化的不断深入，信息安全水平不断提升，安全防护产品越来越多，安全产品的品牌也各式各样，同时对于后续的安全分析，已经不仅仅是安全设备的职责。同时面临着多方面的需求与挑战：

① 满足等保合规要求

目前国家的政策法规、行业标准等中都明确对日志审计提出了要求，《信息安全技术网络安全等级保护基本要求》（GB/T 22239—2019）中规定：需要对分散在各个设备上的审计数据进行收集汇总和集中分析，并保证审计记录的留存时间符合法律法规要求。日志审计已成为满足合规要求所必需的功能。

② 满足法律法规要求

自 2017 年 6 月 1 日起施行的《中华人民共和国网络安全法》中第二十一条规定"采取监测、记录网络运行状态、网络安全事件的技术措施，并按照规定留存相关的网络日志不少于六个月"。由于政务系统网络设备、应用系统和安全设备较多，产生的各类日志已经不是传统关系型数据库的日志审计产品能够承载的，需要通过先进的大数据技术已于收集、分析、存储，才能满足法规要求。

③ 满足业务要求

随着政府 IT 信息化的不断发展，信息化资产数量日趋增多、系统的关联性和复杂度不断增强，然而当前政府信息安全形势日益严峻，信息安全防护工作面临前所未有的困难和挑战。安全管理平台建设需要做好多源异构全数据采集规划，对于网络内可用的安全分析辅助信息进行收集，包括但不限于安全设备日志、业务系统日志、网络流量等等，为后续平台数据挖掘及关联分析做好数据准备。

（3）数据治理与融合能力

需建立对多源异构数据的治理与融合能力，包括对数据的实时获取，数据的抽取、清洗、转化、加载等工作，并按照统一数据标准对数据进行必要的初始化，数据分类标签化，各数据源的语义化等。包括在数据的持续接入过程中对数据接入情况、数据质量进行监控等。

（4）数据存储与分析能力

政府的网络业务系统是敌对势力、黑客组织重点攻击对象，同时业务类型多样，网络设备众多，各类设备产生的海量数据需要有一套高效的存储和分析平台，对于已知攻击的实时分析、历史数据的挖掘分析，以及对政府海量数据、事件、文件等的关联分析、检索、实时在线检测、离线检测、发现高级的 APT 攻击和信息泄露行为等能力需要作为平台具备的基本能力，计算能力的强弱直接决定着平台今后的实用性。

（5）大数据智能建模能力

需要建立一套大数据智能建模系统，为业务模型的建设提供支撑，实现从业务目标确认、数据资产管理、数据准备、数据预处理、数据特征探索、特征工程、模型预测、模型投产运行的向导性支持，指导和辅助建模人员完成模型创建。同时，系统通过预置场景案例以及算法，支持对建模知识的学习和实践。

（6）网络安全威胁研判能力

需建设一套支撑网络安全研判能力的综合系统，该系统需具备以下能力：包含安全监测、态势感知、追踪溯源、攻击者画像、攻击链分析、态势报表、运营工作台、威胁情报、CII 监管、工业互联网安全监测等十大子系统。通过十个子系统的建设，确保能及时、准确地对重大网络安全威胁和风险的专项分析研判，实现对网络威胁源头、意图、途径、能力、影响范围等要素的深度识别，从微观和宏观两个层面进行态势分析跟踪与态势动态展现。

（7）安全指标及态势的可视化能力

借助具有整合数据、分析数据、呈现数据能力的平台将海量的安全日志进行整合分析及态势展现，同时分析和预警"过去发生什么、当前发生什么、我该怎么做、未来会发生什么"。

（8）安全漏洞闭环管理能力

直观高效的漏洞全生命周期的管理工具，发现漏洞、处置漏洞、处置后漏洞跟踪、复查，进而形成闭环的效果。

(9) 威胁情报预警能力

建立网络安全态势感知监测通报手段和信息通报预警及应急处置体系，以热点安全事件情报、安全威胁情报、安全通告情报、监管部门信息安全情报、其他机构部门情报驱动安全管理。

(10) 网络安全应急指挥能力

需建设一套纵向贯通、横向联动的应急指挥、协同响应体系，该体系平台需具备指调度能力、重保任务管理、通报预警、重大事件应急、快速处置能力。同时为实现响应的速度，平台需能发布信息安全通报、信息安全通告、安全政策法规、风险提示等信息，可以及时通知相关负责人，使相关单位能够及时接收并处置。

(11) 网络安全信息共享能力

需要建设网络安全信息共享能力，通过该能力可以实现网络安全分析研判结果数据提供、同时接收共享的漏洞知识库、威胁知识库、事件知识库信息，可以为各监管单位提供网络安全分析研判结果数据，可以为市级单位提供网络安全分析研判结果数据及政策法规文件等相关内容。网络安全分析研判结果数据包括重大突发事件预警信息、网络安全事件信息、应急处置案例等。

(12) 与外部平台对接能力

安全运营平台作为统一安全平台同样要求与多系统对接，包括但不限于省电子政务外网安全监测平台、地市安全运营平台以及网信办、公安等第三方平台。

3）平台性能要求

(1) 可靠性要求

采用开放共享的建设模式。各业务共享统一的存储和计算资源，资源由平台根据各业务的需求统计调配。打通各类数据的访问通路，支持数据的关联分析；采用以大数据技术为基础的新技术架构。采用标准化硬件。减少专用设备的使用，减少盘阵的使用。通过软件实现容错、灾备的需求，降低设备的采购和维护成本。

主要满足如下的功能：

① 数据存储：满足配置、日志、网页、网络等多源异构数据的加载和存储。

② 数据处理：满足数据查询、全文检索、流式数据处理、数据离线分析等多种数据处理模式。

③ 系统管理：满足多租户管理所需要的权限管理、资源隔离，系统可监控、可靠、可扩展。满足存储系统的灾备要求。

④ 软硬件系统应具有良好的可靠性，建立各种故障的快速恢复机制，确保

实现 7×24 小时地正常运转，确保信息交换工作正常运行。

（2）安全性要求

软硬件系统应具有完整、全面的安全体系和良好的安全性，能够提供信息保密性、数据完整性、身份识别和数字认证、防抵赖性等安全保障措施，确保信息系统的安全运行。系统设计不影响各部门相关信息系统的安全性。

由于涉及众多重要基础和核心设备的信息数据采集，因此面临内部传输链路的安全性进行考虑，同时与上级平台的对接传输，还要考虑链路加密等数据安全性，如带宽受限，还需考虑数据传输到外部单位的安全性问题。

（3）可用性要求

对新兴的威胁防御以及资产维度上的威胁感知。通过多设备联动，对复杂网络威胁攻击（APT 攻击）的检测和防护。从核心资产维度的监控和分析。保证整体网络可用性。

（4）扩展性等其他要求

① 涉及的平台的性能需求，例如可扩展性及响应时间等。

可扩展性强调平台的可持久性，可扩展性越高，系统兼容性越高，平台更具有冗余能力及稳定性。响应时间反映平台的灵敏度，态势感知对于时间响应应有一定时间界定，更短的响应时间，对于系统决策以及问题处理的能力提升就更加有效。

② 与现有平台、系统的对接要求。

③ 在线升级和多版本运行要求。

主要功能均需要支持在线更新功能，在不停业务的情况下实现软件的升级。数据查询、分析和计算框架等软件模块应支持在线同时运行多个版本。

4.8.2.5　建设内容

1）建设内容概述

为保障一体化数据基础平台的稳定运行，构建 7×24 小时全天候一体化安全运营平台，将技术、管理、人员和服务进行有机结合，实现网络安全事件监测、响应、指挥调度以及对云安全、网络安全、密码安全、应用安全、数据安全的监控，建成上下级平台贯通的全链路防护、检测、预警、处置、反馈体系。平台明确各类业务数据在数据全生命周期各个业务场景下保障要素，以合规为基线，以业务流程为导向，结合制度规范，建立完善的数据生命周期的安全保障和监管措施。同时建立安全监控预警、信息通报和应急处置机制，逐步实现从"基于威胁的被动保护"向"基于风险的主动防控"转变，形成网络安全和数据安全的保障闭环。

（1）建设效果说明

安全能力集约化：在现有安全能力的基础上建设一体化安全运营平台，实现"分散式"安全系统的能力复用，与新增安全能力的融合贯通，达到安全数据的集约化汇集、分析、上传、下达等目标。

运营处置一体化：打通一体化安全运营平台与用管平台的账号体系，基于安全能力集约化，实现各厅局用户全部集中在一体化运营平台进行安全运营处置闭环。

服务模式 Sass 化：全面建成安全运营 Sass 化服务模式，各厅局用户根据自身业务安全要求可以灵活的选配安全服务能力，实现自主化运营或托管式运营。规避安全能力规划重复建设，资源浪费。

（2）建设技术路线

平台建设采用自顶向下的方式进行建设，先建设统一的安全运营平台，该平台用于提供不同视角的一体化安全运营能力，然后利用统一的数管平台，建设安全数据中台，用于对接各边界网络安全、终端安全、云安全、密码安全、应用安全、数据安全等平台的数据，并进行统一融合治理，做到标签化、主题化、租户化的数据安全生命周期管理。下一步基于安全统一分析的能力，结合安全风险生命周期管理流程，建设一套安全业务中台，提供相关引擎能力，用于提供对安全风险的分析，风险追踪溯源，主动资产的探测，漏洞分析，情报管理等进行整合。最后搭建一套用于对风险处置闭环的能力中台，提供包括定期攻防演练能力，重保指挥能力，通报预警能力，工单管理能力，安全服务资源申请能力，联动处置能力，综合评价能力。

① 建设统一融合安全运营平台

平台需要建立在一体化数据基础平台的基础上，以各委办局（租户）和大数据局两种运营视角，将边界网络资源，终端资源，云平台资源等作为统一管理对象，对接云管平台、用管平台、数管、统一资源管理平台，围绕业务流程＋数据两个核心要素，建立围绕监测—分析—通报—处置的统一入口的，一体化、全方位、全域、资源池化的全统一管理能力平台。为用户解决安全一体化运营需求。

② 建设管理视角应用

安全总览：为省大数据局管理人员提供所有接入委办局的统一安全概览，包括安全风险打分排名，监控资产排名，工单处置排名，风险资产数排名，被通报次数排名，安全资源覆盖状态，暴露面统计排名，风险事件数排名。

综合考核：为省大数据局管理人员提供考核指标分析呈现，包括考核指标呈现，考核办法管理，综合报告管理，被考核单位评价管理，应急支撑管理。

通报预警：为省大数据局管理人员提供通报预警总览及通报任务管理功能单，让局管理人员可以通过协同处置平台同步的公安、网信等监管单位下发的通报结果和自身安全监测平台、攻防演练平台发现的风险进行事件通报，并形成工单流转流程，通报预警总览包括通报预警总量、通报预警类型分布、通报预警处置完成数量与完成率、通报预警逾期未处置数量与逾期率、通报预警处置趋势、通报预警及时处置单位排名、通报预警逾期未处置单位排名，通报任务管理包括安全事件及漏洞通报管理、国家及行业权威性的通告管理，重大安全事件报送管理。

重保指挥管理：为省大数据局管理人员提供在重大活动或者重要会议期间，重要单位的网络安全保障和安保人员调度功能，提供重保专项可视化呈现，提供重保任务管理，重保单位管理，技术支撑单位及技术专家管理、重保资源统筹调度功能。

安全评估管理：为省大数据局管理人员提供对真实目标系统进行攻击演练管理功能，评估效果综合呈现，评估方案管理，评估对象管理包括对各委办局各监管区域对应的目标系统选定、评估手段指定，评估任务管理包括任务下发、任务状态跟踪，任务结果分析。

工单管理：为省大数据局管理人员提供业务流程化管理功能，管理通过协同处置平台同步的公安、网信等监管单位下发的通报结果和自身安全监测平台、攻防演练平台发现的租户下的风险给委办局租户的通报，包括资产工单管理、安全风险工单管理、服务资源申请工单管理。

③ 建设租户管理视角应用

综合概览：为接入大数据局的各委办局租户提供统一的综合概览，包括安全风险打分排名，监控资产数，工单处置统计，风险资产数统计，被通报次数排名，安全资源覆盖状态，暴露面统计排名，风险事件数排名。

态势呈现：为接入大数据局的各委办局租户提供网络安全数据和态势分析的可视化能力，通过事件分布、热度展示、事件发展态势等各项维度的展示，实时、动态展现网络中的安全攻击事件，有效地提高租户掌握整体网络安全态势的能力，进而不断优化调整安全策略，及时应对网络安全威胁，实现租户网络环境的整体安全。

资产管理：为接入大数据局的各委办局租户提供统一的资产总览，具备资产认领机制，可接收区域内未知资产并调查后反馈未知资产详情，建立资产与所属单位、运营人员之间的关联，形成资产知识图谱；具备资产上报机制，提供上报模板和完整的资产上报流程，新上线的资产和业务系统及时完成申报；具备资产风险整改反馈机制，完成资产加固工作后，进行工单反馈。

服务管理：为接入大数据局的各委办局租户提供统一资源服务管理，具备服务目录可视化能力，可基于服务目录进行服务资源的申请，包括服务能力、硬件资源、基础配置等。

工单管理：为接入大数据局的各委办局租户提供工单提交及反馈功能，包括提交服务资源申请工单、资产申报工单、安全事件处置反馈工单、风险事件上报工单。

策略管理：为接入大数据局的各委办局租户提供多厂商设备集中策略管理功能，包括策略配置下发、策略优化梳理、配置变更对比跟踪、全网安全策略检索、安全策略周期性备份。

联动处置：为接入大数据局的各委办局租户提供安全事件联动处置能力，包括案件管理，剧本管理，支持人工或者自动调用剧本进行响应处置，可联动的资源不仅包括安全设备，还包括网络设备、终端管理设备和无线设备。

④ 建设安全中台

建设全域安全大数据中台，覆盖整个大数据局全链路安全数据从采集、归集、加工、服务、消费的全链路的各个环节，做好安全能力的封装，面向各管理层级，各专业部门提供即时、准确、完整的安全能力和服务。

A. 数据采集处理技术

数据采集需要获取网络中多源异构的安全设备数据、流量数据、资产数据、安全告警等数据信息，并通过数据识别、格式化、数据的关联、数据的融合、数据的标签化等技术手段完成数据预处理，形成标准化数据。完成安全数据治理工作后，为数据分析及存储模块提供统一格式化的输入，便于事件关联分析与网络安全态势评估，最终实现安全状态的实时监测。数据采集技术能够并发、高效的集成各种不同类型软/硬件安全设备的数据信息，数据采集处理是实现安全运营能力第一步，并且是至关重要的一步。

B. 数据分析技术

数据分析的基础在于基于安全模型的分析计算。通过充分实现实时分析、离线数据的批量分析和迭代计算、实时和离线数据挖掘，人工交互式分析等方式，提供机器学习、数据挖掘等技术手段，建立分析模型。结合分析云平台资产、服务器、数据库、安全设备、网络流量等多个域的数据，识别面临的网络安全威胁。数据分析的计算能力主要包括以下三类。

a. 基于知识检测，根据收集到的异常操作行为特征创建相关的特征库，当受监视的用户或系统行为和该特征库里的记录匹配成功时，认定入侵行为。其基本原理是对已知攻击按照某种方式进行精确编码，通过捕获系统遭遇的攻击并对其重新排列编码，从而确认该入侵方法是同一漏洞攻击方法的变体，知识检测主要包括模式匹配方法、专家系统方法和状态转换方法等类型。

b. 基于行为异常检测，通过总结那些正常操作中应该具有的特质于与特征，当正常的行为与用户的一些活动有很大的偏离时，认定其是入侵活动，行为异常检测的优点对于未知的入侵行为的检测非常有效。

c. 协议分析，利用一些网络协议高规则性来迅速检测和探测是否存在威胁性攻击通过分辨数据包中的协议类型，从而方便运用相对应数据的分析程序去检测这些数据包，将所有协议构建成一棵协议树（形同二叉树），其中某个特定协议就是这个树结构中的其中一个节点，从这棵树的根部到某个叶节点上的路径其实就是分析网络数据包的过程。

C. 态势评估技术

态势评估是整个网络安全态势感知过程的关键步骤和核心环节，在网络安全态势感知研究领域占据重要地位，通过对网络安全设备产生和收集的安全数据和事件进行实时地提取、汇总、过滤和关联分析，基于安全指标建立相应的数学模型，对整体网络环境进行评估，分析网络何时会受到攻击，动态反映网络的运行情况和安全状况。态势评估可以延伸成为运用数据挖掘有关算法对历史数据进行离线分析，预测未来安全趋势。

D. 网络安全预警技术

网络安全预警技术根据网络安全大数据的历史资料、现状，以及网络安全运营团队主观经验和教训，对未来网络安全状态进行预计和推测，经由态势感知数据分析，可以对一些未知的或不确定的安全事件过威胁做出定量或者定性的描述，并归纳出预警策略和发展趋势，实现从未知到已知的分析、决策、处置和闭环管理。实现技术包含以下三个关键点：

a. 样本数据选择，使用历史上发生的安全事件的情况、专家知识库、当前网络所在的状况、威胁情报库，以及实时发生的安全网络攻击等多源的与安全方向相关的信息。

b. 多源数据融合，依据于多源的异构信息，经过特定的方式的融合去预测网络安全趋势的未来。

c. 定性的预测结果，预测的结果包括可能产生的网络安全的潜在威胁，运行影响状态，和网络的风险。

E. 安全事件处置技术

发生告警事件时，通过安全管理员研判确认安全事件后，对于已确认的安全事件，平台给出处置建议，通过与安全设备进行联动，能够实现一键处置。例如，针对网页篡改、DNS 劫持、网络攻击、恶意程序等安全事件，可以通过防火墙联动向防火墙下发封堵指令将告警源 IP 进行一键封堵。

对于漏洞利用类型的告警，可以通过与资产探针、漏扫探针的联动，实现对重要业务系统扫描任务的下发和扫描结果的采集，进一步提升安全事件的有效处理。

F. 网络威胁情报管理技术

网络威胁情报是衡量组织机构网络安全管理能力的重要指标，威胁情报关注内部和外部威胁检测，能够支持日常事件响应、网络防御和威胁分析，对于实现信息共享、提高信息安全水平至关重要。通过对威胁情报的需求分析、收集和使用，能够帮助组织机构实现威胁情报全生命周期管理，有利于应对网络攻击、支持战略决策和流程改进。

G. 可视化技术

可视化是集内部安全、互联网边界安全于一体，实现对数据的探索、发现、预测、决策以及行动，为高级管理者、各类网络安全分析师以及安全管理员提供一致、高效的分析体验，帮助安全人员轻松将分析结果转化为洞察与行动力，可视化技术基于大量数据生成分析结果，通过将大量抽象的网络和系统数据以图形的方式呈现，显示当前网络安全的状况和未来趋势，帮助用户把握全局的网络安全态势，实时监控网络中的安全攻击，调整网络安全产品的策略，及时响应网络安全威胁，构建安全的网络空间。

（3）建设框架

安全运营平台建设围绕数字政府"数据统一管理、资源统一调度、能力统一输出"要求，基于安全技术和管理底座的构建，统一安全数据接口、统一安全能力接口、统一安全运营接口，一方面从安全底座获取安全运营所需的安全大数据，另一方面和底座形成联动处置和能力调度，打通横向与纵向平台之间数据与业务流通，形成持续的安全运营与监测指挥，建成全省电子政务外网上下级平台贯通的全链路防护、检测、预警、处置、反馈体系。安全运营平台架构如图 4-71 所示。

① 安全数据监测

这是一个虚拟层，体现需要对接的外部设备系统数据，主要包括：各类探针

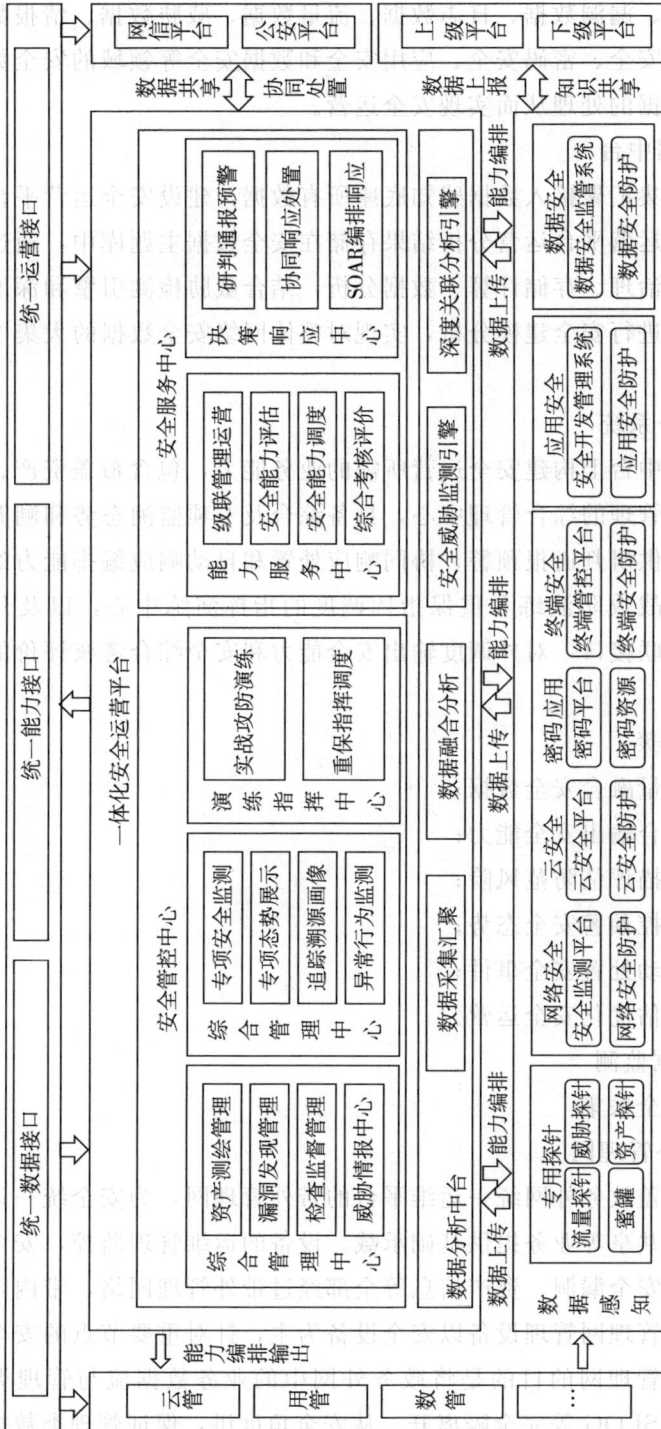

图4-71　安全运营平台架构示意图

提供的资产数据、漏洞数据、日志数据、流量数据、威胁数据、情报数据等，以及网络安全、云安全、密码安全、应用安全和数据安全等领域的安全数据，系统将通过对这些数据的处理从而实现安全运营。

② 安全数据中台

通过数据采集汇聚接入数据感知底座所有数据，建设安全运营平台安全数据主题库，将安全运营平台运营分析结果存储在安全数据主题库中，通过数据融合分析平台的数据治理、存储计算、数据分析，结合威胁检测引擎和深度关联分析引擎对多源数据进行安全建模分析，实现对整体网络安全数据的大集中和对外数据服务。

③ 安全业务系统

在安全数据中台上构建安全运营所需的业务能力，包含覆盖资产、漏洞、检查、情报等资源管理的综合管理中心，具备综合及专项监测态势和溯源能力的风险预警中心，提供研判通报预警、协同响应处置和自动响应编排能力的决策响应中心，可开展实战攻防演练和重保指挥调度的指挥演练中心，以及开展安全评估，提供上下级联接口，对外调度输出安全能力和安全综合考核评价的能力服务中心。

（4）建设步骤

第一步：全量融合安全数据；

第二步：整合输出安全能力；

第三步：扫描评估防范风险；

第四步：监控预警安全态势；

第五步：联动处置安全事件；

第六步：评估优化安全运营。

2）安全数据监测

（1）网络安全采集

① 安全带外管理网

建设全面覆盖政务外网统一运维平台的带外管理网，为安全统一运维、预警通告、纵向数据共享等业务提供基础承载。设备的运维管理监控，安全数据的采集、网络流量、安全漏洞、资产信息等全部经过带外管理网络，带内网络仅传输业务流量。带外管理网管理设备以安全设备为主，针对重要节点的安全设备建立带外管理。带外管理网的目的是将政务外网中的业务数据流与管理类数据流如SSH/SNMP/SYSLOG等完全隔离开。从安全角度讲，保证管理类数据流不被窃取和篡改。

② 资产探测

通过基础资产探针主动发送特定的探测报文以及主动流量探测的方式抓取电子政务外网、互联网各种设备、系统、数据的信息。

③ 流量数据采集

基于网络全流量分析技术，对网络所有数据进行安全分析。通过对网络链路全流量采集存储、全数据分析，全流量采集分析系统对网络异常行为有敏锐的感知能力，让数据检测无死角。全流量采集分析系统具备多维的数据索引能力，能够对网络进行全面的解析和分析，为用户事前进行重点资产分析、安全策略评估，事中发现漏洞利用、木马通讯、异常检测、应急响应，事后对攻击过程进行回放，处置效果评估提供更有效的监测手段。从而帮助用户解决传统网络安全措施无法解决的问题，建立紧密贴合用户专属场景的自适应安全网络架构。

④ 漏洞数据采集

通过漏洞扫描获得，漏洞扫描通过模拟扫描攻击，采用智能遍历规则库和多种扫描选项的组合手段，深入检测出网络设备、安全设备，操作系统、中间件、数据库、Web 应用等系统和设备中存在的漏洞。

⑤ 威胁情报采集

威胁检测系统将人工智能、大数据技术与安全技术相结合，实时分析网络流量，监控可疑威胁行为，内置多种检测技术，可对 APT 攻击链进行交叉检测和交叉验证。威胁检测系统除了具备常规的入侵检测功能外，还可以从网络流量中还原出文件（HTTP、SMTP、POP3、IMAP、FTP、SMB 等协议）并通过多病毒检测引擎有效识别出病毒、木马等已知威胁；通过基因图谱检测技术检测恶意代码变种；还可以通过沙箱（Sandbox）行为检测技术发现未知威胁；对抽取的网络流量元数据，进行情报检测、异常检测、流量基因检测；最后将所有安全威胁进行关联分析，输出检测结果，对检测及防御 APT 攻击起到关键作用。

⑥ 蜜罐数据

通过诱捕黑客攻击行为，结合威胁情报信息，判断攻击意图、攻击来源、攻击组织等信息，检测结果传至安全数据中台，最终通过大数据深度分析和挖掘这些威胁的趋势，感知网内黑客攻击行为以及安全预警。

⑦ 安全知识数据

知识数据的来源主要有三方面：一来自外部现有的知识体系的收集，包括有法律法规、行业标准、安全规范、管理知识、技术知识等。二通过安全运营过程中对安全经验的不断积累，如安全事件、安全漏洞的处理经验。三系统产生的数据，如漏洞、事件等。

（2）云安全感知

结合流量探针采集的云内东西向流量及云管平台获取的相关云上资源信息，通过安全分析获取云上安全情况，支持对云资产进行探测发现、检测状态、追踪变化情况。

（3）密码安全感知

平台自动归档、整理获取到的密码安全服务平台产生的数据安全信息以及上级通报、下级报告的密码安全问题，对于监管范围内的所有密码设备、密码资源等进行实时全方位态势感知。

（4）终端安全感知

终端数据主要来源自服务器和运维终端，对所有政务云主机和运维终端安全数据进行收集，分析终端安全防护情况，收集终端漏洞数据、配置数据等，开展终端安全监测。

（5）应用安全感知

平台自动归档、整理获取到的应用安全开发管理及相关应用安全防护设备产生的应用安全信息以及上级通报、下级报告的应用安全问题，支持对应用资产进行探测发现、检测状态、追踪变化情况。

（6）数据安全感知

平台自动归档、整理获取到的数据安全监测管理系统产生的数据安全信息以及上级通报、下级报告的数据安全问题，支持对数据资产进行探测发现、检测状态、追踪变化情况。

3）安全数据中台

安全数据中台通过数据采集汇聚接入数据感知底座所有数据，建设一体化安全运营平台安全数据主题库，将一体化安全运营平台运营分析结果存储在安全数据主题库中，通过数据融合分析平台的数据治理、存储计算、数据分析，结合威胁检测引擎和深度关联分析引擎对多源数据进行安全建模分析，实现对整体网络安全数据的大集中和对外数据服务。

支持多源异构安全数据的融合，完成数据治理、存储、计算和分析。具备支持安全业务运营的多源数据建模分析能力和对外提供安全数据服务。

（1）安全数据融合分析

一体化平台包括各类业务系统、安全相关设备、网络设备系统和平台，都会产生日志数据，这些日志数据描述了当前网络空间中已经发生或正在发生的一系列行为，而这些行为包含着与安全威胁相关的信息。安全数据接入及治理系统通过多种手段采集，针对这些日志数据采用一定规则进行解析、抽取、转换和富化形成标准化日志数据，最终导入到安全日志存储和分析系统中，供各类分析引擎进一步分析使用。实现多源异构安全数据标准化融合，构建安全数据资源目录，建立安全数据基础库和安全数据主题库（资产管理库、风险管理库、能力管理库），通过标准接口提供治理后的资产、情报等安全数据。业务相关的敏感数据加密存储，数据存储时间按照相关法律法规要求来确定。

建立统一的安全领域数据标准体系，构建安全领域数据分析模型，对各类安全数据进行融合分析，实现多源异构安全数据标准化融合落地、安全数据仓库管理、数据安全据质量监测，为后续安全监测提供数据基础。

对采集到的数据进行有效的收集和管理，充分有效地发挥数据的作用。对数据资产进行建模分析，保证数据的可用性、数据质量和数据安全。

实现各类安全数据进行融合分析的功能，建立统一的安全领域数据标准体系，实现在大规模网络和海量数据的环境下数据存储及分析能力。实现范式化之后的结果数据，包含治理后的数据、资产、情报等信息，通过制定的标准接口方式提供安全数据服务。

（2）安全威胁检测

基于恶意代码、病毒恶意行为、多安全场景威胁、漏洞攻击等多类型威胁的关联分析建模功能，实现对多种安全威胁的监测和实时动态展示当前网络安全态势。

实现通过多类型威胁检测功能处理全量数据，实现对多种安全威胁的精准感知。实现恶意代码检测的功能。实现国内主流反病毒引擎的功能，病毒检测子模块提取病毒核心恶意行为作为检测规则，有效应对病毒的衍化与变形，构建千万规则级本地检测库。实现基于安全场景的威胁检测的功能，包括账号安全、邮件安全、暴力破解、邮件攻击、文件威胁等多个安全场景。实现基于机器学习的威胁检测的功能，支持基于机器学习模型特征规则提取等。实现基于关联分析的威胁检测的功能，支持常规的漏洞检测、资产检测、端口检测等安全算子，基于漏洞攻击视角和攻击链视角洞察整个网络环境的安全事件，从各种维度实时、动态展示当前网络安全态势。

实现配合威胁情报分析关联分析的功能。实现用户自定义建模威胁检测的功能，包括自定义关联分析规则、自定义导入算子。实现网络、应用、病毒、关联级别安全检测。

（3）深度关联分析

融合利用深度关联分析子模块和搜索子模块结合分布式计算大数据处理技术，实时监测目标网络安全情况，全面监测目标网络的资产，实现对安全漏洞、威胁隐患、高级威胁攻击的快速识别，并为安全监测、态势分析、通报处置等提供强有力的数据支撑，包括关联分析、行为分析和检索分析等能力。

实现基于 IP 的关联分析建模的功能。实现基于时间维度的关联分析建模的功能。实现基于用户行为的关联分析建模的功能。实现基于安全漏洞的关联分析建模的功能。实现基于特定文件的关联分析建模的功能。

通过情报分析威胁数据，与网络资产信息进行关联分析，从而发现资产失陷的情况。通过威胁情报中的威胁数据，可以感知政务外网内的重要资产是否遭受了威胁的攻击，是否需要进行应急处理等。

实现网络行为分析的功能。通过安全设备的分析结果日志、系统日志、漏洞扫描结果等数据，分析业务系统的安全情况，分析类型包括系统攻击分析和系统脆弱性分析等。实现分布式文本检索的功能，用于结构化、半结构化数据进行索引，支持海量数据高性能的精确检索、模糊检索、范围检索以及多条件组合检索。

（4）安全能力中台

支持安全能力管理，实现统一纳管各类安全资源，并输出统一的安全服务目录，以服务化的方式对外提供安全能力，包括安全能力注册、安全能力管理、安全能力订阅。

① 安全能力注册

支持提供统一、标准的安全资源接口，实现对不同类型接口的统一化描述和适配性管理。

② 安全能力管理

支持将网络安全能力、云安全能力、密码应用安全能力、终端安全能力、应用安全能力、数据安全能力等各种安全能力服务化，形成安全服务目录，实现安全资源调度，对基础安全能力统一管理。

③ 安全能力订阅

支持安全能力订阅功能，实现安全服务目录的对外服务能力。

（5）安全业务运营系统

安全业务运营系统在安全数据中台上构建安全运营所需的业务能力，包含覆盖资产、漏洞、检查、情报等资源管理的安全综合管理系统，具备综合及专项监测态势和溯源能力的安全风险预警系统，提供研判通报预警、协同响应处置和自动响应编排能力的安全决策响应系统，可开展实战攻防演练和重保指挥调度的安全演练指挥系统，以及开展安全评估，提供上下级联接口，对外调度输出安全能力和安全综合考核评价的安全能力服务系统。

安全业务运营系统应用主要集成提供政务网络安全运营所需的支撑系统平台的应用功能组件，用以满足政务安全运营的需求。所有系统可根据需要调用数据中台的数据，并将新产生的数据汇聚到数据中台。安全业务运营系统应用提供自动化开发模型能力，定期开展攻防演练调度，打造红蓝攻防实验室，人员培训教堂，安全能力评估中心，形成安全运营能力体系，赋能数字安徽安全保障。

① 安全综合管理

安全综合管理系统从事前的资产发现、漏洞管理和自检自查来完善系统自身的安全，确保实现对系统的安全加固，建立安全数据，保障后续事中的实时监测，主要涉及资产测绘管理、漏洞发现管理、威胁情报管理，通过综合的安全管理，为安全监测感知奠定基础。

A. 资产测绘管理

支持所有资产数据进行聚合展示，支持用户全面、准确掌握所辖网络中的资产、应用的基本情况和安全状态，量化资产风险，提供脆弱性管理，为安全运营漏洞的发现和处置、安全事件的分析、安全管理决策等工作提供支撑。

B. 漏洞发现管理

通过对接漏洞扫描等设备，全面采集漏洞信息，支持一体化安全运营从漏洞发现、验证、通告、处置、跟踪到消除的全流程管理。

C. 威胁情报管理

威胁情报描述了现存的或者是即将出现针对网络资产的威胁，并可以用于通知主体针对相关威胁或危险采取某种响应。高级威胁尤其 APT 攻击手法隐蔽，危害巨大，主要针对掌握有重要数据和信息的特定人群，攻击一经发生就会导致国家重要价值资产的泄密流失，而且后续定位、追查、定性都会遇到技术难度。高级威胁情报可以对 APT 攻击事件的定位、发现、定性、溯源提供良好的支撑，可以强化对各部门云上安全的监控力度和防护强度。

实现对接开源组件漏洞情报数据，同时引入新的威胁情报，提供多源情报汇聚能力，对多源威胁情报进行收集、关联、分类、共享和集成，从而实现情报预警和共享，提供威胁情报全球文件样本库、全球 Whois 数据、网络攻击 IP 历史库、失陷检测情报等，为运营事件响应提供决策需要的上下文和安全预警能力，实现威胁情报的融合共享管理。

② 安全风险预警

安全风险预警系统通过各类安全数据的对接与分析，展示全网的安全事件，通过事中的快速发现，能够精准地定位风险资产，确保事后能够快速解决问题。包含专项安全监测、专项态势展示和追踪溯源画像。

A. 专项安全监测

实现接收数据安全监测管理系统、密码监测管理系统、应用安全开发管理系统、多云安全管理平台、一体化终端安全管理系统以及前期建设的安全监测数据等多方数据，进行综合分析并展示，呈现全网安全监测，包含网络安全监测、云安全监测、主机安全监测、密码应用监测、网站安全监测、应用安全监测、数据安全监测等。

B. 专项态势展示

结合安全监测系统数据，提供整体威胁态势、攻击态势、资产态势、脆弱性态势、数据安全态势、应用安全态势、网站安全态势、终端安全态势、通报态势等可视化呈现能力，宏观把控安全态势，加强统一指挥能力。

C. 追踪溯源画像

在发生网络攻击事件或有线索情况下，对攻击者及其使用的攻击手法、攻击途径、攻击资源、攻击位置、攻击后果等进行追踪溯源和拓展分析，为快速处置、安全防范提供支撑。对接蜜罐系统数据，完整记录攻击者行为，捕获高级未知攻击，并且可以对攻击者做追踪溯源，提供先人一步的主动防御手段，保护真实资产。

③ 安全决策响应

安全决策响应系统主要用于事后快速解决问题，提供人工的研判通报、三方协同处置和设备联动处置等模式，在发生安全事件后，能够快速根据研判分析对安全事件进行相关处理，消除风险。包含研判通报预警、协同响应处置和 SOAR 编排响应。

A. 研判通报预警

研判通报预警对安全事件进行监测预警、分析研判和通报处置，实现对业务安全的全闭环管理，对通报事件进行全流程记录、跟踪，做到事后统计、复盘。

B. 协同响应处置

协助安全运营中心实时掌握安全风险态势，精准下达指令，高效协同各部门快速处置每一个安全威胁,支持与网信办、网安等单位相关系统对接,实现协同指挥和处置。

C. SOAR 编排响应

提供部分关键安全设备的自动化联动响应能力,实现基于 SOAR 的安全事件自动化编排响应,将分散的安全工具与功能转化为可编程的应用和动作,借助编排和自动化技术,实现团队、工具和流程高度协同。

④ 安全演练指挥

安全演练指挥系统坚持平战结合原则,平时实战攻防演练提升系统防护能力,在重要会议或重大活动期间高效处置安全事件。

实现演练管理、档案管理、成果上报及审核、演练复盘、审计管理、信息管理及重保协同指挥调度、重保任务管理、值班管理、应急预案管理等功能。

A. 实战攻防演练

实战攻防演练为演练赛事提供支撑能力,同时针对单次演练提供档案管理功能。系统提供成果上报功能、成果审核功能,并可通过监控管理和演练报告功能,实现演练全程视频监控与审计,同时在演练后自动生成演练报告助力演练复盘总结。

B. 重保指挥调度

重保指挥调度是对政务网络重大安全事件进行应急指挥的系统,通过对重保、通报、应急处置等情况的总体态势分析展示,可协助安全运营中心领导层实时掌握政务安全风险态势,精准下达指令,高效协同各单位、各部门,快速处置安全威胁。

⑤ 安全能力服务

安全能力服务系统提供对外安全运营服务的接口,能够确保第三方单位的级联接入,可通过安全能力评估检测现有及其他相关单位安全防护能力,同时还能够通过安全能力调度将三重防护技术体系中的各种安全能力进行有机调度,对外输出安全服务目录,供各部门对自身应用和数据进行有效防护,同时开展对整体安全运营及管理建设的考核评价,不断提升电子政务外网安全防护和管理水平。

A. 级联管理运营

构建省、市、县等多级协同的安全运营体系,提供省、市、县节点级联通道,依据新标准完成与国家政务外网监测平台对接、完成与政务外网安全监测平台的对接,完成全省安全监测平台监测运营体系,实现信息共享和应急联动,为整体安全运营工作提供平台支持。

省级统建级联管理运营系统，制定建设标准和对接标准，各市参照标准，根据各市需求，建设地方级联管理运营系统。省级平台与地方平台之间，通过级联管理运营系统进行安全告警、安全事件、安全资产、安全漏洞、威胁情报、安全报表等安全数据上报，建立监督、指挥、数据的交流通道，实现统一资产库，全省资产一本账，达到全省安全事件统一监测、定位、溯源与处置的目标，实现地方平台接收省级平台下发的热点漏洞预警信息，同时向省级平台反馈热点漏洞处置进展、上报脆弱性统计数据；实现地方平台接收省级威胁情报库下发的威胁情报数据，同时向省级平台上报本地威胁情报数据。

B. 安全能力评估

对当前的安全系统、设备进行模拟攻击评估，评估现有安全体系能力，发现潜在安全隐患，帮助安全团队进行安全架构的策略调优，改善系统整体安全防御水平。

C. 综合考核评价

围绕全省各级一体化数据基础平台安全运营，从多维度进行综合考评，提供过程评价和结果评价功能，支持考评指标自定义配置。

4.8.2.6 安全运营门户

支持对安全运营系统不同的用户提供不同的通道并开放不同的安全数据中台能力，包括安全驾驶舱（安全态势可视化）、安全运营工作台、安全租户工作台。

1）安全驾驶舱

建设安全驾驶舱，结合安全监测系统数据，提供整体威胁态势、攻击态势、资产态势、脆弱性态势、数据安全态势、应用安全态势、网站安全态势、终端安全态势、通报态势等可视化呈现能力，宏观把控安全态势，加强统一指挥能力。

2）安全运营工作台

面向运营人员提供统一安全运营工作台，实现安全运营事件处置、威胁处置、工单处理、事件研判、重保威胁、追踪溯源等集中展示，针对相关工作内容进行统一呈现及操作处理。

对安全事件进行管理，进而正确掌握网络的运行情况。安全事件监测可以进行聚合，对风险资产可以全面展示云、网、端、用、数的安全事件。

3）安全租户工作台

结合安全数据中台安全运营数据，全面展示各委办厅局租户资源安全信息，通过实现视角多样化，各类图表方式以不同的维度了解告警事件的整体情况。

4.8.2.7 对接要求

支持与多系统对接，包括但不限于一体化平台（云管、用管、数管平台、运维)、横向协同单位、地市安全运营(监测)平台等。

1)数据协同对接

(1)纵向对接

支持与上下级平台的数据交互和对接,能够通过必要的定制或使用内置的接口服务,实现与上下级平台的信息交换和管理协同。实现全省安全运营平台的信息共享和应急响应。

(2)横向对接

支持与横向协同单位平台的数据交互和对接,能够通过必要的定制或使用内置的接口服务,实现与第三方平台的信息交换和管理协同。

2)能力协同对接

(1)纵向对接

支持省市安全数据中台之间安全数据库、资产管理库、风险管理库、能力管理库、威胁情报库等安全主题库的数据同步和数据治理能力的调用。支持与一体化平台同步,包括运维平台的工单同步,统一资源管理平台的申请同步。

(2)横向对接

支持与一体化平台对接,包括对接用管平台统一身份认证子系统实现对安全运营平台各种 IT 资源集中管理和分权分域展示,对接用管平台和统一资源管理平台实现开放安全能力服务,对接云管平台实现云上租户统一安全管理,对接数管平台建设安全数据主题库、存储安全分析数据。

4.8.3　服务支撑

4.8.3.1　服务规划

1)安全风险防范

(1)安全策略制定

安全策略管理服务的目的是找出信息系统的主机、网络设备、安全设备、数据库等资产的配置错误及弱点信息,并及时进行威胁消除,以免这些配置错误被攻击者利用,给业务系统带来危害。通过配置检测可以发现这些设备和安全系统是否保证了每个用户的最小权限原则,网络系统配置是否最优,是否配置了安全参数,安全设备的接入方式是否正确,是否最大化地利用了其安全功能而又占系统资源最小,是否影响业务和系统的正常运行,主机服务器的安全配置策略是否严谨有效,是否配置最优,实现其最优功能和性能,保证网络系统的正常运行,自身的保护机制是否实现,是否定期升级或更新,是否存在未打补丁。

（2）安全基线扫描

安全基线扫描是数字政府安全中基础而有效的威胁预防措施，包括弱口令探测、漏洞检测、隔离网检测、数据加密检查、路由设置检查等。基线管理服务以设备资产为视角提供多种资产管理方式，能够支持设备自动发现、设备分组分域管理等多种有效的配置核查资产管理方式。应将采集到设备的信息后根据相关的配置核查项进行对比，得到结果后系统可根据用户的设备进行相关的展示。应采取合规统计、检查范围统计的统计方式，并通过任务及设备进行综合对比，提供更加丰富的核查统计结果分析。

（3）安全风险评估

根据安全运营所服务的业务特点、管理差异及合规政策动态，灵活进行定制，设置相应的权重，并在实际运营过程中不断进行调整完善，为安全运营能力提升提供实际支撑。安全态势指标：资产安全态势，安全漏洞态势，安全攻击态势，安全运行态势。

（4）安全监控预警

安全监控预警包括日常最基本的运营监测工作，将负责监控安全日志和告警信息，快速识别、分类、优先排序和调查事件，对潜在安全事件进行初步分析和分类，根据需要关闭或升级这些事件。对于值得关注的事件，创建事件单并按照流程进行派发，驱动进一步的事件分析和处置。

2）安全应急处置

（1）安全事件应急处置

执行网络安全事件的日常应急响应管理等工作；组织突发网络安全威胁事件的应急响应、调查分析和追踪溯源等工作。

（2）安全事件复盘整改

进行网络安全事件深入分析，确定事件根本原因。对已识别的威胁情报进行分类，包括来源和真实性，以及在安全日志中挖掘更多潜在的安全威胁，分析网络安全防御措施是否存在缺陷。进行网络安全威胁事件回顾分析、发现长期潜伏的安全威胁，并对已发生的高等级网络安全威胁事件进行取证调查和追踪溯源。组织对于安全事件处置中发现的隐患进行整改。

（3）安全应急预案宣贯

安全运营团队将通过深入了解行业需求和相关政策法规，从应急响应的实际问题出发，打造出一套符合省政务外网的安全事件应急演练方案，并组织对全体人员进行培训宣贯。

3）安全运营评估

（1）评估自查

安全运营流程制定完成后，是否能达到预期的效果，需要通过实践来检验，在实际的运营过程中，从质量、风险、时间、成本等维度，定期检查评价各运营流程的科学性、规范性和适应性，针对出现问题，分析原因，并提出改进的意见和建议。

（2）安全应急演练

安全运营中心会组织驻场相关人员，依据有关网络安全应急预案，开展应对网络安全事件的活动。应急演练通过模拟真实的安全事件呈现单位内部应对应急事件处置过程，以检验应急响应中各方的协同反应水平和实战能力、评估应急响应预案的实用性、可行性、可靠性为目的。

（3）安全攻防演练

攻防对抗服务是对客户目前现有防御措施（包括可能的实时动态防御）进行深度评估渗透，对目标系统、人员、软硬件设备、基础架构，进行多维度、多手段、对抗性模拟攻击，旨在发现可能被入侵的薄弱点，并以此为跳板将攻击渗透结果最大化（包括系统提权、控制业务、获取信息），进而检验现有防御措施的实际安全性和运营保障的有效性。项目中定期的攻防对抗也会依托一体化安全运营平台中攻防演练系统。

攻防对抗服务是在渗透的基础之上深入利用漏洞对应的"入侵点/突破点"，并以此为据点进行综合渗透：以夺取指定对象控制权为目标，针对主机、网络设备、网关、邮件、域控等关键应用采取一系列攻击队认为必要的技术手段和攻击战术，尝试完成控制目标的任务，也可能为夺取目标系统的权限，采取迂回战术（首先获取周边系统的控制权限，转而在内部网络变相控制目标系统）。攻防对抗服务检验的重点是参演目标的安全性、参演单位的安全防护能力以及应急响应能力，更注重对参演单位整个网络安全体系的有效性检验。

通过攻防演习，能够检验参演单位关键基础设施的网络安全纵深防御能力，以及参演单位在处置突发事件时的应急保障能力，强化参与人员的网络安全意识，相对于传统渗透测试有更全面的服务优势。

① 服务内容

对整体信息安全以及界定范围的业务系统基础设施进行深度渗透测试。包括对组织互联网风险的识别，内网安全的探测，以及防御水平的对抗评估等。

② 服务场景

基于指定目标范围多攻击方的攻防实战演习，依托安全运营平台实战攻防演练系统实地开展针对全省政务外网和相关重点业务系统的攻防对抗。

（4）第三方评估

第三方评估包括软件测评、等保测评、商用密码应用安全性评估、信息安全风险评估等。

① 软件测评：对平台所有软件的功能和非功能性要求（如性能、安全性、可靠性、兼容性、易用性、可维护性等）进行测试，及时对检测出的问题进行分析和回归测试。

② 等保测评：对平台主体工程及相关系统开展等级保护测评服务，通过测试手段对项目的信息系统的安全技术和安全管理上各个层面的安全控制进行整体性验证，协助完成等级保护定级备案、等级保护测评工作并出具等保测评报告。

③ 商用密码应用安全性评估：开展商用密码应用安全性评估，及时发现系统脆弱性，识别变化的风险，了解系统安全状况；根据被评估对象的实际情况、所属行业及系统使用的密码产品情况，选择并确定测评依据；在系统真实环境下进行测评，以评估密码保障是否安全有效，密码使用是否合规、正确、有效；通过测评深入查找密码应用的薄弱环节和安全隐患，发现系统存在的安全隐患和风险，提出可行性完善建议；分析面临的风险，为提升信息系统安全防护水平奠定基础。

④ 信息安全风险评估：对平台主体工程及相关系统实施信息安全风险评估，科学地分析系统的安全风险，发现平台主体工程及相关系统信息安全存在的主要问题和矛盾，找到解决关键问题的方法，把风险控制在可以容忍的范围内。

4.8.3.2 服务要求

安全运营服务，需要梯队化安全运营团队、体系化管理制度、标准化运营流程的支撑，涵盖规划、运行、检查和评价等方面，安全服务团队需满足现场的安全监测、安全分析、安全通报、应急处置、安全检查等日常安全运维和运营的需求，另需要有后场的专家团队提供支撑；安全管理制度需明确各机构和人员的职责，制定网络安全管理岗位责任制及有关措施，严格标准化内部网络安全管理机制，明确各种管理要求；标准化的运营流程是有序、闭环进行安全漏洞、安全事件等方面安全运营管理的保障，需根据安全运营的需求，制定漏洞管理、事件管理、风险评估、应急响应等方面的流程并进行固化；另外需建立评价体系，实时监督和评审安全运营工作和体系的适用性和有效性，促使其根据网络安全形势和保障要求进行不断的优化和改进。通过安全服务能力建设，为安全运营工作的持续化开展提供保障。

面对全面的安全监控体系，自主的安全产业支撑，意味着更大层面的整合，在安全建设的过程中要跟国家主管部门的政策整合，遵从国家政策。

4.8.3.3　服务内容

安全服务人员利用一体化安全运营平台采集、汇聚、融合计算安全大数据，实现全方位全天候监控预警政务系统和数据资源的安全威胁、风险、隐患态势和网络攻击情况，有效加强对国家重要数据、企业机密数据和个人隐私数据的识别和防护。为数据及应用提供一体化的安全保障能力，形成"多维联动、立体防护"的安全管控体系，统筹对安全管控对象的资产识别、安全防护、监管监测、预警通报、应急处置，逐步形成基于平台、数据、系统、管理的四层立体安全防护体系。

安全运营服务通过组建专业的安全团队，结合安全运营平台和相关技术措施以及规范制度开展针对本平台和电子政务外网的安全服务。

1）现场安全运营服务

现场安全运营服务主要是安全运营团队结合安全运营平台开展的相关安全监测和事件处置服务以及日常的驻场运维服务等。

（1）资产管理服务

掌握信息系统的软硬件资产是开展安全工作的基础，对后续的漏洞管理、事件监测与响应等安全工作都需要清晰的资产情况来支撑，但目前，省数据局相关部门和单位普遍存在资产不清，资产不明的情况，造成风险暴露面无法掌握和管理，容易被不法分子利用，进而危害整个信息系统，因此全面摸清信息系统的资产情况，并进行持续有序的管理，将对安全体系的建设和运行提供有效的支撑，是非常重要的安全基础性工作。

资产管理服务结合安全运营平台资产测绘管理子系统，从资产管理制度、资产发现、资产建库、资产变更等方面展开，持续为省数据局各部门、各单位、各委办局全面、清晰地掌握自身信息系统的资产情况。

① 资产管理制度

进行资产管理，首先需要建立资产管理制度，根据用户的安全目标和策略，在充分调研的基础上，协助进行资产管理制度的编制。资产管理制度应包含但不限于资产发现、分类分级标准、资产标识、资产变更、资产信息存放、资产处置、资产责任人、处罚措施等方面。

② 资产发现

安全运营团队依托资产发现工具对信息基础设施的各类资产进行持续性、周期性网络探测，全面发现和收集相关资产信息，并持续跟踪资产的变化情况。

收集的资产范围涵盖信息系统的各种软硬件设备，包括但不限于网络设备、安全设备、服务器、终端、物联设备、工控设备、操作系统、中间件、数据库、Web 网站、App、微信小程序、微信公众号、其他应用系统等等。

收集资产信息包括但不限于 IP 地址、域名、端口、设备类型、系统和应用的型号版本、组件信息、URL、VPN 入口、后台登入口、协议等等。为了能全面收敛内外网的攻击面，需从攻击者的角度考虑，重点需对资产的 IP 地理位置、相关责任人进行收集，才能有效支持安全运营的工作。

③ 资产建库

安全运营团队基于在资产发现阶段收集的资产信息，对资产进行梳理，去除不必要的信息，归纳资产的相关属性。重点对关键资产进行识别，根据分类分级标准，进行合理分类分级；在资产分级过程中，需要详细识别核心资产的安全属性，重点识别出资产在遭受泄密、中断、损害等破坏时所遭受的影响，并根据资产在遭受泄密、中断、损害等破坏时所遭受的影响进行分级。

通过对资产的梳理和分类分级，建立资产信息库，包括但不限于漏洞信息库、地理信息库、行业信息库、域名信息库、ICP 备案库、补丁库、历史信息库、拓扑信息库等等。需要说明的是，漏洞信息库由资产发现阶段收集的漏洞信息和后续根据资产进行漏洞检测发现的漏洞整合并验证后生成。

④ 资产变更

资产和资产属性的变动直接关系着信息系统安全风险隐患是否存在，如新开通的端口，有可能会成为不法分子的攻击点。为了能及时地掌握信息系统的资产动态，有效对风险隐患进行管控，需持续对资产变更情况进行监测和跟踪。

（2）脆弱性管理服务

① 漏洞通报

应提供漏洞通报服务，根据通过安全监测发现的网络攻击、重大安全隐患等情况以及相关部门的安全事件通报，快速处置系统下达网络安全事件快速处置指令。指令接受相关部门按照处置要求和规范进行事件处置，及时消除影响和危害，开展固定证据，快速恢复等工作。对事件处置情况、证据收集情况及时建档、归档并入库。

②　漏洞扫描

应提供漏洞扫描服务，采用漏洞扫描工具，模拟攻击者攻击以测试系统的防御能力。通过对主机进行存活判断、端口扫描、服务识别、操作系统识别，扫描目标主机，发现主机上不同应用对象的弱点和漏洞，包括安全策略隐患、漏洞补丁等。并将检测到的漏洞结果形成扫描报告。扫描对象涵盖各类常见数据库、国产数据库、移动设备、网络设备、安全设备、虚拟化设备扫描、互联网应用、中间件、系统应用、恶意程序、大数据组件等。

应提供 Web 漏洞扫描服务，Web 漏洞扫描可发现 Web 网站存在的安全弱点和风险，包括 SQL 注入、XSS、CSRF、命令注入、木马、暗链、文件包含、信息泄漏等漏洞。

③　基线核查

应提供基线核查服务，依据等级保护等国家相关法律法规，行业标准，组织自身安全规范的要求，采用人工和工具相结合的方式对信息系统其整体的安全基线进行核查。主要包括技术与管理两个视角，技术视角针对物理环境、网络架构、应用系统、数据系统、系统软件等视角进行人工核查，管理视角主要对管理制度、管理机构、人员管理、建设管理、运维管理等视角进行人工核查。通过全面、深入的全局安全基线核查，明确当前信息系统中存在的安全问题。提供信息系统针对性的安全解决方案，提高信息系统的安全体系防御水平，最大限度降低组织业务安全风险。安全基线核查可满足用户新业务系统上线检查、第三方入网安全检查、合规性安全检查、日常安全检查等多个维度的需要。

④　漏洞生命周期管理跟踪

应提供漏洞生命周期管理跟踪服务，以安全合规日常运维管理为核心，对所属资产进行脆弱性生命周期闭环管理。驱动不同的扫描工具对网络中各种类型的资产进行快速扫描/深度扫描，并将扫描结果进行统计分析和展示。同时应提供强大的合规管理功能，管理员可对脆弱性检测项目和检测任务进行精细化管理，如任务的调度、执行、核查、报告等功能。此外还应支持可持续性地展示当前资产及业务系统的脆弱性态势，为用户提供一个方便、高效、直观的管理界面。

（3）安全策略管理服务

①　基线管理

应提供基线管理服务，支持以设备资产为视角提供多种资产管理方式，能够支持设备自动发现、设备分组分域管理等多种有效的配置核查资产管理方式。应支持采集到设备的信息后根据相关的配置核查项进行对比，得到结果后系统可根据用户的设备进行相关的展示。应支持合规统计、检查范围统计的统计方式，并通过任务及设备进行综合对比，提供更加丰富的核查统计结果分析。

② 安全策略管理

应提供安全策略管理服务，安全策略管理服务的目的是找出信息系统的主机、网络设备、安全设备、数据库等资产的配置错误及弱点信息，并及时进行威胁消除，以免这些配置错误被攻击者利用，给业务系统带来危害。通过配置检测可以发现这些设备和安全系统是否保证了每个用户的最小权限原则、网络系统配置是否最优，是否配置了安全参数、安全设备的接入方式是否正确，是否最大化地利用了其安全功能而又占系统资源最小，是否影响业务和系统的正常运行、主机服务器的安全配置策略是否严谨有效、是否配置最优，实现其最优功能和性能，保证网络系统的正常运行、自身的保护机制是否实现、是否定期升级或更新、是否存在未打补丁。

(4) 威胁管理服务

① 持续检测

通过安全运营平台持续检测安全风险及网络攻击，基于已定义的威胁场景，不断收集、汇总和关联分析所需的网络流量及安全相关的日志信息进行分析，以实现持续、精准地检测网络和主机中的有效安全告警/威胁。最终实现对网络安全状态的实时监测和及时告警。

持续威胁检测应实现对漏洞利用攻击行为、口令爆破行为、内部横向攻击行为、Web 应用攻击行为等入侵行为的检测、失陷主机检测、潜伏威胁检测等，可实现包含勒索型、流行病毒、挖矿型、蠕虫型、外发 DOS 型、C&C 访问型、文件感染型、木马型等病毒类型的检测。

② 分析研判

安全运维主管（或根据工作情况可指定由一名安全运维人员承担此工作）针对每一类告警/工单/通报，进行误判识别及责任定位，识别并过滤误报情况，确定安全威胁的范围及影响，分析判断是否存在其他可疑主机。安全运维主管负责制定相应的处置计划，将分析的结果和处置计划借助安全运维流程或通报下发等流程发送给相应责任人。

本地安全运维主管或承担分析研判的运维人员应能对漏洞利用攻击、Webshell 上传、Web 系统目录遍历攻击、SQL 注入攻击、系统命令注入攻击、信息泄漏攻击、口令暴力破解、Web 明文传输、弱密码、勒索病毒事件、挖矿病毒事件、蠕虫病毒、僵尸网络攻击、SMB 扫描、RDP 爆破 & SMB 爆破事件等进行深度分析研判，包括分析攻击源是否恶意、判断攻击行为具有的意图（如攻击时间可判断是否为业务行为、攻击频率可判断是否为批量攻击行为、攻击源综合分析可判断是否为爬虫等）、判断威胁攻击是否成功、判断攻击行为的目的，并据此判断攻击所处的阶段（kill-chain），甚至根据攻击行为溯源得知风险点、Web 应用的脆弱点以及根据日志或 url 判断攻击行为是否具有针对性并进行排查等分析工作。

③ 问题处置

由安全驻场运维人员、业务处室运维人员、委办局运维人员和相关服务商运维人员基于相应的流程，根据处置计划对分析检测出的问题或事件进行进一步的分析并执行处置工作，包括入侵攻击类行为、潜伏威胁、失陷主机等问题处置，由安全运维主管负责提供指导，必要时向外部专业安全厂商寻求指导服务。

处置措施包括恶意文件定位、异常进程定位、病毒查杀、策略调整等。

④ 归档审核

相关运维人员根据威胁分析研判和问题处置情况编写威胁处置报告并归档，由安全运维主管负责审核，并对问题处置效果和处置状态进行确认，确保问题得到正确处置和有效闭环。

定期检视威胁检测、分析研判和处置中存在的难点与不足，制定风险处置方案和进一步提高安全水平的建设方案。

（5）威胁狩猎服务

针对政务外网定期的 HW 行动，为了改变攻守力量不对称性，通过威胁狩猎服务，组织人员及工具，基于欺骗伪装技术，通过在攻击者入侵的关键路径上部署诱饵和陷阱，诱导攻击者进入与真实网络隔离的蜜网，让攻击者在蜜网中攻击"假"目标、获取虚假数据。在此过程中，威胁狩猎能完整记录攻击者行为，捕获高级未知攻击，并且可以对攻击者做追踪溯源，提供先人一步的主动防御手段，保护真实资产，提升主动防御能力。

在 HW 过程中，威胁狩猎服务能够产生如下价值：

① 扰乱攻击者视线，延缓攻击进程，间接保护真实资产。利用欺骗伪装技术模拟真实 Web 服务、主机、数据库等，在攻击者渗透到内网时，混淆攻击者视线，使其误认为嗅探到真实的业务系统，并对仿真服务和主机尝试进行提权等

非法操作，从而延缓攻击者的进程，间接保护真实资产免遭攻击。

② 分析行为特征，采取反制措施。攻击者在执行攻击行为的各个阶段会暴露出不同的行为特征，通过欺骗伪装技术识别出攻击者时，可以通过分析其行为特征判断下一步的行动计划，从而针对性采取反制措施。

③ 攻击溯源，定位真实攻击信息。搜集到足够多攻击信息时，能够借助基础信息库对攻击行为进行追踪和溯源，例如：恶意程序样本、远程控制站点URL、攻击者 IP 等信息中暴露出的代码特征、站点注册信息、IP 地理位置等，从而定位攻击实体，借助法律手段，追究攻击者责任从而降低攻击事件影响。

威胁狩猎服务主要依托专业安全服务人员及蜜罐系统完成。通过诱捕黑客攻击行为，结合威胁情报信息，判断攻击意图、攻击来源、攻击组织等信息，检测结果传至数据分析中台，最终通过大数据深度分析和挖掘这些威胁的趋势，感知网内黑客攻击行为以及安全预警。蜜罐引擎其所承载的脆弱性环境能够在覆盖系统层、Web 层、网络层问题的同时，模拟出包括多发 0Day 漏洞脆弱环境、政府内部应用（如人口数据库、涉密数据库等）的真实效果，吸引攻击者选择其作为目标，不仅产生迷惑性效果，更能增加攻击者的攻击代价，拖延攻击时间，创造提前反制的可能。每次威胁狩猎服务可产生高价值的防守报告。

（6）渗透测试服务

渗透测试是一种通过模拟黑客思维及行动模式，在对现有信息系统不造成损害的前提下，使用主流的攻击技术对目标网络、系统、数据库进行模拟攻击测试。通过渗透测试，可以对本平台的安全性得到较深刻的认知，可以用于验证经过安全保护后的系统是否真实的达到了预定安全目标。

渗透测试服务包含本平台中开放的操作系统、应用服务、网络设备的安全弱点分析，通过一名驻场的专业安全服务人员，使用模拟黑客攻击的手段，对信息系统的各类安全弱点进行全方位的刺探，得出信息系统的技术脆弱性和被黑客攻击的可能性，并生成相应的渗透测试弱点报告以及解决建议报告。帮助认识和精确分析当前网络和信息系统中的安全风险现状，通过评估准确分析出目标系统对象上存在的安全隐患和安全漏洞。针对安全漏洞现状分析和编写安全漏洞统计报告和明细报告，根据漏洞分布情况提出当前目标针对性的安全解决方案和解决建议，从最深的技术层面发掘系统漏洞，提升整个系统的安全性，防患于未然。

渗透测试应包含基础软件（操作系统、数据库、中间件等）渗透测试、应用系统渗透测试、移动 App 渗透测试，其中应用系统渗透测试按照 OWASP 渗透测试方法，具体测试内容包括以下但不限于此：

① 配置管理测试

测试 Web 应用各个环节的平台配置，包括文件扩展名处理测试、HTTP 方法测试、网络基础设施配置测试等。

② 业务逻辑测试

测试服务端业务逻辑能否绕过，包括业务逻辑数据验证测试、请求伪造能力测试、非预期文件类型上传测试等。

③ 认证测试

测试认证过程，包括口令信息加密传输测试、默认口令测试、认证绕过测试、密码策略等。

④ 授权测试

主要测试用户能否绕过授权机制，访问未被授权的资源，包括目录遍历测试、授权绕过测试、权限提升测试等。

⑤ 会话管理测试

测试用户与服务端交互的安全性，包括会话管理绕过测试、cookie 属性测试、会话令牌泄漏测试等。

⑥ 数据验证测试

测试 Web 服务端能否验证来自用户的数据，包括跨站脚本攻击测试、SQL 注入测试、缓冲区溢出测试等。

⑦ Web 服务测试

Web 服务测试主要包括 WS 信息收集测试、WSDL 测试、XML 结构测试等。

（7）事件管理服务

① 应急预案制定

安全责任人主导组织制定统一完善的应急预案，包括启动预案的条件、应急组织构成、应急资源保障、不同安全事件的处置流程和写作方式、事后总结教育和培训等内容，且应包含 Web 安全事件、恶意程序事件、网络攻击事件、信息破坏事件等不同事件类型的应急预案，安全运维主管、安全运维人员、业务处室运维人员、服务商运维人员等配合完成应急预案的制定与优化。

定期开展安全应急演练，测试应急预案的有效性，提高相关人员的应急意识与能力，并根据实际情况更新和优化应急预案，保障应急预案的高效可落地。

② 入侵影响抑制

安全事件发生后，基于应急响应流程推动相关工作，由安全责任人确定流程发起并负责组织协调，各级运维人员分工合作完成事件检测和抑制。检测工作主要是判断事件的状态、级别、影响范围等，其主要工作内容如下：

A. 初步对接了解事件具体详情；

B. 根据事件的描述、各方面收集的信息确定事件性质和影响范围；

C. 根据事件类型针对性检测被入侵业务系统或网络当前状态；

D. 确定安全事件的应急处理方案并包含方案失败的应变和回退措施。

如果在响应过程中，发现攻击正在扩散、持续，或者正在对当前业务正常运行造成影响，必须采取抑制手段，抑制事态发展是为了将事故的损害降低到最低，及时止损。在入侵抑制阶段，包含但不限于以下手段：

A. 关闭相应端口；

B. 禁用相应账号；

C. 断开网络连接；

D. 暂停被入侵业务的服务；

E. 关闭被入侵主机的操作系统。

③ 入侵威胁清除

在对安全事件进行原因初步分析和影响抑制后，由安全责任人主导，各级运维人员配合，对当前安全事件进行进一步处理，并对证据进行留存，具体工作包括：

A. 扫描并清除系统中存在的病毒、木马、恶意代码等可疑程序；

B. 清理 Web 站点中存在的暗链、木马等页面；

C. 恢复被入侵篡改的系统配置，清理黑客创建的后门账号；

D. 删除异常系统服务、清理异常进程；

E. 验证入侵威胁清除并协助恢复客户的正常业务服务。

④ 入侵原因分析

由安全责任人主导，各级运维人员配合，从网络流量、主机系统日志、网站服务日志、业务应用日志、数据库日志、威胁情报、恶意样本等维度，结合已有网络设备、安全设备和端点设备数据，分析入侵方式，还原造成安全事件的整个过程，实现安全溯源分析甚至是攻击者画像，结合威胁情报实现对入侵原因的深入分析总结。（部分安全事件由于入侵过程中攻击者对日志进行清除或者系统未进行保留相关日志的配置从而导致无法定位入侵原因和给出入侵全部过程，在此情况下仍需尽可能地分析潜在的原因）。

（8）应急演练服务

应急演练是指安全运营中心会组织驻场相关人员，依据有关网络安全应急预案，开展应对网络安全事件的活动。应急演练通过模拟真实的安全事件呈现单位内部应对应急事件处置过程，以检验应急响应中各方的协同反应水平和实战能力，评估应急响应预案的实用性、可行性、可靠性为目的。

为帮助省政务外网建立、检验和优化演练及响应机制，安全运营团队将通过深入了解行业需求和相关政策法规，从应急响应的实际问题出发，打造出一套符合省政务外网的安全事件应急演练方案。

① 服务内容

应急演练服务主要通过模拟各种突发事件场景进行应急响应，根据突发网络安全事件的性质，应急演练场景可分为：有害程序事件演练、网络攻击事件演练、信息破坏事件演练、设备设施故障事件演练。

有害程序事件演练：内网传播型病毒应急演练、勒索病毒应急演练、挖矿病毒应急演练等；

网络攻击事件演练：漏洞攻击应急演练、后门攻击应急演练等；

信息破坏事件演练：网站篡改应急演练、信息泄漏应急演练等；

设备设施故障事件演练：网络设备故障应急演练、服务器故障应急演练等。

通过安全运营平台威胁情报和大数据不断跟踪最新的热点安全事件，形成相应的场景，不断充实应急演练服务内容。

② 服务流程

服务流程包括演练准备、演练实施、演练总结三个主要阶段。

演练准备：主要包括需求调研、预案分析、演练场景设计、确定演练组织架构、演练方案制定、演练动员和培训、人员场地保障、演练工具保障及演练环境搭建；

演练实施：主要包括系统准备、演练启动、演练执行、演练解说、演练记录、演练结束及系统恢复；

演练总结：主要包括演练总结报告、文件归档备案、完善预案并提供改进建议。

（9）安全汇报服务

安全运维主管可定期通过安全运营平台输出《综合安全风险报告》《外部威胁感知报告》《工单报告》及《处置报告》等内容，配合其他安全工作的相关信息，形成汇报材料向安全责任人进行工作汇报。

① 安全现状汇报

安全运维主管负责基于全面的资产识别与梳理工作，结合安全运营平台及其他安全设备的报告内容，定期对单位的综合安全现状进行评估，包括脆弱性评估、病毒类事件评估、攻击行为评估、失陷类事件评估等技术方面的评估，以及对网络安全运营管理措施进行调研评估，从整体管理策略方针、资产管理、漏洞管理、威胁监测、威胁情报、风险评估、应急预案管理、安全事件管理等多个维度评估安全运营成熟度。根据调研评估的内容输出安全现状报告，并向安全责任人汇报。

② 防护效果汇报

安全运维主管通过安全运营平台的《外部威胁感知报告》，结合相关安全设备汇总完成安全防护效果汇报材料，展现日常安全运营工作中抵御的内、外部网络攻击的情况，展现安全建设价值。

③ 运营工作成果汇报

安全运维主管负责定期对阶段性安全运营成果进行总结梳理，并根据设计好的可衡量的安全运营指标和安全运营趋势分析指标（如安全事件处置数、安全威胁告警数、失陷业务主机数、高危漏洞数、漏洞修复比例等），总结安全运营工作取得的安全效果与工作效率的提升，有理有据地全面展示安全运营的丰富成果。

同时，基于一定时间内所识别的安全威胁与发生的安全事件，识别出需要重点改进的领域，提供未来的安全建设及规划建议。

安全运维主管定期（每年至少一次）将安全运营的成果和未来的安全建议等内容向安全责任人甚至是高层领导进行总结汇报，有助于突出安全工作对业务发展的价值，获得认可，并进一步可申请资源支持。

④ 遗留问题汇报

安全运维主管定期汇报时，梳理遗留的安全问题向安全责任人进行汇报，包括但不限于：

A. 由于业务需要未处置的高危漏洞；

B. 由于安全设备能力不足无法处置的安全问题；

C. 由于运维人力不足导致的延期工作；

D. 由于其他问题导致无法解决的安全问题。

2）专项安全运营服务

专项安全运营服务依托一线驻场人员及二线专家团队，定期开展应急演练服务、攻防对抗服务及重大活动期间的保障服务。

（1）安全重保服务

在国家重要节假日、国家和省数据局重大活动、党和国家重要会议等重要时期，省数据局各部门各单位、各委办厅局的信息系统，特别是门户网站，成为不法分子和敌对势力攻击目标的概率将大幅提升，如果被破坏，将会造成重大的政治等方面的影响，因此，需要加强对重要系统的安全检查、安全加固、安全监测和应急响应工作，排除重要信息系统的安全风险，提高安全防护和应急响应能力。在重要时期根据需要对省数据局各部门、各单位、各委办局的重要系统和门户网站提供安全保障服务，解决因人员经验不足、安全技术能力不够和人员配置不全等方面的问题。在事情、事中、事后对重要信息系统和门户网站进行全程的安全保障，从而使信息系统在重要时期能安全稳定地运行。

① 前期主动防御

对重要系统进行全面的安全检查，包括资产梳理、漏洞扫描、端口检查、弱口令检测、应用层渗透等方式主动发现安全隐患，协助系统负责人开展安全加固工作，准备和完善应急预案，必要时进行应急演练。

② 全天候安全保障

在重保期间，安排专业安全人员进行值守，安全值守人员运用安全运营平台对系统的安全设备、网络设备、操作系统、应用系统的日志和网络中的流量进行采集和分析，实时监控网络内各设备和系统的运行状态，实时监测互联网和内网的入侵行为，对门户网站进行网页挂马、网页篡改、网站可用性等方面的实时监测，在第一时间发现可能出现的各种网络安全问题。根据应急预案分类分级要求，针对发现的问题展开处理和溯源工作。

③ 重保总结

在重保结束后，对在重保期间发生的安全事件和漏洞进行分析，找出根本原因，提出整改方案并协助整改。对重保工作做全面的回顾，包括安全策略设定、分工配合、应急流程等方面，分析存在的问题并提出完善方案，同时总结好的经验，为后续的安全工作和后续的重保工作提供参考。

（2）攻防演练服务

网络安全法中对网络安全应急演练工作明确指出："关键信息基础设施的运营者应制定网络安全事件应急预案，并定期进行演练"，"负责关键信息基础设施安全保护工作的部门应当制定本行业、本领域的网络安全事件应急预案，并定期组织演练"，要求关键信息基础设施的运营者定期组织开展应急演练工作。

军事演习是除了实战外最能检验军队战斗力的一种考核方式，可有效提高防御作战能力，以应对外部势力对我国发起立体攻击和袭扰，更好地维护国家主权和安全。同理，在网络安全上，真实环境下的攻防对抗也最能检验安全团队防御能力，是发现网络环境存在安全风险的方式之一。

攻防对抗是新形势下关键信息系统网络安全保护工作的重要组成部分。

攻防对抗服务是对客户目前现有防御措施（包括可能的实时动态防御）进行深度评估渗透，对目标系统、人员、软硬件设备、基础架构，进行多维度、多手段、对抗性模拟攻击，旨在发现可能被入侵的薄弱点，并以此为跳板将攻击渗透结果最大化（包括系统提权、控制业务、获取信息），进而检验现有防御措施的实际安全性和运营保障的有效性。项目中定期的攻防对抗也会依托一体化安全运营平台中攻防演练系统。

攻防对抗服务是在渗透的基础之上深入利用漏洞对应的"入侵点/突破点"，并以此为据点进行综合渗透：以夺取指定对象控制权为目标，针对主机、网络设备、网关、邮件、域控等关键应用采取一系列攻击队认为必要的技术手段和攻击战术，尝试完成控制目标的任务，也可能为夺取目标系统的权限，采取迂回战术（首先获取周边系统的控制权限，转而在内部网络变相控制目标系统）。攻防对抗服务检验的重点是参演目标的安全性、参演单位的安全防护能力以及应急响应能力，更注重对参演单位整个网络安全体系的有效性检验。

综上所述，通过攻防演习，能够检验参演单位关键基础设施的网络安全纵深防御能力，以及参演单位在处置突发事件时的应急保障能力，强化参与人员的网络安全意识，相对于传统渗透测试有更全面的服务优势。

① 服务内容

为提高省政务外网安全建设水平，对整体信息安全以及界定范围的业务系统基础设施进行深度渗透测试。包括对组织互联网风险的识别，内网安全的探测，以及防御水平的对抗评估等。

② 服务场景

基于指定目标范围多攻击方的攻防实战演习，依托安全运营平台实战攻防演练系统实地开展针对全省政务外网和相关重点业务系统的攻防对抗。

③ 服务范围

A. 参演单位指定的重要系统，现场攻防演练，提供地址列表和系统列表等。一次选取 30 家委办局单位重要信息系统为目标，开展攻防演练。

指定范围的系统包括配套的网络结构、操作系统、数据库、中间件以及应用数据等。

B. 技术手段包含不限于：情报信息收集；漏洞探测及利用；边界权限获取；代理转发隧道建立；内网横向渗透；权限控制与权限维持。

④ 服务人员

为了保障攻防演练过程的稳定高效，征集业内主流安全厂商、高校等组成攻击队伍，提供至少 10 支攻击队开展为期 5 天的攻防演练活动，按攻击队排名给予一定的奖励。

⑤ 服务流程

为了明确整个演习工作的流程，明确演习环节中各演习参与方的工作，各演习参与方应按照既定的演习流程开展演习各项工作。攻防演习流程如图 4-72 所示。

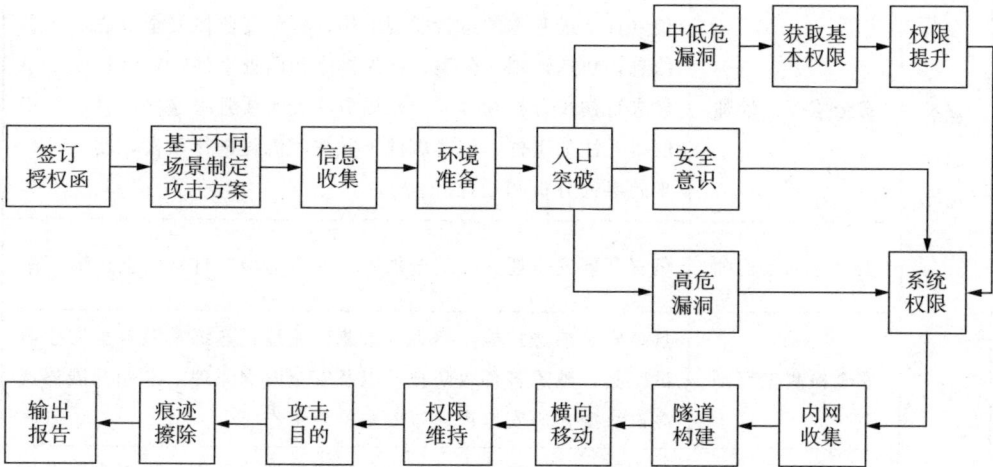

图 4-72　攻防演习流程示意图

4.8.3.4　服务支撑

1) 安全运营团队

根据相关标准规范和安全运营实践经验，满足一体化数据基础平台安全运营指挥决策、安全运营监督、安全运营建设、安全运营管理和日常安全运营的需要，需要通过专业安全人员组成安全运营团队，开展相关服务工作，有效发挥安全运营平台作用，不断持续优化安全运营体系，促进省电子政务外网的安全保障工作不断提升。

安全运营团队包括安全运营经理、安全运营监督管理员、安全运营人员等。安全运营中心人员分工见表 4-4 所列。

表 4 - 4 安全运营中心人员分工

岗位		职责
安全运营经理		负责安全运营团队的整体管理；负责运营规划、策略执行、流程梳理负责监督、把控安全运营方向，组建团队和组织培训。参与安全运营相关决策的讨论和建议。日常协调和沟通工作，负责协调网信办、测评机构等相关方
安全运营人员	安全监督管理员	根据需要完善安全运营中心考核办法、制度和流程，执行日常安全运营监督管理工作，组织编制网络安全运营规划，制定年度网络安全运营工作计划；制定网络安全策略及操作规范；执行网络安全相关规章制度；配合实施网络安全检查工作；汇报网络安全运营工作情况；落实其他网络安全管理工作
	安全监控工程师	负责日常最基本的运营监测工作，将负责监控安全日志和告警信息，快速识别、分类、优先排序和调查事件，对潜在安全事件进行初步分析和分类，根据需要关闭或升级这些事件。对于值得关注的事件，创建事件单并按照流程进行派发，驱动进一步的事件分析和处置
	安全运维工程师	负责开展安全通告、安全加固、安全巡检等日常安全运维工作
	安全检测工程师	具备安全渗透技能，熟悉渗透测试流程，熟练掌握各类安全测试工具，熟悉各种攻防技术以及安全漏洞原理，定期开展渗透测试、源代码安全审计等安全检测工作
	应急响应工程师	负责网络安全事件的日常应急响应管理等工作；负责组织突发网络安全威胁事件的应急响应、调查分析和追踪溯源等工作
远程支撑人员	高级安全分析师	负责响应一线技术支持请求，进行网络安全事件深入分析，确定事件根本原因。对已识别的威胁情报进行分类，包括来源和真实性，以及在安全日志中挖掘更多潜在的安全威胁，分析网络安全防御措施是否存在缺陷。审查安全运营人员创建的事件单，评估所有入侵指标（IOC），跟踪受影响的资产并确定威胁的范围，并判断是否需要进行调查溯源
	渗透测试工程师	负责为安全运营中心的业务应用渗透、安全分析等服务工作
	代码审计工程师	负责为安全运营中心的业务应用代码审计、安全分析等服务工作

（续表）

岗位		职责
远程支撑人员	威胁溯源工程师	负责进行网络安全威胁事件回顾分析、发现长期潜伏的安全威胁，并对已发生的高等级网络安全威胁事件进行取证调查和追踪溯源
	威胁建模工程师	运营平台分析模型的研究和完善、自动化编排响应剧本的完善
	安全开发工程师	负责执行与安全运营中心技术平台相关的所有开发、管理和配置任务；负责对平台中预置的规则、模型、预案、脚本、知识等进行发布及维护等；根据需要负责相关专项安全运营场景的设计和开发
	漏洞发掘工程师	对接后端研究能力、形成安全漏洞 POC，支撑现场运营团队

2）服务支撑系统

安全运营服务依托于一体化安全运营平台各安全业务系统开展。

4.8.3.5 服务流程

安全运营应当将运营各环节的人、工具、技术、服务通过标准化流程管理有机结合，形成统一的流程闭环。要以精细化和提质增效为目标，综合运用系统思维统筹优化管理流程，实现流程管理系统化、科学化、规范化和智能化。通过安全运营流程的梳理、安全运营流程的评价、安全运营流程的优化、安全运营流程的固化，对安全运营流程进行闭环式的管理，推动安全运营流程化运行，保障安全运营的效果。

1）流程梳理

按照业务活动规范和内在要求顺序，逐项绘制省数据局运营活动流程图；依据各项运营活动的制度依据、管理原则、质量要求、岗位职责、业务内容以及人财物技术等资源配置进行流程描述。同时，还要将内部控制要求嵌入到运营流程的各个环节，做到环环相扣、相互制约、防范风险。省数据局安全运营流程包括但不限于资产管理流程、威胁与事件管理流程、脆弱性管理流程、策略管理流程、重保管理流程、应急演练流程、攻防演练流程、运营评价流程等等，流程的梳理需根据省数据局的具体情况进行完善，以适应安全运营工作的正常开展。安全运营流程架构如图 4-73 所示。

2）流程自检

安全运营流程制定完成后，是否能达到预期的效果，需要通过实践来检验，

安全运营流程

资产管理流程 | 威胁与事件管理流程 | 脆弱性管理流程 | 策略管理流程 | 重保管理流程 | 应急演练流程 | 攻防演练流程 | 运营评价流程

资产采集流程 | 资产变更流程 | 分析研判流程 | 预警通告流程 | 协同处置流程 | 应急响应流程 | 漏洞扫描流程 | 渗透测试流程 | 代码审计流程 | 基线核查流程 | 策略变更流程 | 策略优化流程

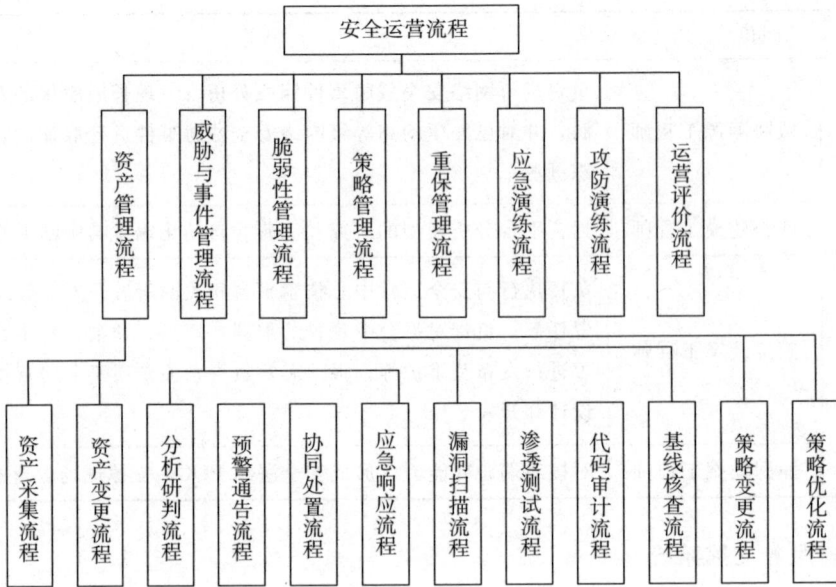

图 4-73 安全运营流程架构示意图

在实际的运营过程中，从质量、风险、时间、成本等维度，定期检查评价各运营流程的科学性、规范性和适应性，针对出现问题，分析原因，并提出改进的意见和建议。

3）流程优化

在运营流程自检的基础上，坚持问题导向和目标导向，注重系统性、协同性和高效性，持续优化运营流程设计，确保运营流程能够及时适应省数据局内外部环境和条件的不断变化。

4）流程固化

安全运营流程的固化是流程得以落地的关键一步，经过实践检验并且切实可行的运营流程，要及时固化到规章制度和安全运营技术平台中，安全运营人员才能遵循流程进行日常的安全运营工作，做到有章可循、规范运行、高质高效。

4.8.3.6 服务评价

1）安全运营评价要求

安全运营评价采用过程评价、结果评价的方法，参照安全运营评价指标度量与评价安全运营工作的有效性，对安全运营团队和其服务开展评价，促进安全运营的持续改进。将安全运营评价的指标下发给各委办厅局单位，各委办厅局单位可依据安全运营情况进行评价。

2）安全运营评价内容

（1）评价方法

安全运营主要采用两种方法进行评价：

① 过程评价：对安全运营过程的规范性、符合性进行评价。在安全运营服务过程中，根据相应指标对安全运营过程各项服务内容进行静态检查、穿插检查、跟踪检查等。

② 结果评价：对安全运营结果有效性进行评价。在安全运营服务过程中，对安全运营服务产出的结果、效果的有效性进行评价，包括采用抽样检查、技术验证、指标比对等方式进行验证。

（2）评价框架

评价框架应从安全合规、安全能力、运营过程、安全态势及项目管理等维度出发设计，在省数据局级安全运营中心应用过程中，应根据实际需求、业务特点等对指标框架进行相应调整、裁剪，以满足不同阶段需要。同时，在展开实际评价时，应根据各评价维度差异，设置不同的评价周期频率，部分指标还应通过自动化手段实现实时评价或定期评价。

（3）评价指标

安全运营评价指标用于度量与评价安全运营工作的有效性，为安全运营持续改进提供相关参照。

评价指标是在评价框架基础之上，根据安全运营所服务的业务特点、管理差异及合规政策动态，灵活进行定制，设置相应的权重，并在实际运营过程中不断进行调整完善，为安全运营能力提升提供实际支撑。

安全运营评价指标见表 4-5 所列。

表 4-5 安全运营评价指标

类别	子类别	评价指标	指标描述
安全态势指标	资产安全态势		对客户管理范围内资产的漏洞和攻击情况进行展示，包括资产总体情况，如资产总量、漏洞总数、日志总数等、漏洞影响范围、遭受攻击资产排行和发起攻击资产排行、资产漏洞排名、遭受威胁资排名、威胁影响资产范围等
	安全漏洞态势		从资产漏洞角度描述被保护网络的安全态势，实现系统漏洞、Web 漏洞、数据库漏洞等类型漏洞的监测

（续表）

类别	子类别	评价指标		指标描述
安全态势指标	安全攻击态势			攻击态势主要从实时攻击角度对被保护网络进行安全态势展示，能够从不同视角了解实时攻击行为，能够以直观的展示方式呈现实时动态攻击行为
	安全运行态势			对资产的运行情况进行监控，包括 CPU、内存、I/O 等使用情况进行监控，并形成直观的数据可视图，便于管理人员关注应用资产的稳定性
项目管理指标	项目组织管理			是否制订整体的项目管理计划，项目角色分工、项目汇报机制、项目人员资质是否符合项目要求，项目人员是否进行安全意识及技能培训
	项目计划管理			项目计划管理指标是对项目交付过程进行评价，包括项目子任务是否明确、项目计划是否合理，项目计划是否匹配具体所需资源，项目执行过程是否按计划开展
	项目风险管理			项目风险管理指标是对项目交付过程中的潜在项目风险进行评价，包括项目风险识别、项目风险处置等要素
	项目质量管理	项目成果质量		项目成果管理指标是对项目交付过程及产出物的质量进行评价，是否建立有相应的项目质量管理程序，是否有相应的质量保证措施，是否配置有质量控制手段
		客户满意度		客户满意度是指在安全运营过程中，客户对服务态度、服务效率等方面的满意情况
安全合规指标	等保合规	安全管理		管理制度是否覆盖当前全部安全活动，安全流程是否与实际相符，记录表单是否齐备完整，制度是否定期更新
		安全技术		安全技术体系建设是否已覆盖全部业务场景，是否定期进行安全测评，风险项是否已有处置计划
	关保合规	安全监测预警		是否制定相关往来安全监测预警制度，并采取有效技术措施实施持续性监测
		应急处置		是否建立灾难恢复计划及相应应急响应程序，是否定期开展相关演练工作，是否定期评估程序及预案有效性，并更新响应策略

类别	子类别	评价指标	指标描述
安全合规指标	关保合规	网络安全信息共享	针对网络安全威胁、漏洞、事件等信息，是否及时进行汇总、研判、上报，并根据网信共享机制进行相应信息共享
	数据安全		是否建立有数据分类分级相关制度，明确数据安全治理组织和角色分工，并围绕数据生命周期配备相应的技术保障措施
	个人隐私	个人信息收集	是否明确定义个人信息收集范围，收集范围是否满足最小化原则，是否有公开透明地收集信息告知
		个人信息处理	是否制定个人信息处理安全策略，是否针对个人信息采取匿名化、去标识化等手段，使个人信息经过处理后无法指向特定个人，无法还原为个人信息
		个人信息跨境处理	是否存在跨境处理个人信息或委托其供应链跨境处理个人信息行为，是否按照国家有关规定进行备案和审查
	安全漏洞		是否围绕自身业务建立安全漏洞处理流程及漏洞报送渠道，是否明确安全漏洞报送渠道和时效性要求
安全能力指标	运营梯队能力		是否为安全运营中心建立了梯队化的安全运营团队，安全运营团队人员是否定期进行安全培训、能力验证及能力认证，安全运营梯队人员能力是否覆盖服务场景
	资产管理能力		是否具备资产管理流程，并为支撑该流程配备相应的技术支撑手段，以全面、准确、及时对资产进行管理
	脆弱性管理能力		是否具备脆弱性管理流程，并为支撑该流程配备相应的技术支撑手段，从而准确、及时地识别全网脆弱性，及时采取措施消除脆弱性或控制影响范围
	威胁管理能力		是否具备威胁管理流程，并为支撑该流程配备相应的技术支撑手段，准确识别内外部安全威胁，并具备相应威胁处理流程及时处置威胁，对相应事件进行取证

（续表）

类别	子类别	评价指标	指标描述
运营过程指标	识别	资产一致性	资产台账、网络拓扑、网络映射关系与实际运行是否保持一致
		资产全面性	检查资产覆盖的广度，包括但不限于 IP、端口、服务、应用、组件及其相关版本特征等信息
		资产准确性	通过随机抽样方式，对资产属性进行验证，检查资产属性是否准确，如开放端口是否均被检出，是否存在无效端口被检出等情况
		资产即时性	采取跟踪检查方式，对资产上线到资产被发现过程所耗费时间进行记录
		基线覆盖率	随机抽样，其中服务器操作系统、中间件、数据库类资产安全配置基线符合度不低于 90%，网络或其他支撑系统安全配置符合度不低于 95%，终端系统安全配置基线符合度不低于 80%，每次抽样覆盖率不低于 20%
	保护	漏洞存活周期	采用漏洞扫描、版本比对等方式，CVE 中危及以上漏洞存活周期不超过 2 个月，紧急高危漏洞存活周期不超过 1 个星期
		业务画像	业务画像包括业务系统组成、业务架构、框架及数据库版本、业务交互流程等内容
			关键业务系统业务画像覆盖率 100%，重要业务系统按照每月 3 套速度绘制
		规则有效性	通过查看安全设备，检查规则有效性，无空规则或互斥规则。事件库更新状态不超过 2 周
		规则覆盖度	对已知攻击场景建立的防护规则覆盖度 100%，对高危安全事件应不少于两层防护机制，如 S2 漏洞攻击事件应在 IPS、WAF 分别设置防护规则进行防护
		规则定制情况	应针对关键、重要业务有针对性定制安全保护策略，保护策略围绕业务应用自身应用框架特点、业务交互关系制定策略。关键业务实现 100% 定制策略，重要业务实现 70% 定制策略，其他业务可使用通用防护策略

类别	子类别	评价指标	指标描述
运营过程指标	保护	监测盲区防护规则	对于监测手段未覆盖的盲区位置，应采用相应手段进行加强防护。如缺少东西向安全检测手段情况下，应对东西向安全防护手段进行检查，或应采取其他补偿措施进行防护
	检测	攻击检出率	发现完整有效的攻击事件频率，对于防护中误报率较高的事件，在检测中应叠加检测手段
		安全威胁数据完整度	采样安全事件报告，查看安全威胁数据链的完整度，如一次互联网入侵事件，应包含全流量数据、途径安全检测防护手段产生的事件数据、服务器安全事件数据等
		分析场景匹配度	大数据分析平台的分析场景与业务应用的匹配程度，是否根据业务应用特点、网络结构、交互关系等定制分析规则，规则对于关键、重要应用的覆盖程度
		安全风险数量	统计当前安全风险数量，与历史安全风险数量进行比较
运营过程指标	响应	安全事件处置程序	查看安全事件处置程序完备性，是否建立分场景安全事件处置程序，如僵木蠕事件处置程序、应用系统安全事件处置程序、内部安全违规事件处置程序等。检查安全事件处置是否与程序相符
		平均事件处置时长	统计安全事件平均处理时长
		安全事件复发数	统计同类型安全事件重复发生次数
		应急事件响应效率	统计紧急高危安全漏洞、安全应急事件启动响应时间与修复时间
	恢复	业务连续性指标	是否为关键、重要业务应用建立了业务连续性指标及恢复计划，是否对业务连续性恢复进行验证演练
		业务应用恢复时长	发生因安全事件导致的业务中断恢复总时长

4.8.4　应用场景

4.8.4.1　形成能力

1）整合的安全能力

安全运营平台通过安全能力中台提供统一、标准的安全资源接口，与各领域监测管理平台对接，实现统一调度、管理各种硬、软件安全资源，输出统一的安全服务目录，提供服务化的安全能力，保障服务的有效性和高可用性。安全能力调度如图 4-74 所示。

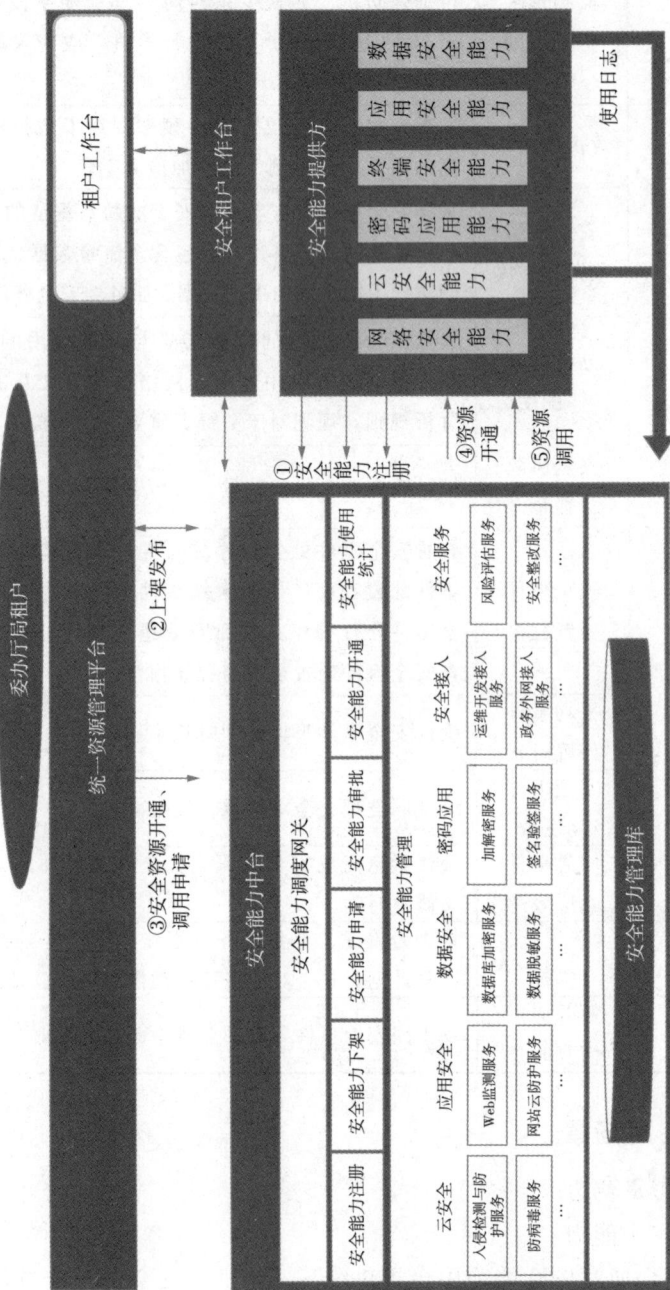

图4-74 安全能力调度示意图

2）全面的安全运营

依托安全数据中台，构建安全业务中心，具体包括综合管理中心、风险预警中心、决策响应中心、演练指挥中心和能力服务中心，实现网络安全事件监测、响应、指挥调度以及对云安全、网络安全、密码安全、应用安全、数据安全的全面监控。安全运营流程如图 4-75 所示。

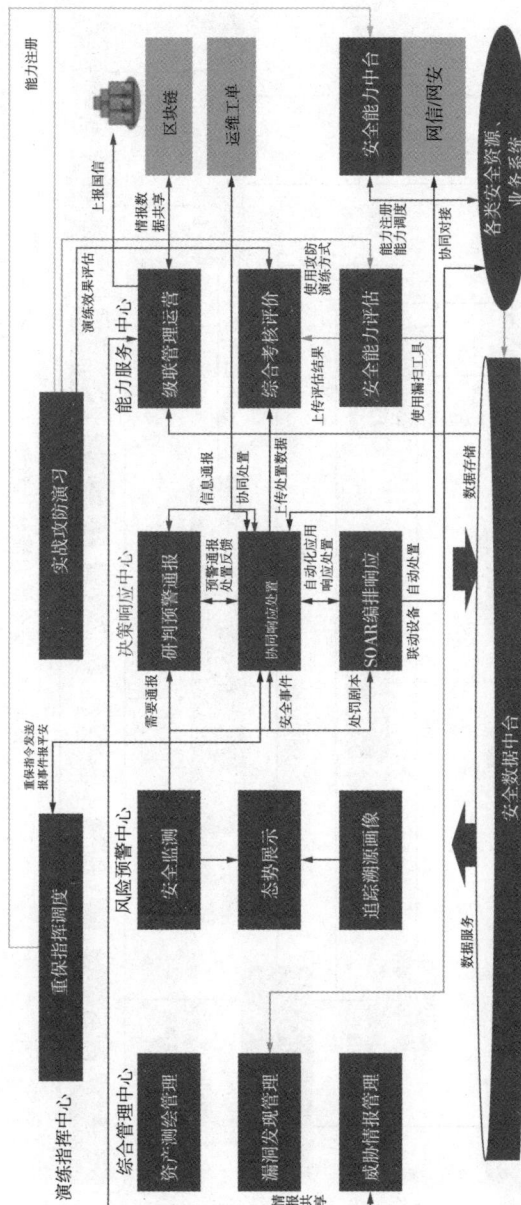

图4-75　安全运营流程示意图

4.8.4.2　业务场景

1）安全能力超市

由安全能力中台统一纳管安全能力，面向租户提供安全能力超市，租户经申请、审批、开通过程完成安全能力的订阅，并应用至业务系统，安全能力中台通过服务网关或数据汇聚统一对安全能力应用情况进行分析。安全能力流转如图4-76所示。

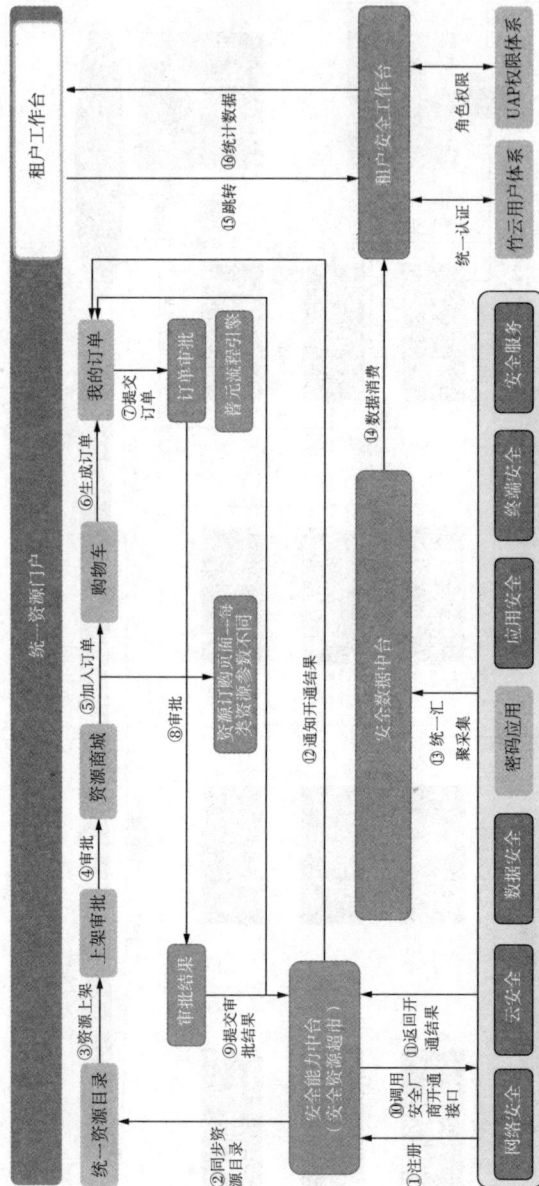

图4-76　安全能力流转示意图

省级共提供六大类 29 项安全能力清单，安全能力清单见表 4-6 所列。

表 4-6　安全能力清单

类别	服务名称	资源类型
云安全	虚拟防火墙服务	资源型服务
	主机安全防护服务	资源型服务
	运维审计服务（堡垒机）	资源型服务
	日志审计服务	资源型服务
	漏洞扫描服务	资源型服务
	云态势分析服务	资源型服务
应用安全	Web 应用防护服务	资源型服务
	网页防篡改服务	资源型服务
	网站云防护服务	SaaS 服务
	实时应用自我防护	资源型服务
数据安全	数据库审计服务	资源型服务
	数据库加密服务	资源型服务
	数据脱敏服务	资源型服务
	数字水印溯源服务	接口型服务
密码应用	加解密服务	接口型服务
	签名验签服务	接口型服务
	时间戳服务	接口型服务
	国密 https 接入服务	资源型服务
	数字证书服务	资源型服务
安全接入	政务外网接入服务	资源型服务
	运维开发接入服务	资源型服务
安全服务	等级保护测评服务	人工服务
	密码应用安全性评估服务	人工服务
	风险评估服务	人工服务
	安全整改服务	人工服务
	安全运维服务	人工服务
	渗透测试服务	人工服务
	应急演练服务	人工服务
	重保安全保障服务	人工服务

2）统一资产运营

通过自动探测、数据同步、手工录入的方式，纳管网络安全、云安全、密码应用、终端安全、应用安全、数据安全资产数据，量化资产风险，提供脆弱性管理，为安全运营漏洞的发现和处置、安全事件的分析、安全管理决策等工作提供支撑。资产测绘管理如图 4-77 所示。

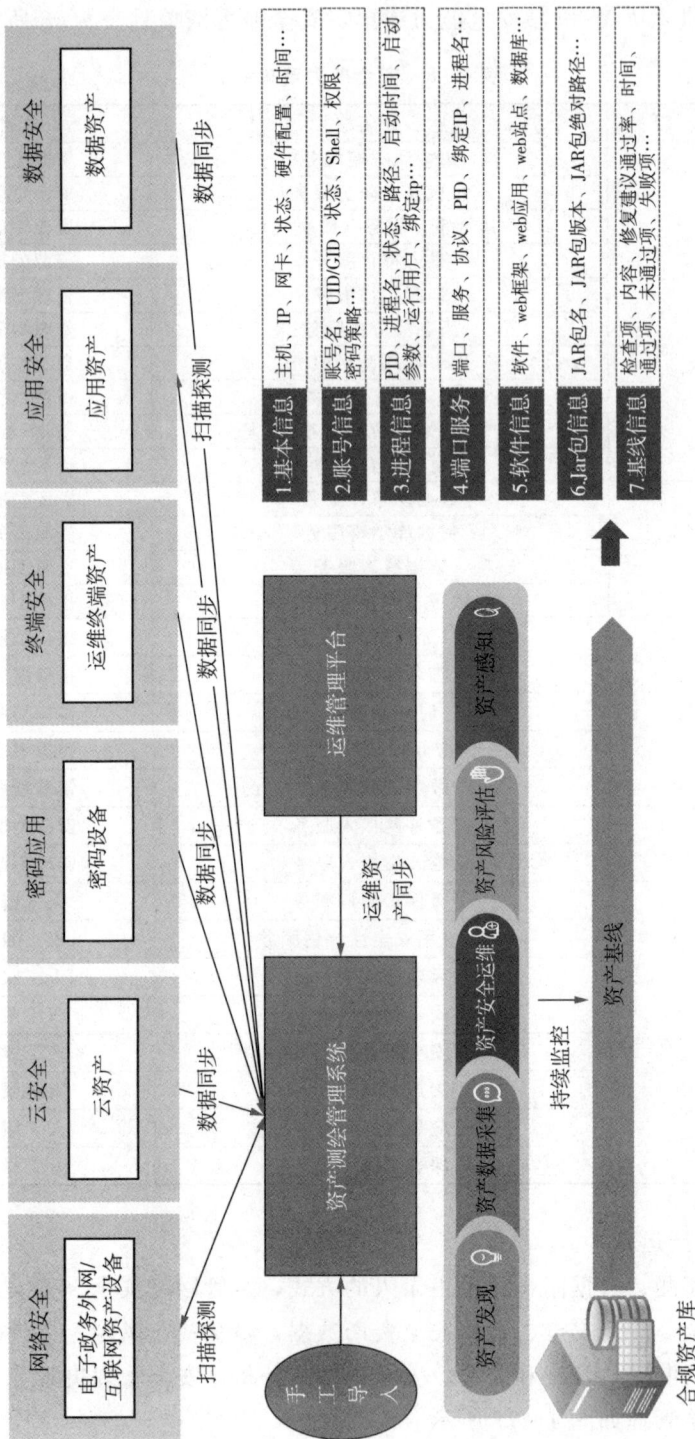

图4-77 资产测绘管理示意图

3) 漏洞闭环管理

通过多源异构采集，统一解决异构和海量漏洞数据管理问题，判断漏洞风险趋势，进行漏洞全生命周期闭环管理。漏洞安全管理如图 4-78 所示。

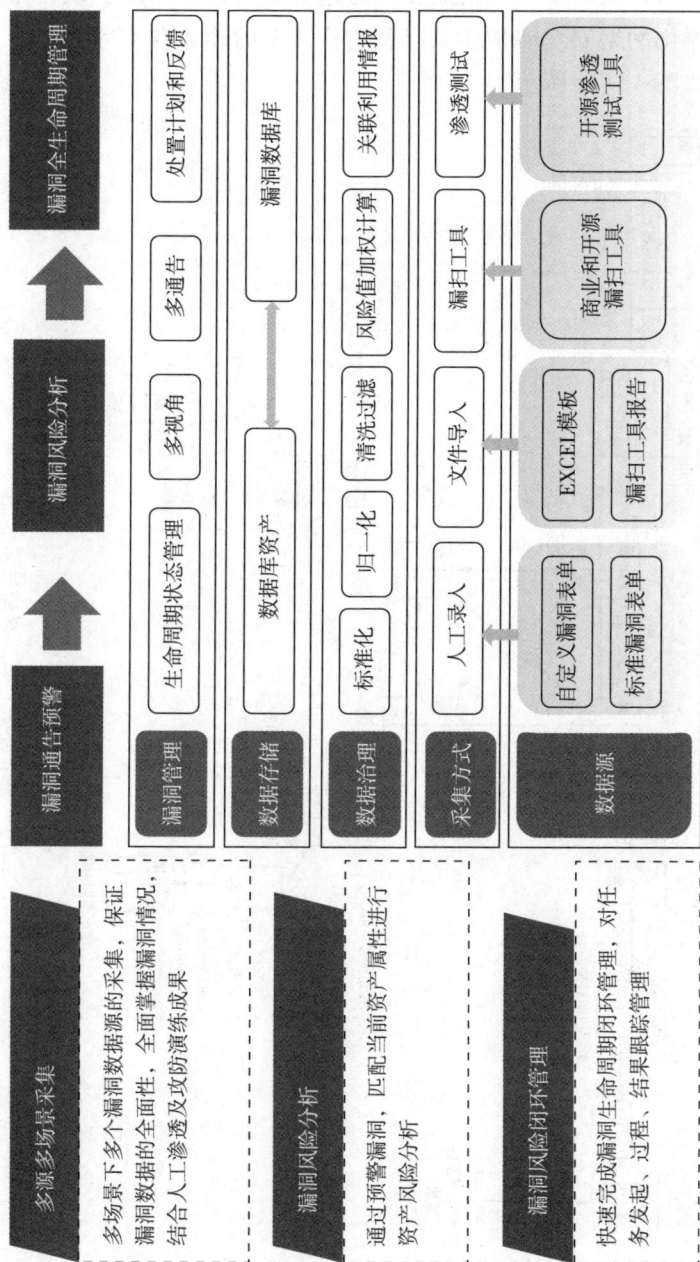

图4-78　漏洞安全管理示意图

4）情报数据链上共享

保障一体化安全运营平台中安全大数据的保密性、完整性、可用性，利用区块链固有的分布式账本、密码学、共识机制、智能合约等技术，建立一条安全联盟链，打通省级与市级的安全互信路径，通过协调对接子系统实现情报数据链上共享，保障一体化网络安全防护体系以及监管体系的建成和有效运转。安全数据上链部署流转如图4-79所示。

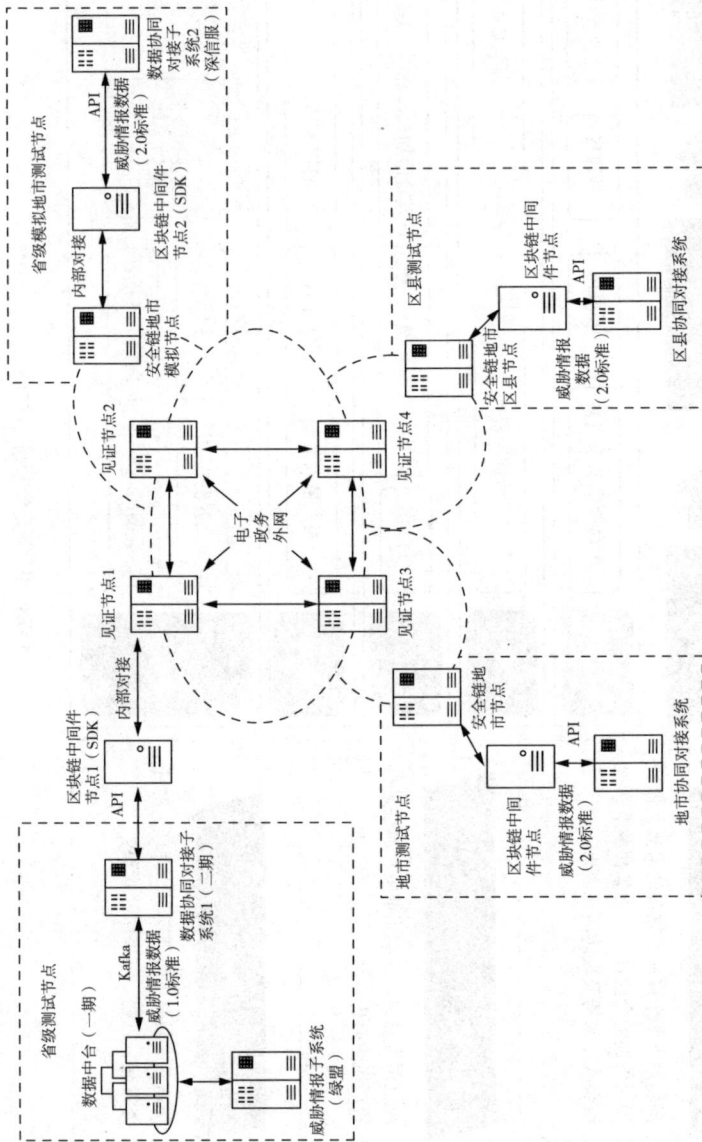

图4-79 安全数据上链部署流转示意图

4.9 区块链安全保障

4.9.1 综述

4.9.1.1 区块链发展进程

1）国外区块链发展进程

世界主要国家对于数字货币有着不同的监管态度，但对于区块链技术的应用态度却趋于一致，基本上都在进行积极的探索。国际上，不管是发达国家还是发展中国家都在开展区块链技术研究和应用落地工作。根据 IBM 区块链发展报告数据显示，全球 90% 的政府正在规划区块链投资，并在 2018 年进入实质性阶段。

美国作为区块链技术的前沿阵地，将区块链上升到"变革性技术"，成立国会区块链决策委员会，不断完善与区块链技术相关的公共政策。除了美国央行之外，美国国土安全部支持用于国土安全分析的区块链应用研究，美国国防部高级研究计划局（DAPPA）则支持区块链用于保护高度敏感数据方面的探索，以及区块链在军用卫星、核武器等数个场景中的应用潜力，美国电信巨头 AT&T 已开发出将区块链用于服务器的技术，并部署相关专利布局。欧盟在努力把欧洲打造成全球发展和投资区块链技术的领先地区，建立"欧盟区块链观测站及论坛"机制，加快研究国际级"区块链标准"。英国将区块链列入了国家战略部署，投入资金研究包括区块链在内的新兴和可用技术领域的相关新产品或新服务。俄罗斯在国家层面加快区块链技术研究，实施政府级别的区块链项目。韩国将区块链上升到国家级战略，全力构建区块链生态系统，推出"IHKorea 4.0 区块链"战略，计划在物流、能源等核心产业内开展试点项目。发展中国家肯尼亚和坦桑尼亚建立的区块链 M—Pesa 移动支付系统，彻底改变了传统银行业务的操作形式。国外高度重视区块链技术，部分国家将其上升到国家战略部署地位，对于区块链技术的应用阶段不尽相同。各国逐步基于区块链赋能于各行各业，对于区块链技术的发展持开放态度，应用区块链技术能力逐步走向成熟。

2）国内区块链发展进程

近些年来，国内区块链技术产业发展迅猛，逐渐在多政策、多领域、多场景中强调应用区块链技术赋能各个行业，充分发挥区块链技术作为重要数据要素之一带动数字经济蓬勃发展作用。

在国家政策方面，自从 2016 年 12 月区块链首次被作为战略性前沿技术、颠覆性技术写入国务院发布的《国务院关于印发"十三五"国家信息化规划的通知》以来，区块链日益受到我国政府的重视和关注。习近平总书记在 2018 年 5 月 28 日中国科学院第十九次院士大会、中国工程院第十四次院士大会上提出，将区块链与人工智能、量子信息、物联网等并列为新一代信息技术代表。

我国区块链产业格局稳定，国内区块链企业数量保持相对平稳，截至 2023 年 10 月，国家互联网信息办公室已发布十三批次区块链信息服务备案清单。技术赋能数字经济的边界在不断延展，政务数据共享、民生服务、数字金融、医疗健康、数字文创等各类行业应用纷纷涌现。从产业影响力来看，2023 年年初福布斯公布的全球区块链 50 强榜单中，我国共有 6 家企业上榜，相关企业的技术应用能力取得明显提升。

除产业应用推进外，国内区块链标准制定成果也很丰硕。近年来，国内区块链技术应用标准研制活跃，各类标准化组织合力推进标准化工作。从 2016 年起，国内诸多机构开展了区块链标准立项工作，截至 2023 年 12 月，国内相关标准化组织累计发布区块链领域技术标准 209 项，其中包括：国家标准 3 项、行业标准 8 项、团体标准 167 项和地方标准 31 项，涵盖了术语规范、技术规范、安全、性能指标、互操作、智能合约、行业应用等众多领域。

4.9.1.2　区块链政务应用

1）政务成熟应用

（1）区块链＋电子票据

党的十八大以来，党中央、国务院要求深入推进"互联网＋政务服务"，研究区块链在政府数据中的实践应用，探究区块链对政务应用的不同场景的重要理论意义和现实价值。区块链＋电子票据是区块链应用的重点落地项目之一，利用区块链技术实现电子发票的不可伪、按需开票、全程监控、数据可询，有效解决发票造假问题。2018 年 8 月 10 日，深圳市国贸旋转餐厅开出了全国首张区块链电子发票，实现了开票的加密处理，通过资金流与发票流的合二为一，实现了"交易即开票，开票即报销"。这标志着全国首张区块链电子发票在深圳落地，宣告深圳成为全国区块链电子发票试点城市，这也意味着纳税服务正式开启区块链时代。浙江省也于 2019 年上线了区块链电子票据平台，实现了医保报销凭证开具和报销的线上化。时至今日，国内区块链技术在电子票据上应用广泛，累计金额庞大，区块链电子发票臻于成熟。

（2）区块链＋司法存证

信息数据安全存证是破解政府取证难题，构建责任型政府、智慧型政府和开放型政府的关键举措，区块链技术目前作为一种去中心化的数据库，能够有效解决电子证据的取证、存证等问题。在司法领域中，区块链最大的优势在于信息的安全、实时查询、相关案件的审理过程中，各级司法部门可以随时查询最原始的物证信息，相关的审理流程及结果，提高案件的审判效率，保证了公平公正。

2022 年 5 月 1 日起，最高人民法院新修正的《最高人民法院关于民事诉讼证据的若干规定》将正式施行，规定明确了电子证据能作为证据使用。最高人民法院建设的"人民法院司法区块链统一平台"，联合了多个地方法院、国家授时中心、公证处、司法鉴定中心等，利用区块链技术防伪造、防篡改的优势，降低了电子数据的存证成本，加强对电子证据的认证。浙江省市场监管局打造了基于区块链的电子证据平台，对接各大监测系统和取证系统，将采集到的违法违规的电子证据及时固化，为后续司法有效性校验提供有效支持，为其在电子商务市场监管方面提供证据固定和采集的有效手段，助力市场监督局电子商务市场监督与信用体系建设。

（3）区块链＋不动产登记

区块链技术具备可追溯性、不可篡改、多方参与等技术特征，与不动产登记信息共享机制的需求具备较好的耦合性，将区块链技术应用于不动产登记数据共享，不仅可以提高登记机构办事效率，还能协助统计机构实时掌握更全面的不动产相关数据，加强房地产市场数字治理。

2018 年 11 月 13 日，湖南省娄底市上线了不动产区块链信息共享平台，将电子合同、电子证照、不动产登记审批、房屋交易及登记、购房资格核验、档案查询及证明等数据和证明信息存储在不动产区块链信息平台，向权利人颁发不动产区块链电子凭证，方便业务审核。娄底市依托区块链技术应用打造的不动产区块链信息共享平台已上线多年，该平台数据共享于政务服务、房产、税务，国土局，不动产登记中心五个局，实现娄底市所有不动产使用区块链电子证明和证书，逐步达到登记全流程上链、抵押登记 6 小时办结、水电过户与不动产登记过户同时办理等效果，极大方便群众办事。区块链＋不动产登记在国内应用态势良好，区块链技术可以在保证公信力的基础上实现不动产信息共享流通，这对于不动产权利人、第三方利害关系人、政府各部门来说都有着很好的实践价值和意义。

2）政务试点赋能

（1）区块链＋电子证照

基于区块链技术多方维护和实时共享的特性，打造各颁证机构的电子证照库，方便颁发机构直接维护电子证照。基于区块链技术赋能电子证照系统建设应用，将有利于提高证照的存在性证明、变化过程证明、查验证明等。通过区块链打通各机构系统，使所有者可以线上调用和授权电子证照，保障证照验证的真实便捷。

2019 年 12 月 9 日，深圳市统一政务服务 App"i 深圳"正式上线发布区块链电子证照应用平台，实现居民身份证等 24 类常用电子证照上链，支持在线用证、线下用证、授权他人用证等多种用证形式；线下办事授权用证支持无犯罪记录证明、生育登记等 100 余项高频政务服务事项。区块链电子证照的运用，在个人隐私得到最大程度保护的基础之上，将大大减少市民携带纸质证明办事的不便。区块链电子证照的应用仍处于试点阶段，区块链电子证照的全面推行还有赖于未来区块链技术的不断发展、基础设施和服务的不断完善以及民众对区块链认识的不断加强。

（2）区块链＋行政审批

区块链技术在政务服务领域打破了只优化服务端的局限，在政府单位赋能行政审批效果显著。基于区块链技术运用于核验证明材料真伪，实现链上数据、信息真伪的验证可查，准确且高效完成材料核验工作。

2020 年 4 月 7 日，北京海淀区政务服务"一网通办"平台上线，平台运用区块链等前沿技术，涵盖营业执照、婚姻信息、残疾人信息、专利证书信息等 4 类国家级数据、17 类市级数据、4 类区级数据，共计 25 类证照材料的 200 余数据项，构造政务服务数据池，帮助用户实现实时核验材料和身份。通过并联审批和帮办代办方式减少审批环节，平均减少办事人提交材料 40％以上，减时限 17.5 个工作日、压减率 55％以上。在北京市乃至全国，第一次打破区块链技术只能在服务端应用的瓶颈，深入审批内部环节，通过区块链技术应用，进行流程改造，促改革、提效率，向技术创新支持政务改革，迈出了坚实的一步。

3）政务展望方向

（1）区块链＋涉公监管

政务单位对市场的监管工作存在诸多困扰，市场监管与溯源定责问题亟需解决。区块链技术作为可信机制，基于其可追溯特性，有利于构建可信数据库，金融、食品药品、慈善等多领域凡是涉及数据存储和更新都可以通过区块链技术实现该领域数据全流域管理，有利于政府高效、全面和立体化监管各行业数据信息。

2020 年 4 月 27 日，广州中国科学院软件应用技术研究所研发的基于大数据和区块链的食药品溯源系统入选广州市区块链应用示范场景优秀案例。这是国内首创以区块链为核心技术的食用农产品溯源平台，基于区块链可溯源机制，对数据采集、流通、处理等数据行为进行全方位留痕，及时追踪每个节点的数据变化、交易等，据此开启智能监管模式，全面实现"源头严控、入穗严查、终端严管"，为全国建立食品安全现代化治理体系贡献经验。作为国内涉公监管方向的区块链创新赋能应用，开创了全国农产品质量安全信息化监管工作的先河，拓宽了区块链在政务领域的落地场景。未来，随着区块链技术的不断发展，区块链在政务领域具备光明前景。

（2）区块链＋便民服务

区块链技术作为下一代可信价值互联网的基础设施，社区服务、教育、医疗、交通、养老，便民服务是一个非常广泛的应用领域。区块链作为一种新应用模式，具有的多方协调全网数据共享、数据加密隐私保护、数据不可篡改、全网透明、分布式数据存储等特性，将更多地在民生领域的场景应用中发挥巨大价值，更好地完善便民政务。例如，在养老服务上，未来基于"区块链＋养老"可以让养老机构和老人的信息全面上链存储，让老人个人信息、健康数据、检测数据、跨结构服务等全面上链，实现养老与医疗结合的精准化；在社会救助上，"区块链＋社会救助"依托区块链具有的数据共享、不可篡改、全程留痕、可追溯查询的特性实现协同化、便民化，实现精准化救助；在医疗健康上，"区块链＋医疗健康"充分利用区块链技术，打造医疗健康数据共享平台，实现电子病历、医学影像检查、化验检验报告等医疗检查全面统一的上链存储，创建统一的跨机构、跨区域网络，实现区块链网络与医疗健康数据脱敏处理后的科研和商业应用开发等，让医药与治疗方案真正造福人类等。民生服务永远是最重要的社会话题，如何利用区块链技术去真正造福人类是未来区块链的重要方向，相信我们可以看到区块链＋民生的更多发展前景。

4）区块链实践要求

本项目通过引入区块链技术，为政务安全赋能，为构建的安全保障体系提供帮助。加强数据安全保护、威胁情报共享、关键安全日志及情报信息记录存证，保证其真实性和完整性。一体化安全链平台通过接口与区块链平台对接，将其他已建链相关必要数据进行上报于区块链平台；通过区块链所具有的不可篡改、可溯源的特性将各安全设备相关告警和日志等信息上链存储，为安全事件提供有迹可循的溯源依据；通过安全链平台打通省级与市级的安全互信路径，实现威胁情报在一体化安全运营平台与各地市级安全监测响应平台两端的实时上报与下发，保障了威胁情报在共享和使用过程中的协同一致；通过安全链平台促进省级各单位及地级市各组织之间安全能力跨部门、跨区域的协同互助，保障一体化网络安全防护体系以及监管体系的建成和有效运转。安全链功能架构如图4-80所示。

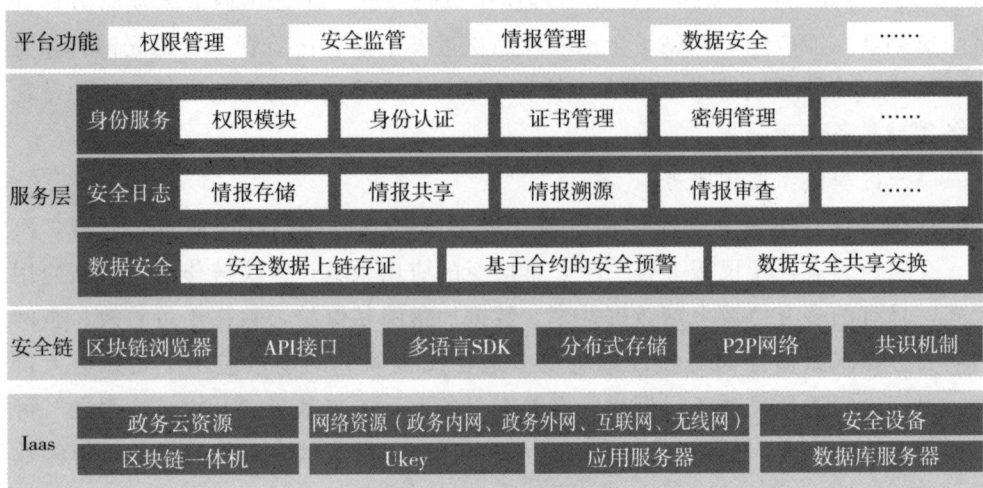

图4-80　安全链功能架构示意图

4.9.2　安全链建设

4.9.2.1　建设原则

区块链平台采用国产自主可控架构，将高安全、高性能、可扩展、可监管、易用性、节能性、先进性等作为基本出发点进行设计，得以维护政务数据安全服务，方便政务系统更方便、充分、安全地享受区块链服务。

1）高安全

区块链平台的设计需要满足相应国家《中华人民共和国数据安全法》政策及等保要求的基础性条例，在多个维度保护政务系统的数据安全。

2）高性能

为保证政府部门重要政务数据能够稳定上链，则平台应能够通过SDK和标准API接口等，可快速进行分布式业务上链，满足各部门数据上链效率，缓解平台服务压力。

3）可扩展

应采用科学合理的层次性、模块化技术架构，以便进行持续扩展集成，预留水平扩展能力和业务可扩展接口，从而满足安全管理工作的发展变化要求。

4）可监管

区块链平台应提供监控大屏、区块浏览、审核封禁、敏感词等丰富的监管功能，有助于用户更加有效便捷地进行政务数据治理与监管。

5）易用性

区块链平台建设应符合简单易用的原则，给政务部门带来简单便捷的运维管控服务，提高平台管理者治理数据、操控平台的能力。

6）节能性

围绕更高的资源利用率、更灵活的架构建设原则，帮助政务部门降低整体能源消耗，打造更节能的数据安全保护体系，进一步为节约运营成本。

7）先进性

平台数据安全防护应当在设计理念、技术方案等方面具备先进性，通过采用最新的理念、技术和产品，提升组织建设、管理建设、技术工具及人员能力等方面的数据安全保障能力。

4.9.2.2 建设目标

通过区块链技术的引入，为政务部门建设安全基础链服务平台，将威胁情报数据、政务大数据指纹信息、安全日志数据等上链存储，区块链基于自身优势特性将为政务平台提供数据安全治理的新范式，保障了在数据生成、存储、共享、流转的安全可信。区块链技术与传统安全设备以及多种技术防护措施相结合，实现政务数据安全存证、威胁情报共享、设备全生命周期管理三大能力，全方面保障政府部门关键业务数据的安全防护。

4.9.2.3 建设内容

1）系统部署

（1）部署架构

在省局部署 4 台联盟链节点服务器（另外加一台应用服务器），16 个地市分别部署 1 台联盟链节点服务器。20 台联盟链节点服务器均安装平台软件，上链后的数据将分布式地存储在这 20 个节点中，链上主要存储的数据为威胁情报信息、安全日志、指纹信息（较大数据）等。

联盟链初始节点部署完成后，联盟链主干网络得以运行，为了保证联盟链的可信度与影响力，省局主导部门可保留 1 个初始节点见证权限，可以将其他至少 3 个见证节点权限授权给省局其他部门进行管理，由这三个部门掌握见证账户的私钥，从而掌握见证节点的实际控制权，使业务相关的各方（省局四个节点）依据存储的全量数据，来共同维护与治理联盟链网络，确保联盟链有效可信；市级作为参与节点，参与到联盟链网络中，可以实现数据链上共享，安全存储一份全数据，实现链上数据一致性。

安全基础链服务平台支持对政务安全联盟链的管理，包括计算、存储、网络等相关资源的管理；支持对上链数据的治理和管控；支持合约的开发和部署，实现安全数据上链；支持对政务安全联盟链当前的运行情况进行监控和异常预警；支持对政务安全联盟链和服务平台本身数字资产和操作进行审计。安全链部署架构如图 4 - 81 所示，模块化功能主要体现在权限管理、安全监控、情报管理、数据安全、存证溯源等能力上。

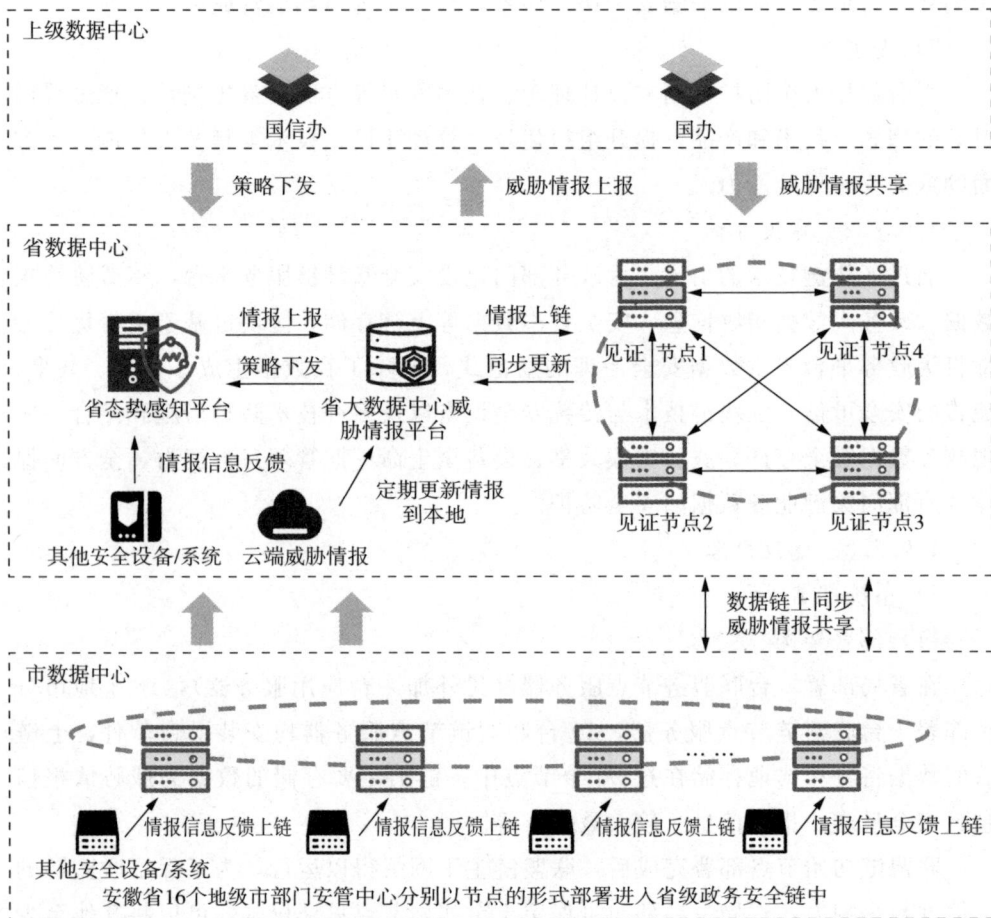

图 4 - 81　安全链部署架构示意图

228

（2）部署方案

① 实施规划

实施规划包括产品清单、实施拓扑情况规划。部署产品清单见表 4 - 7 所列。

表 4 - 7　部署产品清单

产品名称	产品型号	数量	用途
安全基础链服务平台	Baas2.3	1	安全基础链服务平台支持对政务安全联盟链的管理，包括计算、存储、网络等相关资源的管理；支持对上链数据的治理和管控；支持合约的开发和部署，实现安全数据上链；支持对政务安全联盟链当前的运行情况进行监控和异常预警；支持对政务安全联盟链和服务平台本身数字资产和操作进行审计。模块化功能主要体现在权限管理、安全监控、情报管理、数据安全、存证溯源等能力上
安全链节点	V1.3.2	20	安全链节点用于实现上链操作和存储链上数据以及对区块链进行分布式治理。联盟链初始节点（省数据局四个安全链节点）部署完成后，联盟链主干网络得以运行。数据完成签名后，可通过节点见证后完成上链确认，上链后的安全数据将分布式地存储在节点中
……	……	……	……

② 实施拓扑

在省数据局部署安全链平台及省局 4 个安全链节点。地级市安全链节点部署，根据各地市反馈资源申请进度情况，按照优先级分别部署安全链节点，预计 10～15 天将 16 个地市部署完成（周期以实际情况为准），部署完成后，做调试环境，整体流程测试工作，时间预计消耗 5～10 天（时间以实际情况为准）。安全链部署网络拓扑如图 4 - 82 所示。

③ 实施前准备

A. 确认项目需求

负责实施的现场工程师将与用户项目接口人、相关领导确认本项目的需求、

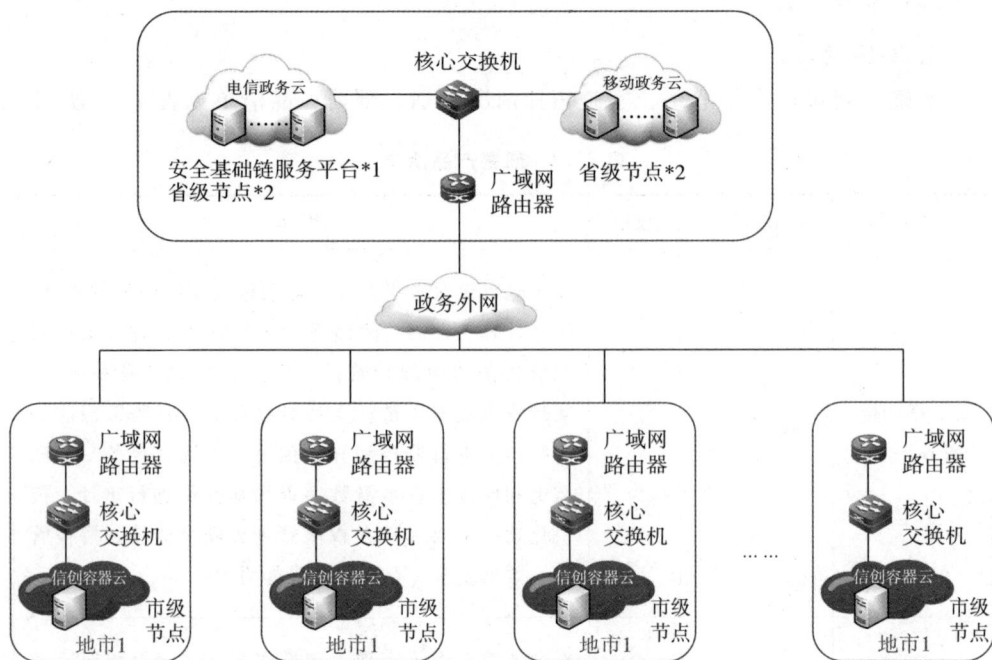

图 4-82　安全链部署网络拓扑示意图

实施时间、实施地点。

　　B. 确认项目实施方案

　　负责实施的现场工程师将与用户项目接口人、相关领导对本次上线实施方案进行确认。

　　④ 上线前准备

　　A. 建设方准备工作见表 4-8 所列。

表 4-8　建设方准备工作

准备工作	详细描述
设备 IP 规划	为中科晶格提供软件系统接入网络用到的 IP 地址，并确保该 IP 地址可以访问政务外网，给所需的服务端口开通外网权限或者设置 IP 白名单
实施工程师进入机房许可	向现场交付工程师说明进入机房需要准备带哪些证件及注意事项
资产梳理清单	根据模板，完成此次项目交付所涉及的资产品清单梳理，并提供给中科晶格交付工程师

（续表）

准备工作	详细描述
远程部署方式	开通 VPN 账号和密码或堡垒机、跳板机账号和密码，方便实施工程师提供远程部署支持
提供企业 logo	提供不带文案的 logo、baas 及链的名称，根据客户需求给客户提供定制化服务
提供云服务器	提供 X86 架构云服务器 21 台（具体配置见上文基础资源要求），系统版本是 centos7.9，提供 root 密码
提供邮箱账号	提供 20 个邮箱账号用于创建节点账户
提供部分上链数据	提供的上链数据格式文件是 excel

B. 厂商准备工作见表 4-9 所列。

表 4-9　厂商准备工作

准备工作	详细描述
上线部署方案	为本次项目提供上线部署方案
功能验证方案	为本次项目上线实施提供功能验证方案
方案审核通过	施工文档已通过用户方审核
……	……

C. 相关方准备工作见表 4-10 所列。

表 4-10　相关方准备工作

准备工作	详细描述
上线部署方案	为本次项目提供上线部署方案
功能验证方案	为本次项目上线实施提供功能验证方案
……	……

2）对接内容

通过标准 API 和 SDK 的形式，各地市节点分别与协同对接子系统进行对接，初步实现地市威胁情报数据与省级的共享和交互。区块链的数据接口包括功能模块内部数据交换接口和外部数据交换接口。安全链对接接口如图 4-83 所示。

（1）内部数据交换接口是区块链管理功能内部模块之间数据的规范化交换所

使用的标准接口，主要包括区块链信息获取、智能合约部署调用、节点信息获取。

（2）区块链节点通过各种外部接口与其他应用系统和功能模块（数据提供方）之间实现集成和数据交互，主要包括新增业务、新增存证、溯源数据、存证数据更新、溯源数据增加、链上数据查询。

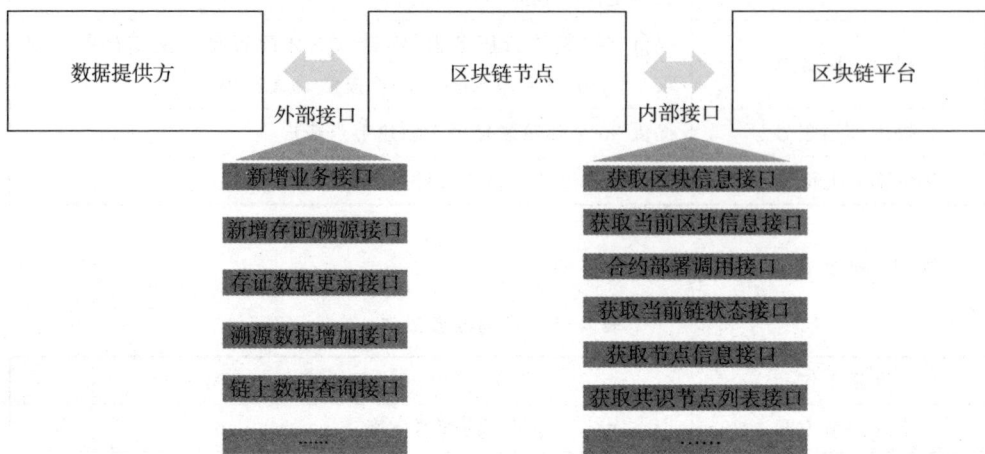

图 4－83　安全链对接接口示意图

4.9.3　应用场景

4.9.3.1　安全大数据存证

政务安全联盟链将接入一体化安全运营平台汇聚各安全设备日志、告警信息等形成的安全大数据，基于区块链去中心化、不可篡改、可追溯、可信任的特点，将本平台涉及的防火墙、入侵防御、网络防泄漏等安全设备和堡垒机、日志审计等安全运维审计设备，以及电子政务外网安全监测平台、数据安全监管等系统的管理、运维、审计等操作日志及安全日志锚定在区块链上，形成可追溯且不可篡改的记录，保障安全设备数据的安全性和真实性，有效解决现有日志信息的数据分散、分析难、易被篡改等问题，为发生安全事件后的溯源追踪提供可靠信息，为实现可监管、可追溯的安全防护体系添砖加瓦。

4.9.3.2　威胁情报共享

各地市产出的威胁情报数据可通过 SDK、API 接口与联盟链参与节点完成对接，将威胁情报数据传输至安全链平台。当任一地市级参与节点收到新的威胁情报数据后，会将该威胁情报数据传输到省级见证节点，各省级见证节点都会对该威胁情报数据进行存储，并传输至一体化安全运营平台；一体化安全运营平台产出的威胁情报，可通过 SDK、API 接口对接安全链平台，通过省级见证节点更新存储并将该威胁情报数据下发，各地市级参与节点收到新威胁情报数据后，进行同步更新存储，实现新威胁情报数据在安全链平台上的共享流通。

1）全链情报数据共享

省级安全运营平台将生成的威胁情报数据进行上链共享，地市安全运营平台通过地市安全链参与节点完成威胁情报数据的同步。

2）地市情报数据接收

地市安全运营平台将生成的威胁情报数据上链共享，省级安全运营平台通过省级安全链见证节点完成威胁情报数据的同步。

3）指定（优质）情报数据共享

省级安全运营平台从地市共享的威胁情报数据中，筛选出高价值情报数据进行数据上链共享，各地市安全运营平台完成威胁情报数据的同步。

4.9.3.3　设备全生命周期管理

当下大部分网络设备、安全设备以及物联网设备的出厂信息与销售信息往往由设备厂商收集与存储，并且其中销售信息多与用户的手机号或姓名等个人信息存在强绑定关系，因此也存在用户个人数据难确权、数据可靠性差、用户隐私难以保证、设备来源及所有者难以确定、非权威设备厂商数据难被认可等等多种问题。

基于所建的政务安全联盟链为设备提供全生命周期管理能力，其涉及内容包括用户终端、设备厂商、设备以及智能合约和分布式存储等区块链技术。其中所述用户终端包括：用户密钥生成模块、设备通信模块、数据封装模块；所述设备商包括：设备商密钥生成模块、设备商密钥分发模块；所述设备包括：数据生成模块、设备存储模块、设备签名模块；所述区块链上的智能合约包括：智能合约接口、设备全生命周期管理合约、数据防篡改合约。

利用区块链技术和密钥签名技术，实现设备全生命周期区块链存储，从而能为设备产生的数据提供数据可靠性保证和数据来源查询支持，提高数据价值，使数据具有分享性，并且可以保护设备使用者的隐私及数据所有权。

第 5 章 标准规范建设

除了技术体系的建设，一体化数据基础平台数字安全体系在标准规范方面也开展了相关工作的梳理落实，定义一体化平台的安全相关规范，涵盖网络安全、云安全、终端安全、应用安全和数据安全等相关要求。

截至 2022 年，全国信息安全标准化委员会已累计发布网络安全标准 340 余项，其中涉及等级保护 2.0 标准规范 40 余项，包括等保基本要求、安全设计技术要求、测评要求以及安全管理等系列标准文件；密码应用方面发布标准 20 余项，包括密码应用基本要求、密码技术要求以及密码算法等系列标准文件。同时，公安部在等级保护领域、国家密码管理局在密码领域也均发布多项安全标准规范，共同构建了相对完整的等级保护和密码应用安全标准规范体系。

考虑现有安全标准规范体系较为完善，且具备较高的落地实践性，可以指导一体化项目进行有效的数字安全体系建设，故此次安全标准规范体系侧重制定以下一体化平台的安全相关规范，围绕本次的建设内容，对现有的标准规范进行补充完善，并新增包括平台应用上线安全、密码接入安全、数据全生命周期安全、安全运营接口、安全链接口等各类技术和管理规范。标准规范内容见表 5 - 1所列。

表 5 - 1 标准规范内容

序号	标准规范名称
1	全省一体化数据基础平台 网络安全 第 1 部分：管理网建设规范
2	全省一体化数据基础平台 网络安全 第 2 部分：运维访问控制规范
3	全省一体化数据基础平台 云安全 第 1 部分：容器云安全技术规范
4	全省一体化数据基础平台 云安全 第 2 部分：云租户安全应用规范
5	全省一体化数据基础平台 终端安全 第 1 部分：终端准入技术规范
6	全省一体化数据基础平台 终端安全 第 2 部分：终端数据防泄漏技术规范
7	全省一体化数据基础平台 应用安全 第 1 部分：开发安全技术指南

（续表）

序号	标准规范名称
8	全省一体化数据基础平台 应用安全 第2部分：接口安全技术规范
9	全省一体化数据基础平台 应用安全 第3部分：上线前安全检测
10	全省一体化数据基础平台 应用安全 第4部分：运行阶段安全检测
11	全省一体化数据基础平台 数据安全 第1部分：数据采集
12	全省一体化数据基础平台 数据安全 第2部分：数据传输
13	全省一体化数据基础平台 数据安全 第3部分：数据存储
14	全省一体化数据基础平台 数据安全 第4部分：数据使用
15	全省一体化数据基础平台 数据安全 第5部分：数据共享
16	全省一体化数据基础平台 数据安全 第6部分：数据销毁
17	全省一体化数据基础平台 密码能力接入规范
18	全省一体化数据基础平台 云安全能力接入规范
19	全省一体化数据基础平台 数据安全能力接入规范
20	全省一体化数据基础平台 安全运营 第1部分：建设指南
21	全省一体化数据基础平台 安全运营 第2部分：安全数据中台技术规范
22	全省一体化数据基础平台 安全运营 第3部分：综合安全管理技术规范
23	全省一体化数据基础平台 安全运营 第4部分：安全风险预警技术规范
24	全省一体化数据基础平台 安全运营 第5部分：安全能力中台技术规范
25	全省一体化数据基础平台 安全运营 第6部分：威胁情报数据共享接口规范
26	全省一体化数据基础平台 安全运营 第7部分：级联管理运营接口规范
27	全省一体化数据基础平台 安全运营 第8部分：网络安全事件应急处置流程规范
28	全省一体化数据基础平台 安全运营 第9部分：网络安全服务评价规范
29	全省一体化数据基础平台 安全运营 第10部分：平台级联规范

本类规范适用对象为：一体化平台信息安全人员、开发人员和测试人员。通过此类规范可以提高一体化平台的安全性。

第6章 安全实践案例

6.1 马鞍山市安全实践

为进一步加强网络安全工作，提升市电子政务外网、政务云等信息基础设施和政务信息系统安全防护水平，根据省数据资源管理局《关于进一步加强网络安全工作的通知》文件精神，2022年马鞍山市数据资源局联合市委网信办、市公安局、三县三区，采用"市级统建、区县接入"的模式，完成"市网络安全态势感知平台建设"项目建设工作。态势感知协同保障功能架构如图6-1所示。

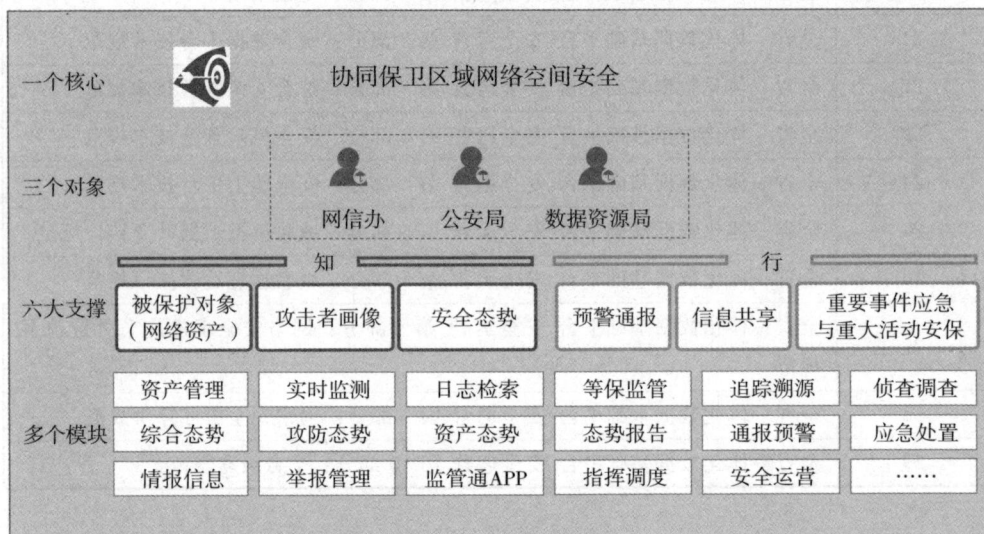

图6-1 态势感知协同保障功能架构示意图

6.1.1 建设情况

平台建设遵循统一的数据接口规范，按需要对重点保护单位下放采集器进行流量数据采集，通过专用设备检测分析，生成网络安全数据存储到数据中心，同时将第三方互联网厂商的安全数据和重点监测数据推送到分析中心，完成本地网络安全数据与第三方数据深度融合，实现关键信息基础设备识别、指挥调度、应急处置、分析研判等功能，构建威胁预警防护、持续监测、响应处置的全闭环网络安全态势可视化系统，及时发现网络中存在的病毒扩散、恶意代码、攻击等网络异常行为，直观展示各类网络安全风险信息，确保各项安全威胁得到及时预警和处置，从而有效保障政务外网上各类信息系统安全。

平台建成后，在政务外网发现 250 万余次安全威胁事件，包括后门、信息窃取、漏洞利用、恶意文件投递等。市数据资源局第一时间对平台上发现的威胁事件核对后统一下发到各部门，部门对威胁事件进行及时处置，对处理结果记录并反馈。通过平台预警，建立了全市政务外网市县一体联动处置机制，形成风险预警、分析研判、任务下发、部门处置、反馈汇总的完整闭环风险管理机制，极大提升运行在市政务外网上业务系统平面、办公管理平面、政务云平面等安全防范能力，有效保障数字政府基础安全设施稳定运行。

6.1.2　建设效果

自马鞍山市大数据中心网络安全态势感知平台上线以来，已整合全市政务网内的各类资产，构建统一的态势感知平台并提供标准化服务。通过采集各类资产、安全日志等，利用大数据分析，从全局视角对平台内的资产存在的安全威胁进行发现识别、理解分析，并快速响应处置，为全市提供统一的安全态势感知能力。

一是形成市县资产管理一体化。对接马鞍山市三区三县平台内的各类资产并进行汇聚管理，实时掌握各重要单位的关键信息基础设施资产，分析被管理资产的形象，加强关键信息系统安全保障能力，改善目前马鞍山各重要单位因关键信息基础设施不够完善而发生的网络安全事件。二是形成有效的病毒预警体系。对实时传输的数据流进行病毒监测，全面检测已知与未知病毒，实时收集病毒暴发日志信息，进行汇总分析，以全国地图的方式实时、直观地展现各单位（或地区）的病毒暴发趋势。三是形成可靠的安全处置措施。在感知到本市网络设施与服务遭受到攻击的情况下，尤其是在重大事件保障期间感知到党政机关网络遭受到攻击与威胁的情况下，根据威胁的严重程度对威胁进行快速通报，为快速处理争取时间、提供条件，将威胁与攻击控制在安全和可控的范围内。2022 全年，全年政务外网共处置各类安全风险威胁 50 余万起，有效处置率达到 99％以上，及时有效地保证了政务网安全，并形成体系化、多元化的安全处置措施。

6.1.3 态势感知平台产品特点

6.1.3.1 高级威胁检测

基于机器学习和大数据平台，实现快速准确地检测边界和内网的高级威胁；基于多源数据分析，包括原始流量、日志、Netflow 等信息；基于多种异常检测模型，包括加密流量检测、Web 异常检测、邮件异常检测、C&C 异常检测和隐蔽通道检测等；覆盖高级威胁整个攻击链，包括资源侦查、外部渗透、命令与控制、内部扩散、数据外发等过程，通过检测到异常，分析普通威胁，基于攻击链关联到高级威胁。

6.1.3.2 全网安全态势感知

基于网络中的攻击、威胁、漏洞、资产执行动态整合，通过大数据处理及整合能力，为用户从全局的视角对网络的安全状态提供直观的认知，为后续的决策及行动提供有效、直观的展示。

综合安全态势：通过威胁地图、资产风险、漏洞、威胁源、安全资讯多维呈现全网安全态势。

内网安全态势：呈现内网安全相关的威胁事件、失陷主机、外联端口 TOP 和外联流量趋势。

网站安全态势：呈现网站相关的威胁事件、漏洞、威胁源 TOP、威胁类型分布和访问趋势等资产安全态势：呈现资产的漏洞分布、风险排行、高危端口分布、资产类型分布等。

脆弱性态势：呈现漏洞数量统计、漏洞分布、资产高危漏洞 TOP、漏洞趋势和漏洞类型等。

威胁事件态势：呈现热点事件、威胁事件统计、威胁事件类型 TOP 和实时威胁事件；围绕"攻击者"呈现攻击者的信息，攻击链和攻击相关的事件；围绕"失陷主机"呈现资产的风险、指纹信息、资产的漏洞和发生的威胁事件。

6.1.3.3 快速安全响应

基于智能检索，实现快速准确的调查回溯，结合平台实现网络＋安全协同，从单点防御到全网协防，自动处置，快速阻断威胁。支持通过关键字对日志和原始流量快速检索，基于攻击链进行事件调查，支持关联原始流量并下载对应的 PCAP 文件，方便网络取证，支持与终端 EDR 协同调查取证，快速确认终端感染范围。支持与网络控制器、安全控制器、防火墙和终端 EDR 进行联动响应，分钟内阻断威胁，支持基于安全数据源或安全事件的响应编排功能，当平台检测到指定事件类型时将触发对应的响应编排，联动设备收到相应指令后对该事件类型进行响应闭环。

6.2　六安市安全实践

6.2.1　云安全

六安政务云平台为各政府单位提供各类云资源，承载公共服务、社会治理等业务信息系统和数据，而随着政务云承载的政务系统以及汇集的数据不断增多，云平台的安全性就愈发突显。云安全资源池为云租户等保防护提供安全有效防护是政务系统安全的重要基石，只有夯实政务云安全基础，才能进一步筑牢网络安全防线，防患于未然。

6.2.1.1　云安全资源池技术方案

六安南山政务云安全资源池利用虚拟化架构层提供的资源单元，将各类安全组件进行统一部署和管理，对内利用安全服务链可以将任意安全组件进行自由组合，对外提供自由的安全编排服务能力。

安全资源池的整体技术架构主要由安全组件和 CSSP 两大部分组成，其中安全组件提供各类安全服务，而 CSSP 作为统一的管理中心，承担对安全组件的管理与编排、与外部的 UI 接口以及多租户管理、日志、告警等信息处理系统。

云安全资源池部署于云安全资源池区域，连接至云安全资源池接入交换机，下一跳指向交换机，由云安全资源池接入交换机通过云专线交换机连至核心交换完成网络通信转发互通，保证与目标租户地址互通。

引租户的流时，当租户的地址没有冲突时，云安全资源池核心 VR 设备与交换机之间起引流互联 IP。到云安全资源池内部时，由资源池内部进行租户 VR 分配。

引租户的流时，当租户 IP 地址冲突时，所以无法使用核心 VR 分流，只能直接流至对应的租户 VR，可使用基于 Vlan ID 区分租户，物理接口接收到 VLAN A 则分流至租户 A 的 VR。

对于交换机，使用 VRF 来区分每个租户流量到云安全资源池内部时，由资源池内部进行租户 VR 分配。政务云安全服务链编排架构如图 6-2 所示。

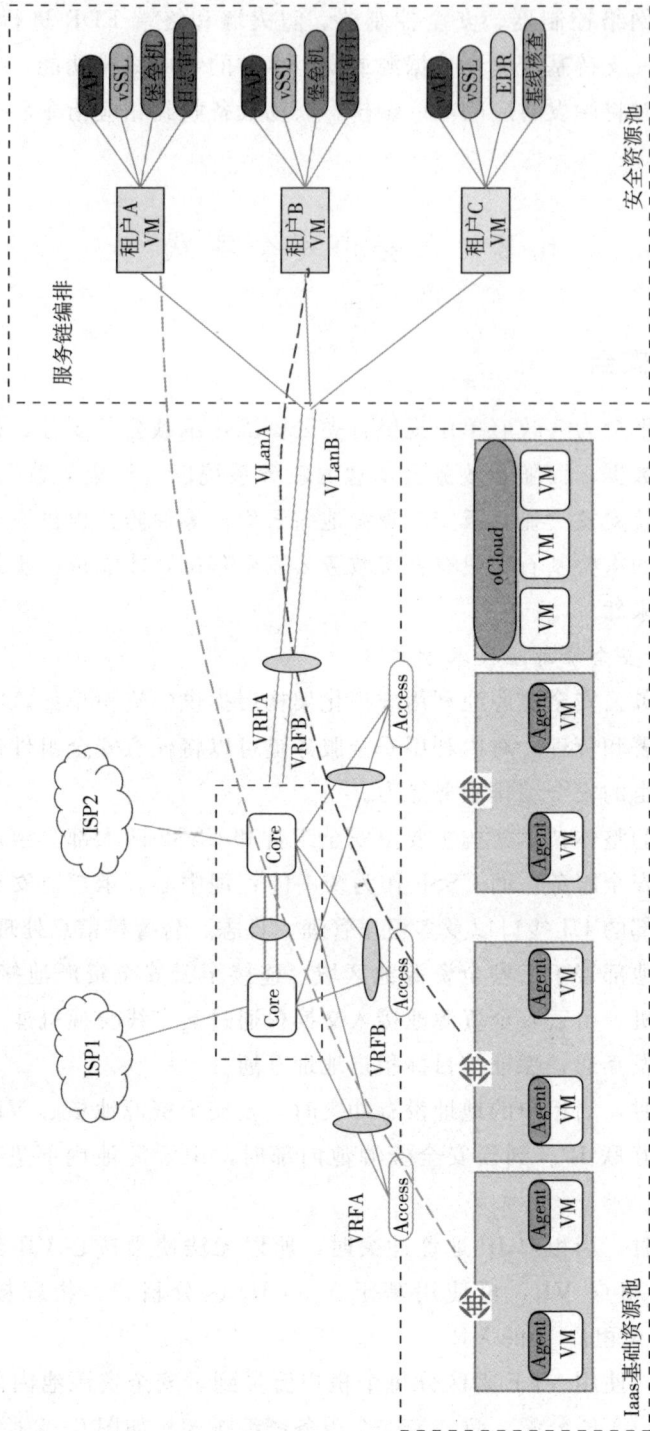

图6-2 政务云安全服务链编排架构示意图

考虑到引流的地址与实际租户相关，后续随着租户的增加，进行逐一引流分配。如能确定租户不发生地址冲突，则直接分配交换机与云安全资源池的 VR 设备互联 IP 地址，互为下一跳。由交换机转发确保租户与云安全资源池网络互通。

六安政务云给政务外网云安全资源池 6 台服务器分配 8 个带外管理地址。6 个服务器的管理 IP，一个底层集群 IP，一个前端安全资源池集群 IP。而在互联网区域的云安全资源池 4 台服务器分配了 6 个带外管理地址。4 个服务器的管理 IP，一个底层集群 IP，一个前端安全资源池集群 IP。

6.2.1.2　项目成效

六安南山政务云在政务外网区和互联网区的核心交换区，分别旁路部署云安全资源池。安全资源池可以将传统的安全设备能力进行服务化处理，实现 SECaaS（security-as-a-service，安全即服务），可实现的能力包括云下一代防火墙、Web 应用防护、日志审计、堡垒机、数据库审计、漏洞扫描、主机安全、SSL VPN、安全态势感知等安全能力。通过安全资源池为云租户实现南北向安全服务流和东西向安全服务流，依据云租户合规需求以及个性化需求为云租户提供定制化的安全规划设计及防护。

同时，云安全资源池的应用，使政务云的安全运维服务向多样化运营服务升级，极大提高了上云安全支撑、云上运维服务水平，实现了敏捷、精细化管理。

6.2.2　密码应用

随着六安市直单位业务系统逐渐迁移至六安南山数据中心，各类业务系统的陆续上线使用，极大提高了日常的工作效率。但随着新业务的不断开发与上线，对于政务云平台数据加密和访问控制等提出了更高的要求，平台侧密钥安全成为制约信息化工作的严峻问题。

6.2.2.1　密码资源池技术方案

为强化云平台数据加密和访问控制的能力，六安市政务云平台通过自研的密码套件（KMS）适配平台服务器密码机，使得服务器密码机作为云平台的组件为云平台提供数据机密性和完整性保护。

六安市政务云密码资源池的整体架构是由云平台密码套件和平台服务器密码机组成的。平台服务器密码机连接至管理汇聚交换机，下一跳指向交换机，由交换机完成网络通信转发互通，才能保证与云平台底座互通，从而实现云平台正常调用密码服务。

政务云使用两台密码机做集群，分别通过网口聚合上连两台交换机，默认的聚合模式是 mode＝1，交换机端不做聚合配置。密码机侧聚合模式可以改为 mode＝4，需要交换机侧做动态链路聚合。

两台服务器密码机各需要一个业务网络通信互联 IP 与管理汇聚交换机互联。然后管理汇聚交换机打通密码机业务网络通信 IP 和 8008 业务端口与云平台的通道，这样两侧云平台可以访问密码机业务端口，调用密码服务。

6.2.2.2 项目成效

六安市政务云首次打造软硬件协同的平台侧密码机服务，为云平台提供数据机密性和完整性保护，同时输出一套安全、可靠的密钥管理机制，有效地发挥密码技术在政务信息系统中的安全保障作用。

6.2.3 数据安全

2020 年 5 月 20 日安徽大数据平台六安市平台上线以来，平台数据范围覆盖全市 53 个市直部门和 8 个县区，平台整合了人口、法人、空间地理、宏观经济等多部门的基础数据，建立起人口流量、定位信号、道路交通等感知数据和教体、医保、民政、人社等部门专题数据。平台累计归集数据约 52 亿条，发布共享目录 1500 余项，动态数据占比七成左右。平台还将充分发挥共享数据效益，开发大数据分析展示平台，构建政务服务、宏观经济、疫情防控、"安康码"可视化管理等专题展示，对数据进行多维度、全方位、深层次分析解读，为政府决策、政策施行提供数据支撑。这些数据涉及大量的国家安全、社会公共利益、商业秘密和个人隐私，而目前这些数据大多没有经过相应的安全处理，存在很大的安全隐患，因此加强数据应用安全管理和安全防控工作已经迫在眉睫。

6.2.3.1 建设内容

以数据安全治理为导向，以大数据和 AI 能力为基石，基于六安政务云打造责任共担、可信可控的数据应用安全机制与体系，赋能六安数字经济发展。建成一套体系包含数据安全战略、两个保障、一个门户和三个平台，不包括基础设施安全。

数据安全战略是依据数据安全的国家法规政策及地方管理办法，制定数据安全战略规划目标，建设数据安全组织协同工作，建立云责任共担模型、数据安全能力成熟度模型等数据安全防御体系。

两个保障是数据安全管理保障和数据安全运营保障。其中，数据安全管理保障包含梳理数据安全工作、编制数据服务安全规划和决策管理流程、为组织架构中的安全岗位提供安全培训和应急演练、通过安全管理平台实现协调监督等内容；数据安全运营保障主要是基于对三大平台的应用，实现对政务云系统的安全评估、检测预警、应急响应、安全测试和安全巡检等安全运营能力，帮助六安政务云"找出脆弱不足、发现威胁风险、检验防护能力、更新防护手段、处理安全事件"。

一个门户是数据安全门户，提供数据安全能力与应用的操作入口、数据安全监管的规则配置及结果展现，完成数据可视化管理，提供各种安全统计分析报表，实现数据安全态势全面可视（数据分布可见、数据流转可见、数据访问可见）。

三个平台是安全管理平台、安全防控平台和技术能力平台。其中，安全管理平台主要对数据产生到销毁的整个生命周期的每个环节中的使用、查询、修改等动作进行管理，同时规范数据共享使用的流程；安全防控平台提供数据操作行为的分析与监管、敏感数据智能识别、敏感数据风险自动发现、数据追溯、安全预警的监管及响应能力；技术能力平台提供各种数据安全保障的能力，包括数据加解密处理能力、数据脱敏能力、数据安全使用能力、数据安全访问能力、安全规则的应用、数据全生命周期的安全应用。

6.2.3.2　创新性和先进性

1）创新性

（1）制度与项目同步建设：为了紧跟国家战略，及时稳控数据安全风险，六安市数据安全管理平台项目采取了制度体系与实践体系同期建设的方式，软件平台建设的同时，同步梳理六安市政务领域涉及数据安全的薄弱环节，及时制订与六安市相适应的数据安全体系规划。随着《六安市政务单位数据安全现状调研报告》《六安市政务单位数据安全风险评估报告》《六安市数据安全规划》《六安市政务单位数据安全工作指导意见（草案）》《六安市政务数据资源安全管理办法》《六安市数据安全能力通用技术规范》《六安市信息化建设项目安全审核细则（样例）》等一系列文件规范的出台，六安市数据安全管控体系建设已初见成效。

（2）数据全生命周期管控：在符合《中华人民共和国数据安全法》《中华人民共和国个人信息保护法》《信息安全技术　数据安全能力成熟度模型》（GB/T 37988—2019）等法律法规及条例制度的前提下，以《六安市数据安全能力通用技术规范》《六安市信息化建设项目安全审核细则（样例）》为评价基线，《六安市政务数据资源安全管理办法》为指引，管、防、技三大数据安全平台为落地主体，对数据的收集、存储、使用、加工、传输、提供、公开、销毁等全生命周期实施安全管控。通过授权、审计、加解密、分类分级等技术手段，在付出最小化成本的同时，保护个人、企业隐私，防止数据泄漏、滥用、丢失、被篡改，从而大力促进政务数据开放共享及应用，提升数据资源的社会与经济价值，催化六安市数据应用产业链形成，有效助力六安数字经济发展。

2）先进性

通过采用 Dubbo、Hadoop、仿真脱敏、智能分级分类、自适应安全等服务框架、新型技术，有效提升了软件平台系统健壮性、数据处理能力及处理效率，结合理论指引与逻辑流程设计同步梳理研发的先进系统设计理念，整体数据安全管控系统建成后的可用性、实用性、先进性得以比传统技术与设计理念成倍提升。

项目对《中华人民共和国数据安全法》《中华人民共和国个人信息保护法》《关键信息基础设施安全保护条例》等法律法规进行了解读，通过从管理和技术执行细则两个层面提供了具体可落地的规范化数据安全管理及技术要求。同时依托本地化数据安全项目建设的先天优势，利用边建设边实践边迭代的"小步快跑"方法，构建政务数据安全全流程保障标准体系，大大提高了标准体系与实际地方信息化项目建设特点的匹配程度。

6.2.3.3 建设成效

六安市数据安全管理平台项目为安徽省数据安全建设提供了典范参考，在各地市面临外部数据安全政策法规频繁出台，却无法直接利用于组织内部划分合规基线的情况下，六安市数据安全管理平台项目通过对外部法律法规、监管要求、行业标准、实践参考的综合梳理，结合软件系统平台的研发同步建立数据安全管理与防范理论指导体系，以理论指引软件功能建设、以软件功能落地理论智能化执行，建立了一套有指导可操作的数据安全管控系统，为省内其他地市的数据安全建设指引了明确方向。六安市数据安全管理平台项目的建设运行，尤其是理论制度指导结合软件工具集综合数据安全管控体系的建成，是盘活六安市历史信息系统所积累海量数据资产的关键一步，是全面落实习近平总书记倡导的"不断做强做优做大我国数字经济"的重要一环，是"实施国家大数据战略加快建设数字中国"的必由路径。

数据安全平台自 2022 年 3 月上线以来，在六安市政务云范围内广泛应用，累计接入数据表资产达 2 万多张，数据量超 500 亿条，识别出各类敏感级别的数据表，为超 5 千张表配置了特殊防护策略，累计保障了超百万次的数据访问、拦截恶意攻击 2 万余次、数据脱敏、加解密达 10 万余次，保障了超 200 亿条敏感数据的数据安全。

随着接入平台及数据源的增多、数据防护程度的深入、数据防护策略的优化、数据安全运营的持续进行，数据安全防护体系实践效果还将逐渐增强。数据安全监测态势过程资产还会逐步累计，并逐渐具有决策指导意义。

6.2.4 安全运营

六安市数字化业务信息化建设持续发展，网络安全工作涉及面广、暴露面广、监管要求多，最后落地工作需要将很多事情要合成不能孤立，所以网络安全工作最重要的一关就是体系合成和运转，不能再靠人工、手工临时应对。当前六安市网络安全工作趋势已经清晰，已经从合规体系走向态势感知体系、挂图作战体系、智能安全体系。数字时代需要为"数字六安"构建有效落地的网络安全一体化防御体系，实现六安智慧城市"看管监控"安全中枢。

看。看得清数字化资产（被保护对象）的分布与边界，看得清实时攻击与防御，看得清风险隐患与应急处置，看得清组织管控与协同，看得清安全运行宏观全貌，做到心中有数。

管。理得清数字化资产（被保护对象）的主责与主权，理得清重要资产、核心资产、一般资产，理得清谁在用、谁在管、谁在监、谁在控，理得清主责方、同责方、守责方，理得清组织管控与一体化协同执行机制，做到未雨绸缪。

监。测得清数字化资产（被保护对象）的攻击方攻击源头，快速实现态势研判、威胁预警、攻防评估，信息共享、体系对抗、能力调用、指挥协同、持续响应的反制方向，在多个关键场景和领域事前、事中、事后，全程持续动态的监控与识别，做到把握关键。

控。守得住数字化组织智能中枢，守得住关键信息基础设施，守得住重要信息系统。

聚焦保护对象，"平时"通过生态化、常态化工作实现基础资源数据化。将安全技术、安全管理和安全运营进行体系化融合，"战时"完善"监测－响应－预测－防御"的自动化智能化工作，实现安全对抗智能化，在实战化场景实现智慧化决策，从而达到平战结合一体化。

6.2.4.1 整体架构

数字城市安全大脑对六安市网络空间要素信息进行集中收集、智能分析、精准研判，通过安全大脑平台向城市党、政、军、企及市民提供包括网络威胁预警、安全事件协同响应、网络安全协同防护等多种网络安全基础公共服务能力。

六安市数字城市安全大脑整体架构如图 6-3 所示。

6.2.4.2 建设内容

建设六安市城市大脑安全运营平台，以"安全能力服务化，安全服务集约化"为设计原则，将城市大脑安全保障与运营管理所需的各类安全能力进行集约化建设并统一输出，通过建立一体化的安全运营保障体系，以城市大脑安全运营平台为抓手，以安全运营为支撑，为全市关键信息基础设施提供灵活、多样的安全能力。改变传统以特征和规则匹配为基础的产品支撑体系以及碎片化的安全服务机制，建立以大数据加人工智能为驱动的智能化技术为支撑的运营管理与保障服务机制。

通过汇聚城市关键信息基础设施相关安全数据进行协同分析，由点及面，发现安全风险，将原本零散的安全数据变成统一规范的安全数据支援城市大脑提供安全运营支撑能力。引入高水平网络安全运营服务，有效支撑城市大脑的安全运营管理工作，包括抑制止损、事件分析、业务损失评估、系统加固、事件溯源等全方位的专业应急响应服务，有效应对黑客入侵、DDoS、数据窃取、木马病毒等安全事件，全面降低了安全事件的影响与损失，护航城市安全发展。

1）城市安全大脑统一门户

建设数字城市安全大脑统一门户网站，整合现有分散的异构应用系统，通过统一的信息门户，解决用户认证行操作，搭建开放的、支持快速的应用配置，提升统一信息门户的管理效率和用户体验、单点登录、应用管控等问题，在不影响各应用系统业务逻辑的前提下，构建统一信息门户，实现各个应用系统的无缝集成，提高用户的使用体验、提高工作效率。

城市大脑安全运营平台将安全保障与运营管理所需的各类安全能力进行集约化建设并统一输出，通过建立一体化的安全运营保障体系，以城市大脑安全运营平台为抓手，以安全运营为支撑，为全市关键信息基础设施提供灵活、多样的安全能力。提供多种方式接收需要调查的可疑安全事件，在收到可疑安全事件上报后，选择适配流程通过 API、工单、安全事件管理系统完成事件处置；如果事件没有适配的流程则可选择人工处置。处置完成后，安全大脑平台会关闭事件并自动归档。六安市安全大脑事件处置流程如图 6-4 所示。

安全事件响应可分为发现、调查、处置、报告四个主要阶段。城市大脑安全运营平台则主要负责对可疑安全事件进行调查、然后驱动处置并最终将处置结果形成报告。因此城市大脑安全运营平台在整体安全事件生命周期中起到了承上启下的作用。

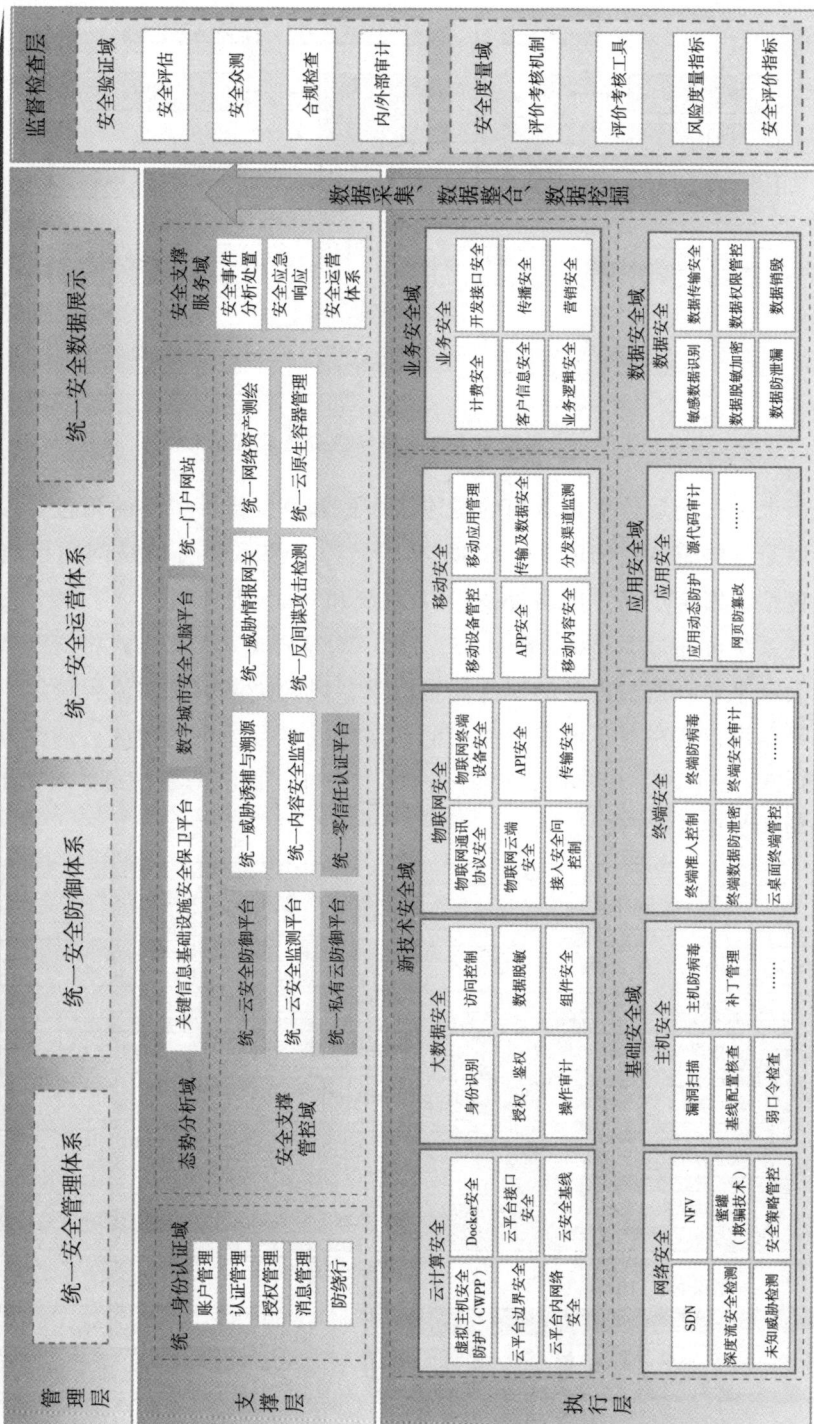

图6-3　六安市数字城市安全大脑整体架构示意图

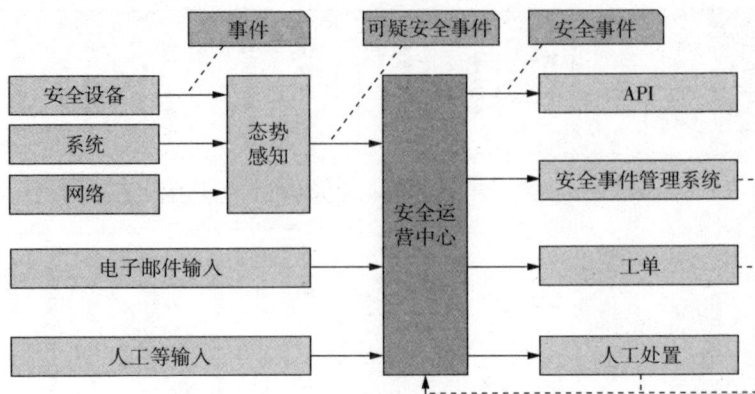

图 6-4　六安市安全大脑事件处置流程示意图

城市大脑安全运营平台承担的是连接中枢和调度指挥中心的角色，因此上游系统可以是态势感知、SIEM 或 SOC 等产品，下游系统可以是网内已有的基础能力，包括：安全产品、网络设备、IT 系统和 SaaS 服务等。

上游系统可通过 Kafka、Syslog、API、SFTP 或人工等方式将安全事件发送到安全大脑平台，通过内置的事件处置引擎、风险决策引擎和流程调度引擎，安全大脑平台可以实现对下游安全能力的自动化或半自动化的调度。调度方式支持 API、SSH、HTTP、SNMP、Websocket、SSH、Telnet 等方式。六安市安全大脑能力架构如图 6-5 所示。

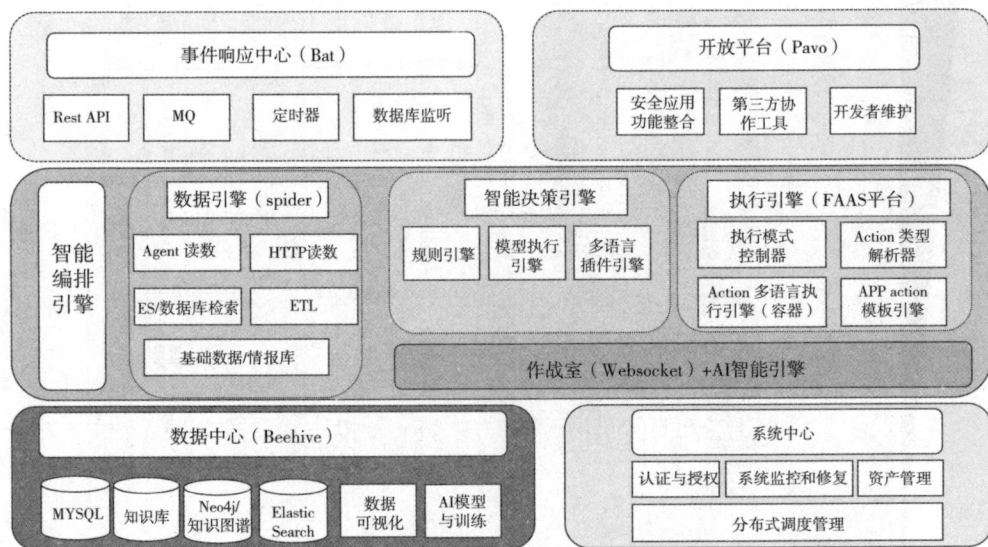

图 6-5　六安市安全大脑能力架构示意图

图 6-5 中底层是安全大脑平台的基础能力，包括提供数据库、知识库、搜索引擎、AI 模型等的数据中心和负责认证授权、系统监控、资产管理和分布式调度的系统中心。在此之上是系统的核心能力，提供各类智能编排引擎，重点负责各事件接入的治理、事件决策、规则更新、事件解析等能力。系统通过事件响应中心对事件进行接收、队列、格式化、触发等操作，同时基于开放的 API 向外提供接口能力。

2）统一安全管理体系

在城市资产管理方面，立足于六安市关键信息基础设施资产安全需求，通过对六安市资产摸底与管理、资产态势与展示等，形成全方位的区域资产监管能力，基于资产数据输出能力可以为六安市城市大脑安全运营平台及预警业务赋能。

覆盖资产安全监管核心环节，实现六安市资产数据全生命周期管理：整个流程包括资产数据生产、应用分析、安全优化三个环节。六安市安全大脑资产全生命周期管理流程如图 6-6 所示。

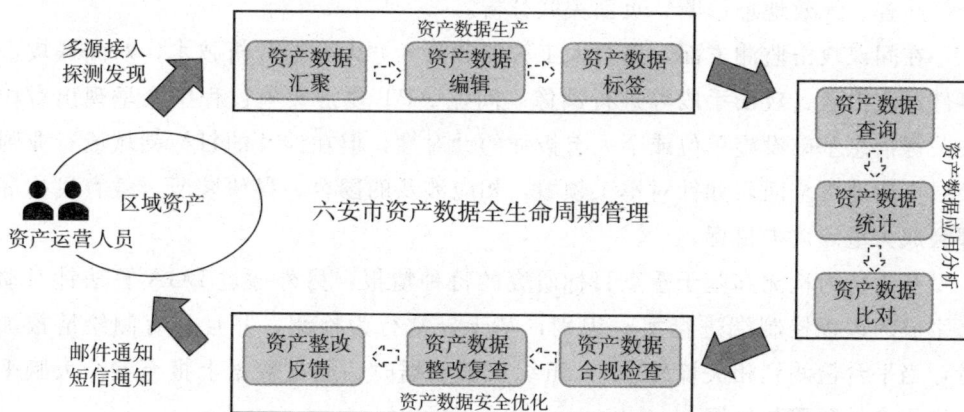

图 6-6　六安市安全大脑资产全生命周期管理流程示意图

在资产数据生产环节，实现多源数据接入、基于技术手段的探测发现等，实现资产数据汇聚；在资产数据应用分析环节，提供资产基础数据查询、重要资产数据统计、数据比对分析等，基于测绘平台资产历史数据可以实现更长周期的资产比对监测；在资产数据安全优化环节，提供资产数据合规检查、资产数据整改复查能力，并通过邮件短信等反馈整改要求，促进六安市区域资产安全优化。

在关键信息基础设施监测、通报、预警方面，针对六安市关键信息基础设施单位业务系统全生命周期、持续性、多维度监测的统一监测预警平台，通过结合平台的安全能力，为业务系统提供脆弱性监测、可用性监测、资产变动监测、安全事件监测等多项监测能力，可以在第一时间通过短信、邮件、微信等多种方式将监测到的威胁或异常事件进行告警，全面掌握业务系统威胁态势。

根据平台自身的敏感词样本库及第三方自定义词汇来全面监测六安市业务系统资产是否存在违规风险信息，实时掌握网站内容风险动态；通过统一监测预警平台监测业务系统存在的 Web 应用漏洞、SSL 协议漏洞等，给出修复意见，并对业务系统资产安全性分析及评估，全面掌握业务系统安全状态；结合平台云端和第三方大数据对被监控业务系统进行页面智能分析完成被黑监控，包括暗链、坏链、挖矿、挂马及坏链等。配合网安和网信部门进行预警通报，有效降低安全风险，减少业务损失。

在内容安全方面，实时监测到全市党政机关、事业单位、重点企业等单位网站、站群网页等内容是否存在不良、敏感信息；实时监测网站、站群是否存在外链、篡改、可用性、劫持、未知威胁等安全风险；实时监测政府网站敏感信息，监测政府网站是否泄漏国家密级信息；实时监测网站链接安全性筛查、境外 IP 链接筛查、无效地址诊断、页面关联分析。

在间谍攻击监测方面，结合人工智能和第三方大数据分析技术，对间谍攻击事件及攻击者、攻击手段等进行画像。间谍 APT 攻击实施过程中会呈现出对相关关键信息基础设施单位或个人有极强的针对性，但在涉及的目标领域或行业则会尽可能地更全面，如针对军工领域，相应涉及的国企、科研院所、教育机构等都会成为重点攻击目标。

基于行为检测和基于重点目标研究的特种情报，另外通过 DGA 算法针对动态生成的远程控制端进行实时识别，基于异常行为检测，并且具有测绘情报加持，当平台检测到相关境外 APT 组织攻击数据时，通过数据上报至安全大脑平台进行事件预警与处置。

3）统一安全防御体系

依托统一云安全防御平台，以云防护、云加速系统为基础，为六安市提供城市级 CC 攻击防护、DNS 海啸攻击防护、DDoS 洪泛攻击以及其他 DDoS 攻击防护服务，提供 Web 应用攻击防护，防入侵、防篡改、防泄漏等服务，为六安市的网站提供高可信、高可用的网络安全服务，帮助六安市关键信息基础设施免受各种攻击行为的干扰和影响，专注于自身业务的创新和发展，降低各个单位在基础环境安全和业务安全上的投入和成本。

传统的防御手段都是各个组织各自为战，攻击数据互相独立，而统一云安全防御平台的协同防御机制将针对六安市内不同网站的攻击数据进行关联分析，提炼出最新的漏洞信息包括 0day 漏洞,只要发现六安市内一个网站被攻击,统一云安全防御平台就会全网封锁该攻击者,实现"一网攻击,全网防护",利用城市大脑安全运营平台,自动化告警处理、安全事件处置,进行联合协同防御,可将防御成功率提升至 99.99%。

同时,提供云原生统一云原生容器安全管理平台能力,覆盖政务云及其他自建云内容器生命周期中的三个关键阶段,即:容器构建时的镜像安全、容器部署时基线检查以及运行时的入侵检测和防御。为容器安全提供全天候监测与保护,构建基于云原生的容器安全防护。

然后,在六安市党政机关、事业单位、重点企业等单位网络节点进行威胁诱捕,通过在攻击者必经之路上构造陷阱,混淆其攻击目标,实时告警黑客的内网入侵行为,将其诱骗隔离以延缓攻击,并以此进行追踪溯源、阻断攻击和安全加固,从而保护全市关键信息基础设施安全。

4)统一安全运营体系

统一安全运营体系通过全生命周期的资源协同、技术协同和管理协同进行结合,为城市安全大脑提供安全运营整体保障,包括规划设计流程、建设实施流程、管理制度流程和评估改进流程,形成运营流程的闭环管理;包括监测预警预案、实时防御预案、相应处置预案和弹性恢复预案,能够在城市安全出现威胁时进行快速响应处置。

城市安全大脑平台根据当前的应急响应体系以及追踪溯源体系,经过持续改进与安全推演为六安市建立常态化风险评估体系、常态化监测预警体系,优化并完善安全运营保障体系,打造基于自适应数据驱动的安全运营闭环流程。六安市安全大脑安全运营流程如图 6-7 所示。

5)统一安全数据展示

目前,六安市"城市大脑"已经建成市政务云数据中心和一个城市数字平台,汇聚数据近 57 亿条,从上到下建成城市运营管理中心、电脑端、手机端三类门户入口,智能感知体系基本形成。打造智能感知、智能分析、智能研判、智能处置全流程闭环,"看""想""动"一体,构建"一屏揽全域　一图治全城"的城市大脑智能运行体系,提高城市治理体系和治理能力现代化水平。

城市大脑安全运营平台将保障城市大脑,为城市大脑安全运行保驾护航,通过采集各种安全数据并进行分类呈现,包括但不限于以下类别:

(1)资产漏洞态势呈现

3D 可视化互动展示大屏呈现数据中心的全量资产态势,一目了然地从行业、

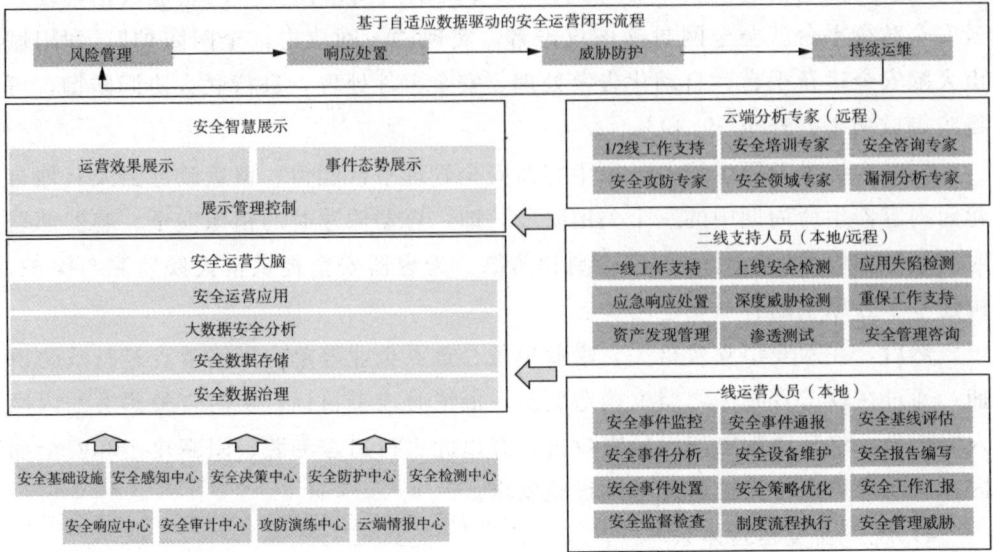

图 6-7　六安市安全大脑安全运营流程示意图

单位等多维度了解关键设备、重要系统数量情况、漏洞预警情况、关基资产分布，记录资产变更的内容和状态，辅助了解资产动向，把控风险情况，将所有对应组件的漏洞情况做分类的统计；按照漏洞量级和组件情况做占比统计；按照漏洞危害等级做分类统计；按照业务系统占比最多的五项进行数据统计；按照端口占比最多的五种端口进行数据统计；按照数据中心内的资产类型进行统计，以透明度、词条大小展示资产类型分布情况；按照资产行业数量进行统计，选取行业 TOP 排行；按照数据中心内的设备厂商进行统计分布统计等。

（2）安全防御态势呈现

基于统一云防御平台的防御体系构建而成，侧重数据可视化，支持多级数据钻取，支持源数据多角度展示，由完整态势到问题分类再到原始基础数据，人工互动追溯线索，逐步点触屏幕落实数据，具有强烈的场景感。数据按照地理位置、攻击类型进行多层级展示，保证数据来源的可追溯性和数据的真实性。使用直观丰富的图形进行分析，包括饼图、柱图、折线图等，结合 GIS 系统将隐含在数据中的问题可视化。按照攻击地域、攻击类型、攻击 IP、攻击域名、防御过程、防御结果等进行多维度安全态势展示。

（3）入侵攻击态势呈现

呈现对用户和系统行为的监测与分析、系统配置和漏洞的审计检查、重要系统和数据文件的完整性评估、已知的攻击行为模式的识别、异常行为模式的统计分析、操作系统的审计跟踪管理及违反安全策略的用户行为的识别。入侵攻击态势通过迅速地检测入侵，在可能造成系统损坏或数据丢失之前，识别并驱除入侵者，使系统尽快迅速恢复正常工作，并且展现出入侵者的攻击路径。

（4）失陷主机态势呈现

汇总并呈现数据中心内部的失陷主机态势，以饼图、柱图、折线图形式将数据中心内部主机按照威胁等级（危急、高危、中危、低危）、失陷可信度（已失陷、高可疑、中可疑、低可疑）进行分类呈现。

（5）异常流量态势呈现（包括数据外泄）

分析并呈现从计算机系统或网络中收集的关键节点的数据集，找出其中违反安全策略的数据，即异常攻击行为或者异常流量行为。采用数据挖掘技术的异常入侵检测，可以从平台内大量的数据中挖掘出正常和异常行为模式，减少因编码和手工分析带来的繁重工作，提高系统的适应性。

异常流量态势呈现主要包含 DDoS 攻击流量呈现、中间人攻击流量呈现、非标准协议检测流量呈现、钓鱼邮件检测流量呈现、密码暴力破解行为检测流量呈现、数据外泄流量呈现等。

（6）异常行为态势呈现（包括非法外联及隐蔽通道）

呈现通过对获得的文件检测情报、域名检测情报、URL 检测情报、IP 检测情报以及漏洞检测情报的预处理和关联拓线，形成可供业务人员理解的态势分析结果，最终定位到攻击者，并发现和呈现出攻击者的一些背景信息、网络资产和挖掘攻击目的。

（7）安全运营中心态势呈现

汇总并呈现近期安全运营平台未处理/已处理的安全事件数和各项安全事件的处置率。利用机器智能模拟分析人员的运营分析经验，自动化地进行分析。输入需要调查的域名、IP、hash 后一键点击，系统进行自动化关联、分析、判断，然后将攻击者相关的信息反馈出来。能够通过充分关联海量历史 Whois 数据、DNS 日志数据等，分析挖掘出更多的线索。最终以"点线面"的可视化操作供用户进行运营分析。

城市大脑安全运营平台通过内置的风险计算模型，综合考虑资产的价值、脆弱性和威胁，能够定期自动地计算出资产的风险可能性和影响性，并通过二者建立了一个风险矩阵，进而计算出资产、安全域和业务系统的风险值，并刻画出资产、安全域和业务系统随时间变化的风险变化曲线。

城市大脑安全运营平台能够展示出安全域的风险矩阵，从可能性和影响性两个维度标注安全域中风险的分布情况，通过风险矩阵法，指导安全管理员进行风险分析，采取相应的风险处置对策。

城市大脑安全运营平台还能以图表的形式可视化地显示每个资产、安全域或业务系统风险的关键因素，便于管理人员理解风险的具体含义。

6.2.4.3 建设成效

建成城市大脑安全运营平台，以"安全能力服务化，安全服务集约化"为设计原则，将城市大脑安全保障与运营管理所需的各类安全能力进行集约化建设并统一输出，通过建立一体化的安全运营保障体系，以城市大脑安全运营平台为抓手，以安全运营为支撑，为全市关键信息基础设施提供灵活、多样的安全能力。

及时发现、阻断、响应大规模、高级网络攻击威胁，强化了六安市应对高级威胁攻击的安全能力及网络安全风险处置水平。实现对六安市运行全局态势的即时准确智能分析；实现六安市网络空间安全风险预警、综合安全态势实时感知、威胁情报分析及攻击行为的溯源分析；进一步提升六安市综合安全防护水平，提升六安市生活智能化及便捷化水平。

改变传统以特征和规则匹配为基础的产品支撑体系以及碎片化的安全服务机制，建立以大数据加人工智能为驱动的智能化技术为支撑的运营管理与保障服务机制，通过汇聚城市关键信息基础设施相关安全数据进行协同分析，由点及面，发现安全风险，将原本零散的安全数据变成统一规范的安全数据支援城市大脑提供安全运营支撑能力。

借助城市大脑安全运营平台引入高水平网络安全运营服务，有效支撑城市大脑的安全运营管理工作，包括抑制止损、事件分析、业务损失评估、系统加固、事件溯源等全方位的专业应急响应服务，有效应对黑客入侵、DDoS、数据窃取、木马病毒等安全事件，全面降低了安全事件的影响与损失，护航城市安全发展。

平台建成后常态化安全监测市内重点网站 60 余个，其中中危网和低危网站分别占比 1.45% 和 74.63%，未发现高危网站。其次常态化内容监测六安市全量域名 4 千余个，监测全量 URL 超 160 万条。截至目前，监测共发现违规域名共计 200 多个。在监测的同时，针对六安市党政机关以及重点关键基础设施网站进行网站安全防护，日均防护请求数 3600 万余次，日均清洗请求流量超 500GB；日均拦截恶意扫描、SQL 注入、跨站脚本、远程命令等 Web 应用攻击 80 多万次，拦截 CC 攻击 200 多万次。目前在安全运营平台防护下的关键基础设施运行稳定，实时监测与拦截威胁行为，未发生黑客入侵成功事件。

6.3　蚌埠市安全实践

蚌埠市数据资源管理局从战略眼光谋划安全保障体系，从技术、管理和运营多方面、多层级、多维度保障蚌埠各类重要行政及公共服务系统的安全。更好贯彻数字政府发展过程中安全监管相关要求，加快构建市域云数据中心安全保障体系，补齐安全短板。在安全管理方面遵循国家、省数据安全相关政策和国家标准的基础上，制定蚌埠市安全地方标准，约束和规范数字政府业务开展各环节中的行为；引领和指导各单位落实安全保障工作；明确安全总体策略和方针，在推进数据安全开放共享的同时，满足国家及业务层面的安全管控要求，从而去实现安全防护的总体目标。在技术方面以等级保护 2.0 为基线，在完成合规建设的基础上重点围绕数据生命周期安全进行建设。加强数据操作人员监管、数据全流程监管、业务场景监管为核心，防止"合法的人做非法的事"。打造云内云外的一体化防护机制，从而大大减少委办单位的安全运维压力与安全资金投入。建设一体化安全监测运营平台，通过该平台的分析和决策实现对云数据中心进行安全监测、通报预警和应急处置。对安全监测运营的整个过程进行监管，实现安全"一屏通管"，让安全可见可控。

6.3.1　建设方案

方案基于政务网建设架构，按照"大安全、大运营、大协同"的建设思路，以等级保护为基础，统筹蚌埠市城市智慧大脑建设中的政务云安全、网络安全、边界安全、终端安全、数据安全、应用安全和密码安全，以构建安全保障体系。立足于政策依据（各级法律法规和行业标准规范）和理论支撑（自上而下的安全顶层规划思路和安全课题研究）构建安全管理体系、安全技术体系和安全运营中心。蚌埠市安全体系架构如图 6-8 所示。

6.3.1.1　安全管理体系建设

安全管理体系上，从安全组织的建设到安全管理制度的制定，夯实安全工作的管理基础，同时将安全能力赋能于蚌埠市数据资源管理局业务人员、技术人员，全面加强蚌埠市城市大脑安全管理能力。按照"谁主管谁负责、谁运营谁负责、谁使用谁负责"的原则明确安全管理主管单位和责任部门，参照国家法律法规及当地相关的规范与标准，理清安全管理各相关方职责，形成部门横向协同有力的工作机制。落实和完善安全管理组织，按照决策方、管理方、执行方和监审

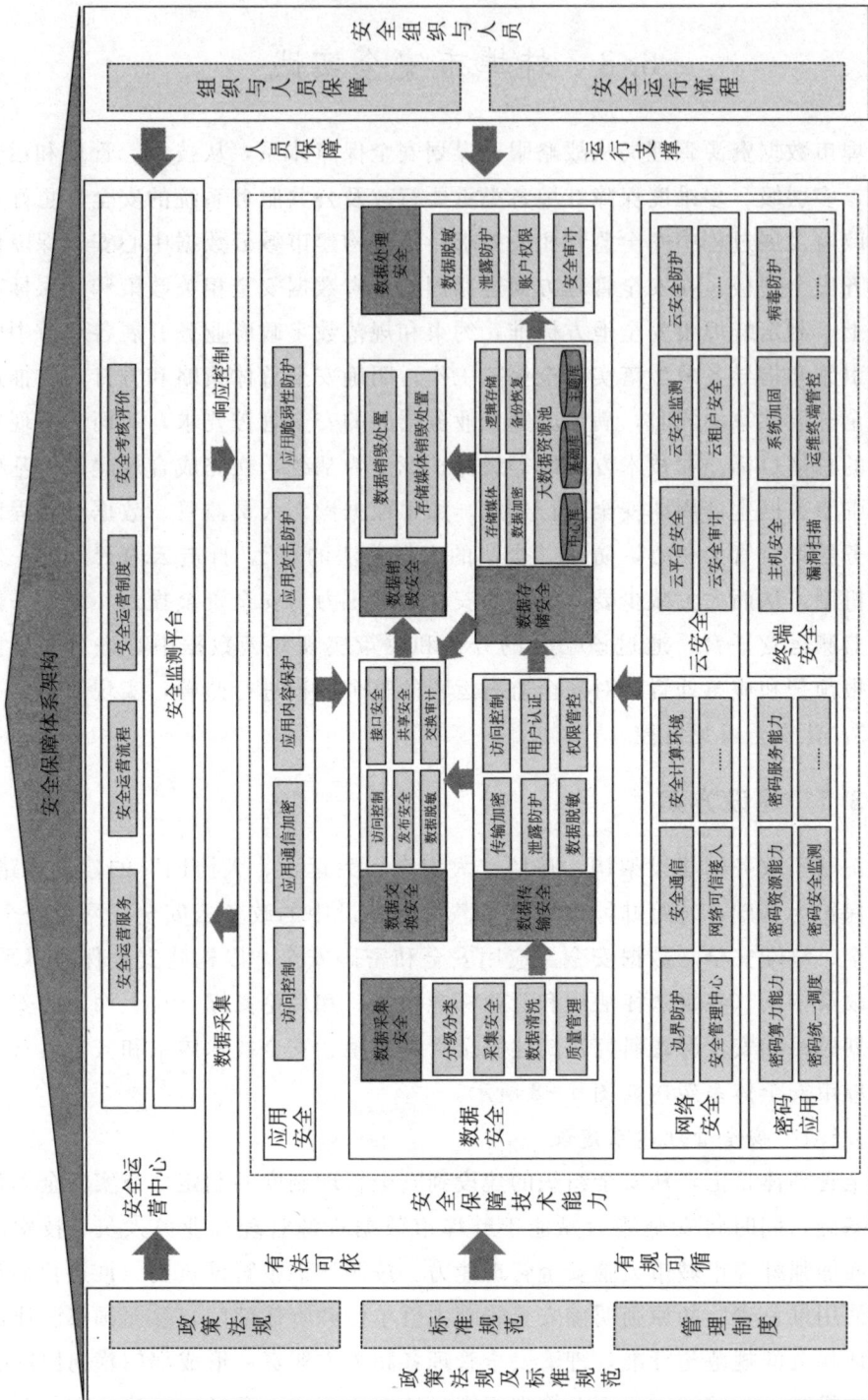

图6-8 蚌埠市安全体系架构示意图

方的设计原则，组建安全组织体系，明确各方安全职责分工。

在安全防护体系中，安全制度需要人员配合落实，安全技术需要专业人员甄别使用，运行管理体系的建设是规定一体化安全运营中心所使用的服务与人员、技术与工具、机制与流程，明确其覆盖范围涉及市域范围政务公共数据网的采集、传输、存储、使用、共享、销毁环节。充分利用"人"的因素，建立安全运行工作体系，构建规范数据安全各方职责，按照数据安全制度规范要求，充分利用数据安全防护技术工具，完善数据安全风险识别、安全防御、安全检测、安全响应和安全恢复管理手段，提升数据安全运行保障能力，建立事前管审批、事中全留痕、事后可追溯的全链路安全监管机制，及时发现处置各类安全风险，切实防范数据篡改、泄漏、滥用。

安全组织管理是落实数据安全保障工作的首要环节。通过建立安全管理组织架构，来确保安全管理方针、策略、制度规范的统一制定和有效实施。通过进一步完善各级政务部门的安全管理组织，建立"管、监、察"分离的数据安全岗位职责，明确分工，加强沟通协作，落实安全责任，把握每一个数据流通环节的管理要求，以完整而规范的组织体系架构保障数据流通每个环节的安全管理工作。

安全管理制度和规范是组织开展日常安全管理工作的主要依据，为安全管理工作提供了方式和方法，以规范化的流程指导网络安全管理工作的具体落实，明确数据使用过程中的任意环节应该做什么不允许做什么，清晰定义安全管理工作实际操作中的办事规程和行动准则，避免管理规程中"无规可依"的情况，通过制度规程约束和规范人员开展日常工作，并赋予管理人员监督管理职责。可以根据组织规模和实际情况，形成制度规范、实施细则等多个管理文件，建立系统、科学、完善的安全管理制度规范体系。

从组织层面和操作落地层面，制定体系化制度和规范。围绕全过程安全，明确操作规范，便于人员遵循操作流程规范有序开展工作。

根据系统安全应用规范，梳理出线上安全操作流程，问题处理流程，应急处置流程等。将各操作流程标准化，做到各节点响应清晰、处置明了、溯源有据。

6.3.1.2 安全技术体系建设

安全技术体系上，部署覆盖"云、网、端、边界、数据、应用、密码"各环节的安全防护能力，形成网络安全纵深防护体系，保障"云、网、数、用、端、密"等各维度的安全。汇聚挖掘全网安全风险数据、多源威胁情报数据等进行数据治理后，统一同步到安全监测平台进行安全管理。

1）边界安全设计

（1）互联网区安全设计

互联网出口安全区域部署 2 台出口防火墙、2 台入侵防御系统（IPS）、2 台 WAF 设备、2 台负载均衡系统，实现对互联网出口边界的安全防护；以上设备均采用双链路部署，避免单点故障的同时，可满足等级保护 2.0 相关要求。

在安全管理区域旁路部署 1 台智能分流设备，实现流量镜像与分流；部署 1 台 SSL VPN，实现对实现远程接入等场景的需求；部署 1 台堡垒机设备、1 台漏洞扫描设备、1 台日志审计系统、1 套终端安全管理系统、1 台数据库审计系统，可满足等级保护 2.0 三级等保的相关要求。并部署安全监测平台互联网节点。

在互联网区政务云上部署一套云平台租户安全资源池，可开通下一代防火墙、APT 攻击预警、主机安全、漏洞扫描、综合漏洞扫描、网站监测、Web 应用防护墙、数据运维网关、数据库审计、日志审计、堡垒机等安全组件。实现对互联网区云上业务系统支持等保合规的能力。

在互联网区政务云外旁路部署一套备份一体机，作为互联网区的数据备份能力，实现对确保数据切换的及时性。

部署网闸池，作为互联网区和政务外网区数据交互的可信区域，实现两区之间跨网数据交互安全。

（2）政务外网区域安全设计

部署政务外网出口安全区域部署 2 台出口防火墙、2 台入侵防御系统（IPS），2 台 WAF 设备，2 台负载均衡系统实现对政务外网出口边界的安全防护；以上设备均采用双链路部署，避免单点故障的同时，可满足等级保护 2.0 相关要求。

在安全管理区域旁路部署 1 台智能分流设备，实现流量镜像与分流，1 台 SSL VPN，实现对实现远程接入等场景的需求，部署 1 台网络回溯设备，实现对业务故障的分析定位和安全事件的溯源定责，部署 1 台堡垒机设备、1 台漏洞扫描设备、1 台日志审计系统、1 套终端安全管理系统、1 台数据库审计系统，可满足等级保护 2.0 三级等保的相关要求。并部署安全监测平台，同时对互联网及政务外网进行安全监测。

在政务外网区政务云上部署一套云平台租户安全资源池，可开通下一代防火墙、APT 攻击预警、主机安全、漏洞扫描、综合漏洞扫描、网站监测、Web 应用防护墙、数据运维网关、数据库审计、日志审计、堡垒机等安全组件，实现对政务外网区云上业务系统支持等保合规的能力。

在政务外网区政务云外旁路部署一套备份一体机，作为政务外网区的数据备份能力，实现对确保数据切换的及时性。

2）终端安全

部署终端检测与响应系统，对于已知的威胁风险进行有效的安全防护，修复已知的安全漏洞，利用完善的样本库为基础，强化主机自身安全能力，以及防御已知威胁风险。对于未知的威胁风险进行库比对、关联计算、对比计算同时结合产品的主动防御能力，实现对未知威胁的发现以及研判，对终端上的各种行为进行持续监控，能够更快速、更有效的解决恶意未知程序的攻击。

终端威胁检测与响应系统，包含以下模块：

终端数据采集模块，对于终端设备的软硬件资产信息采集、终端运行信息采集、终端安全状态信息采集；

威胁检测模块，检测并处置终端设备上的已知威胁如病毒木马、口令爆破、勒索软件、挖矿软件等恶意行为；

高级分析模块，将采集上的信息，与安全分析规则、威胁情报库进行匹配，发现可疑的活动和行为；

威胁溯源模块，通过威胁关联分析、AI 场景分析、联动分析等方式，还原多步骤攻击流程，建立攻击链，对安全事件进行深度分析和追踪，定位攻击和威胁源头；

响应和处置模块，支持主动响应和自动触发响应，更灵活主动地响应威胁。

3）数据安全

数据安全能力建设面向数据采集、存储、传输、交换、处理和销毁的数据全生命周期安全防护，保障数据安全。数据共享接口进行安全防护，保障接口安全和内容安全，防止接口滥用。同时做好数据生命周期、数据使用业务场景等维度的日常行为安全审计，以满足相关法律法规要求。同时从体系化的角度出发，以风险控制各个阶段为抓手，建立数据安全运营平台，通过归集数据交换共享平台中基础设施、数据资源、应用支撑、业务应用的安全日志及情报数据，汇总安全运营中产生的安全威胁数据，打破"信息孤岛、数据烟囱"等现象，建立统一的数据中心，通过数据治理、分析和安全场景建模，实现安全风险的分析、监控、预警、处置等。蚌埠市数据安全总体架构如图 6-9 所示。

在主机房政务外网区部署 1 套数据资源数据分类分级系统，1 套数据库网关系统，1 套数据传输加密系统，1 套数据库透明加密存储，1 套数据脱敏系统，1 套网络数据防泄漏系统实现面向数据采集、存储、传输、交换、处理和销毁的数

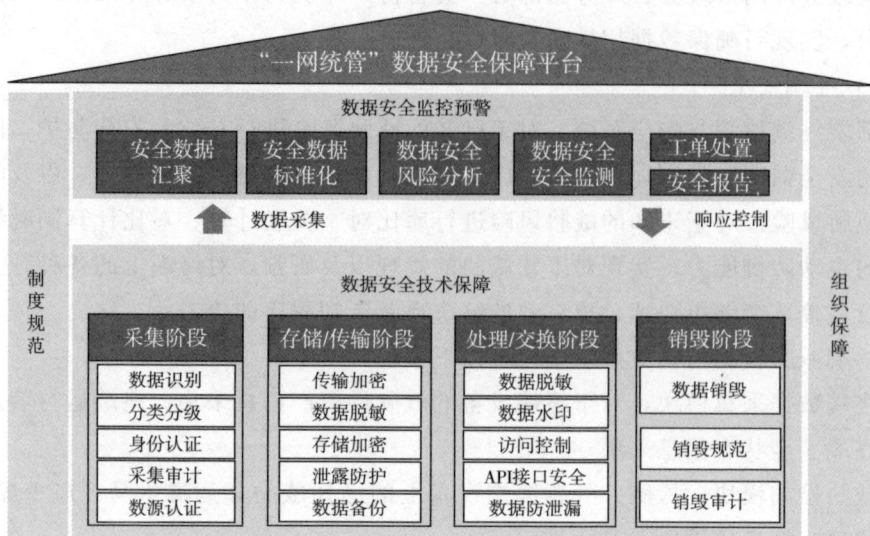

图 6-9　蚌埠市数据安全总体架构示意图

据全生命周期安全防护；并建立 1 套数据安全管控平台。

6.3.1.3　安全运营中心建设

安全运营中心通过建设安全运营平台实现安全风险治理闭环，安全运营平台对政务信息基础设施和各类资产进行重点监测和分析，统一展示全网安全态势感知，形成全市一体化安全监测、预警、防范、处置的闭环机制。依托大数据技术，建立安全风险感知分析能力，通过精准匹配、重点分析，提供可视化的大数据分析结果，为安全事件的研判、决策及安全重保工作提供有效支撑，提升对关键目标管控、风险识别的能力水平。同时以风险控制各个阶段为抓手，为安全运营工作提供有效的支撑，遵循 IPDRO（识别—防护—监测—处置—运营团队）的安全运营思路，通过对现网及资产进行梳理与风险排查，为安全加固提供支撑，在此基础上完成网络一体化的安全加固工作。辅助以持续性的安全监管监测，及时发现安全问题并进行整改和处置。结合安全运营过程当中最重要的"人"的因素，建立安全运营团队，让安全运营工作"有法可依""有人执行""有工具支持""有数据决策"。

通过人、工具、流程建立常态化的安全运营，蚌埠市安全运营中心总体架构如图 6-10 所示。梳理蚌埠市政务外网内现有各类软硬件和数据资产，"摸清家底"主动防御。识别和管理组成政务网络和基础架构的关键信息资产，对各类系统中各类设备和软件所产生的安全事件信息进行集中分析，制定统一的信息安全

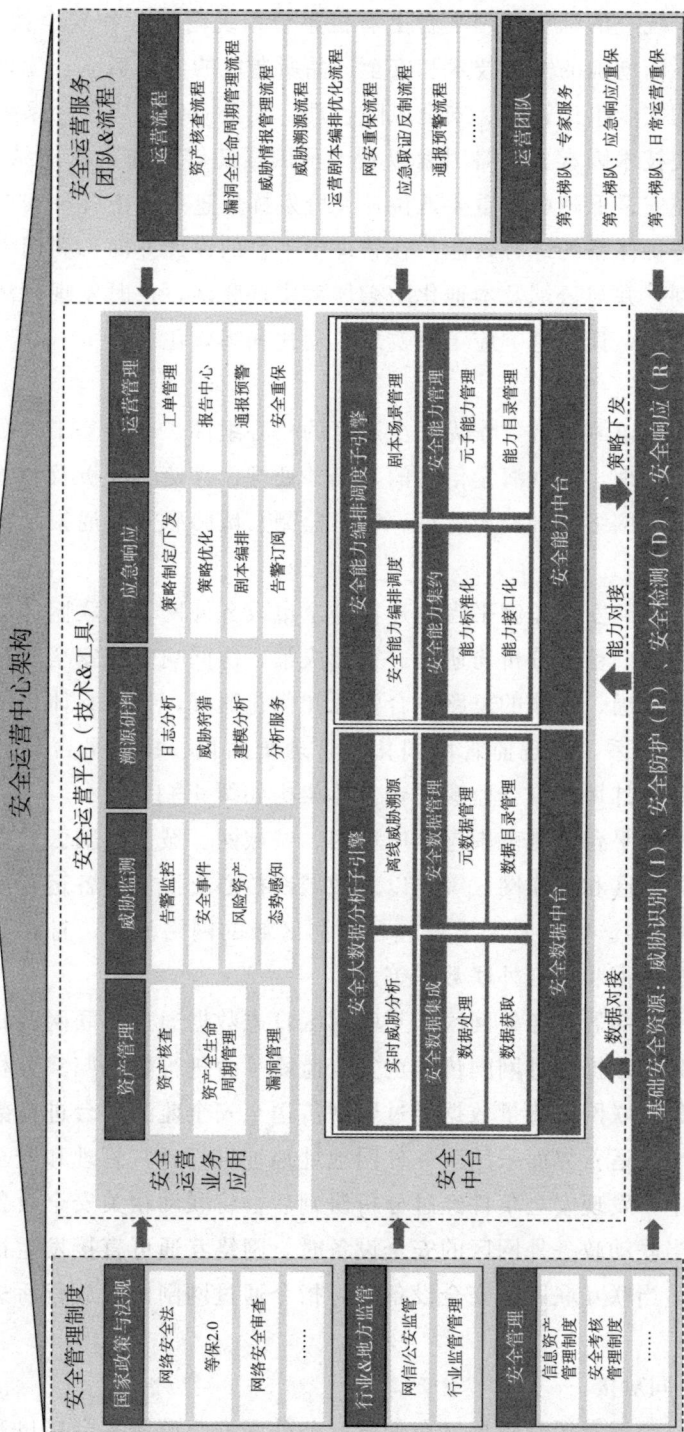

图6-10　蚌埠市安全运营中心总体架构示意图

策略，在规范、统一的综合管理平台上有机整合系统内部各种安全技术和产品，从根本上改变不断增加的安全技术和安全产品所造成的信息孤立、管理困难的局面，实施集中的安全事件管理、安全风险管理、安全应急响应等一系列安全管理活动，同时，使技术因素、策略因素以及人员因素能够更加紧密地结合在一起，突出安全管理在安全保障中的重要地位，充分发挥信息系统中各种安全资源的作用，提升安全防护体系的综合效能。在管理中平台的设计方面，利用大数据分析实现风险的预判，并与云端及本地化防御体系实现联动，及时发现预测风险，自动化调整安全策略，让应急响应工作实现自动化和高效化。

1）安全监测平台建设

依托统一安全监测平台，作为安全运营的核心组件，通过基于大数据架构的海量信息采集与处理，实现海量信息的采集、处理、存储、分析及和综合态势展现功能，满足城市网络基础资源管理、实时监测、威胁感知、通报预警、响应处置等需求。

蚌埠市政务外网安全监测平台构建覆盖全市政务外网、互联网监测面，实现安全威胁全面感知、精准分析与研判、智能决策、协同响应等安全闭环的统一安全监管能力，从全局、整体的思路整合资源和优化流程，打造一体化的高效运行的网络安全监管体系，实现监管协同化、管理集约化、技术平台化、数据标准化、安全可视化。蚌埠市安全监测平台总体架构如图 6-11 所示。

政务外网监测平台监测范围包括广域网、城域网、城市大脑云数据（主备机房）中心政务外网区和互联网区等，以及城域网核心交换机上各运营商汇聚交换流量（部门和县区）。数据监测维度包含监测区域的网络流量、日志数据、资产数据、攻击诱捕数据和违规外联数据等。

安全监测平台部署政务外网区，互联网区日志数据通过互联网区日志审计采集日志数据，日志数据经过网闸传送至安全监测平台进行数据归集分析；互联网区流量探针采集互联网区流量数据经过网闸传送至安全监测平台进行数据归集分析。安全监测平台运营界面采用政务外网地址地址进行日常管理和安全运营。在日常安全运营中，发现安全事件经过分析研判后，将联动相关安全设备进行安全事件的封堵，当联动政务外网区的安全设备时，网络互通可直接发生指令进行安全事件的封堵；当联互联网区安全设备时，指令通过网闸协议放行后进行安全事件的封堵。

2）安全协同对接

按照安徽省数据资源管理局发布的《政务外网安全监测平台接口和日志技术

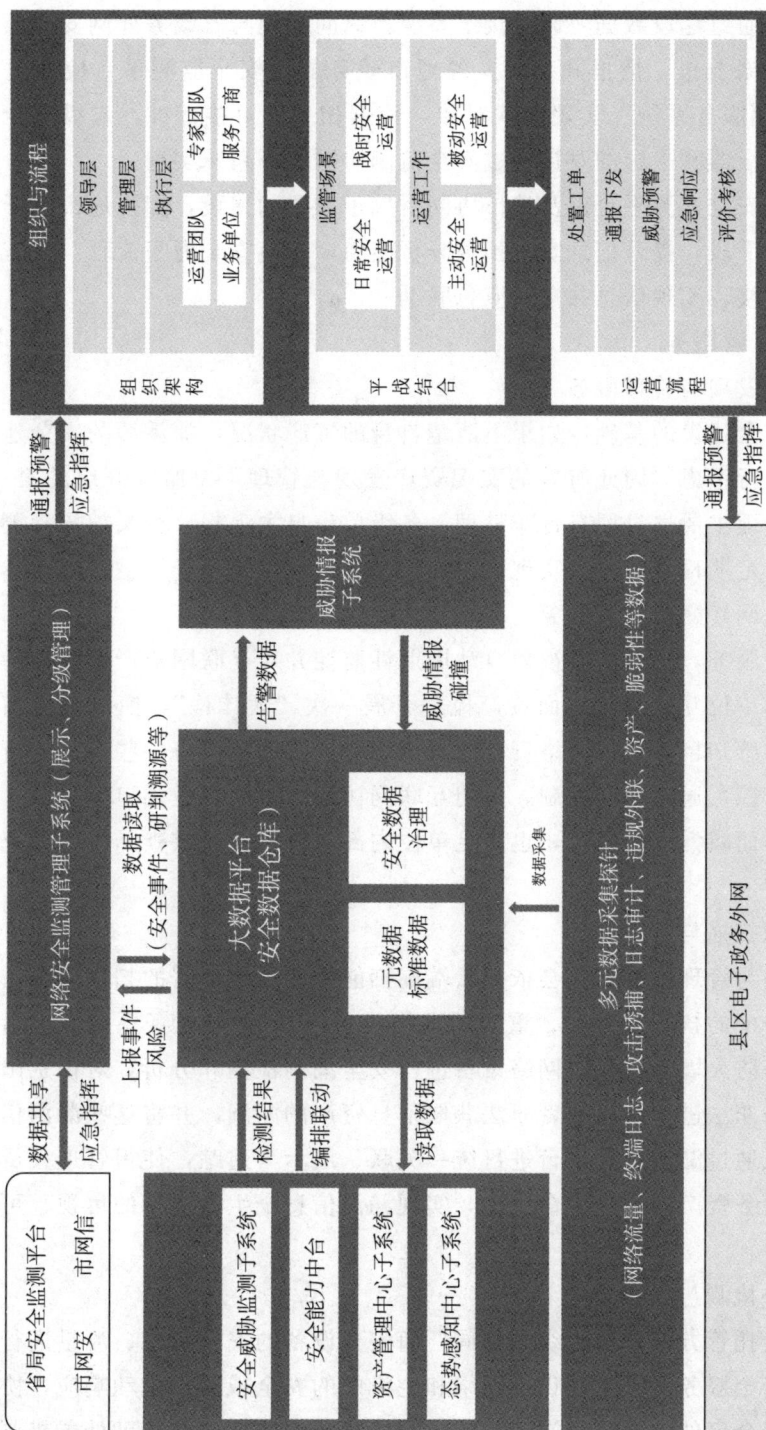

图6-11　蚌埠市安全监测平台总体架构示意图

规范》标准，通过建设数据协调对接子系统，纵向实现与省政务外网安全监测平台的对接、数据上报、情报共享等。各地市政务外网安全监测平台应通过建设"安全监测协同服务系统"实现级联对接，依据相关的对接标准，省级安全监测平台和地市安全监测平台的对接通过安全监测协同服务系统实现。

通过地市安全监测平台以及地市协同对接子系统的建设，加强地市电子政务外网安全监测手段，提升信息安全预警分析能力，规范安全通报流程，与省级安全监测平台对接，实现信息共享和应急联动。

3）安全运营服务

（1）资产发现与管理服务

资产是安全建设的基础，如果不清楚自身的资产状况，那后续的安全建设都无法从全局进行考虑。因此有效的实现资产发现与管理，是服务开启的第一步。资产发现与管理主要通过原有台账整理、各级单位自主上报、交叉扫描探测、核心资产筛选、定期检查等方式实现。

（2）互联网暴露面检测服务

依托安全服务，从攻击者视角自动周期性监控并对互联网资产暴露面的边界梳理，对目标单位互联网暴露面资产梳理开展一次"大体检"，摸清单位网络资产底数，实时感知目标单位网络资产的安全态势，协助单位将一些暴露的盲区资产进行精准管控，通过访问控制、关闭互联网访问、减少高危端口等手段，减少不需要的暴露面减低入侵风险，也满足单位内部自查、上级核查和行业普查的安全需求。

（3）漏洞扫描与管理服务

漏洞扫描与管理服务，将会依托云端漏扫能力和本地部署的扫描引擎，多次交叉扫描网络中的核心服务器、重要的网络设备以及 Web 业务系统，包括服务器、交换机、防火墙等，以对网络设备进行安全漏洞检测和分析，对识别出的能被入侵者用来非法进入网络或者非法获取信息资产的漏洞，并将这些漏洞信息与业务资产信息通过漏洞管理平台进行统一关联、展示与追踪，使得管理人员可以有效地追踪业务资产漏洞全生命周期，实现漏洞信息全生命周期的可视、可控和可管。

（4）威胁检测与处置服务

通过安全托管方式，对组织内部同厂商安全设备的安全日志、流量进行关联分析，云端安全服务专家主动识别网络和主机中的安全威胁，主动响应，协助组织闭环处置安全事件。通过云端 7×24 小时持续的威胁检测与协助处置机制，能够有效地帮助组织将网络安全威胁关口前移,并快速关闭安全威胁。

(5)驻场安全服务

提供不少于两人为期 5 年的原厂驻场服务,主要负责落实城市大脑安全监管监测、安全态势感知、通报预警、应急处置等相关技术支撑和运营工作,负责落实所辖安全监测监管、安全态势感知、通报预警、安全管理等相关系统的技术支撑和运营工作,协助数据资源管理机构进行常态化安全运营,对各业务安全负责人进行安全预警通报,开展定期或重保时期的安全检查工作。主场安全服务主要包括:资产梳理与风险评估、安全加固与演练、应急响应支撑、重保安全专家保障。

6.3.2 建设成效

6.3.2.1 安全制度体系逐步完善

为了进一步加强数据安全,我们在原网络安全制度体系的基础上,建立一个更为完善的安全制度体系。该体系主要包括制定数据保护政策、访问控制策略、网络安全策略,以及在发生安全事件时的应急响应措施,并定期对这些策略进行审查更新,以适应不断变化的安全威胁。

6.3.2.2 安全运维团队初步建成

组建一个专业的安全运维团队是确保网络、数据安全的关键。该团队由具有丰富经验和专业知识的安全专家组成,他们负责监控网络活动,识别潜在的安全威胁,并采取相应的防护措施。

6.3.2.3 安全防护水平进一步提高

为了提高安全防护水平,我们在满足等保三级的基础上,进一步加强了数据安全建设。首先,利用加密技术对数据进行加密,确保数据的传输和存储安全。其次,实施访问控制策略,确保只有授权用户才能访问敏感数据。此外,还通过定期更新软件和操作系统,修复已知的安全漏洞,从而提高系统的安全性。

6.3.2.4 安全监测运营能力显著提升

为了实时监控网络活动并及时发现潜在的安全威胁,我们建立一个有效的安全监测运营体系。这包括部署安全信息和事件管理系统,以收集和分析来自各种来源的安全事件数据。利用大数据和人工智能技术,对这些数据进行关联分析,我们可以提早发现异常行为,更快地识别和应对潜在的攻击,从而及时采取措施防范安全威胁。

参 考 文 献

[1] [美] Chris Dotson. 云安全实用指南 [M]. 赵亚楠译. 北京：电子工业出版社，2020.

[2] 杨东晓，张锋，陈世优. 云计算及云安全 [M]. 北京：清华大学出版社，2020.

[3] 刘文懋，等. 云原生安全：攻防实践与体系构建 [M]. 北京：机械工业出版社，2021.

[4] 李晓明. 基于等级保护2.0标准的电子政务云平台网络安全架构探析 [J]. 网络安全技术与应用，2022 (08)：73-76.

[5] 周鸿祎. 数字安全网络战 [M]. 北京：中国科学技术出版社，2023.

[6] 山浩哲. "互联网+"电子政务外网终端安全问题及应对策略 [J]. 环球首映，2020 (11)：162-163.

[7] 陈本峰，李雨航. 零信任网络安全——软件定义边界SDP技术架构指南 [M]. 北京：电子工业出版社，2021.

[8] 霍炜，郭启全. 商用密码应用与安全性评估 [M]. 北京：电子工业出版社，2020.

[9] 何明，王海燚，沈军. 云数据中心密码服务技术研究 [J]. 广东通信技术，2017 (11)：34-36.

[10] 高志权. 云密码服务关键技术研究 [J]. 数字技术与应用，2019 (9)：181-183.

[11] 寇文龙，陈莉君. 通用高性能密码服务系统模型 [J]. 微电子与计算机，2016 (10)：87-90，96.

[12] 张小燕. 2021—2022年中国网络安全发展蓝皮书 [M]. 北京：电子工业出版社，2022.

[13] 徐震，李宏佳，汪丹. 移动终端安全架构及关键技术 [M]. 北京：机械工业出版社，2023.

［14］钱君生，章亮．DevSecOps 原理、核心技术与实战［M］．北京：机械工业出版社，2023.

［15］OWASP 基金会．软件安全开发指南：应用软件安全级别验证参考标准［M］．北京：电子工业出版社，2018.

［16］张莉．数据治理与数据安全［M］．北京：人民邮电出版社，2019.

［17］刘博，范渊，莫凡．数字化转型浪潮下的数据安全最佳实践指南［M］．北京：电子工业出版社，2022.

［18］李安伦，刘龙庚，马士民．面向政务数据的安全风险评估方法研究［J］．网络安全和信息化，2022（6）：9-12.

［19］郑云文．数据安全架构设计与实战［M］．北京：机械工业出版社，2019.

［20］范渊．网络安全运营服务能力指南（共9册）［M］．北京：电子工业出版社，2022.

［21］程虎．安全技术运营：方法与实践［M］．北京：机械工业出版社，2022.

［22］杨东，俞晨晖．区块链技术在政府治理、社会治理和党的建设中的应用［J］．国家治理，2019（43）：43-45.

［23］孙卓名．地方政府数据治理的困境及出路［J］．人民论坛，2020（15）：82-83.

［24］李盾，张恩，王利利．区块链技术发展现状及前景探究［J］．中国管理信息化，2020，23（20）：181-182.

［25］大数据战略重点实验室．块数据3.0：秩序互联网与主权区块链［M］．北京：中信出版社，2017.